KB111196

한 권으로 끝내는

창업학

한정희

창의융합형 미래신산업 창출에 대한 비즈니스모델혁신, 기술혁신과 사업화, 신기술 창업분야에 연구·관심을 가지고 있으며 현재, 스마트시티 신산업창출을 위한 융합산업모델 창출 연구에 집중하고 있다. 서울대학교에서 학위를 취득하고 홍익대학교 세종캠퍼스 소프트웨어융합학과 교수로 재직 중이다. 제조업의 서비스화를 위한 데이터기반 제조업의 서비스모델 도출, 창의융합인력양성사업, 빅데이터활용의 혁신성장단 과제 등의 책임자로 수행 중이며, 기술혁신과 사업화, 기술경영, 창업 및 비즈니스모델 진화 부분 등에 SSCI를 포함 국내외 49편의 학술논문과 Technology Forecasting & Social change의 EA와 지식경영, 한국창업학회 등의 편집위원으로 활동 중이다.

한 권으로 끝내는 창업학

2021년 5월 24일 초판 1쇄 인쇄
2021년 5월 31일 초판 1쇄 발행

저자 한정희
펴낸이 노소영
펴낸곳 도서출판마지원
등록번호 제559-2016-000004
전화 031)855-7995
팩스 02)2602-7995
주소 서울 강서구 마곡중앙5로1길 20
http://www.majiwon.co.kr
http://blog.naver.com/wolsongbook
ISBN| 979-11-88127-81-8 (13320)
정가 19,000원

한 권으로 끝내는
창업학

Entrepreneurship

생각과 실행은 다르다. 창업을 책상에서 계획할 때는 세련되어 보인다. 계획서가 근사해 보인다. 그럴듯하게 그려진 것들이 현실에서는 타협을 하게 된다. 어떻게 창업하는지를, 실행에 옮기게 하는 것이 기업가정신이다. 기업가정신은 그래서 중요하다. 기업가정신에 관한 내용을 본 책은 담고 있다. 창업은 요령을 익히는 것이 아니다. 책상에서 이뤄지는 것이 아니다. 혼을 쏟아내는 집념의 행동이다. 이 같은 집념의 시작은 어디서 올까? 창업에는 실패가 따른다. 크든 작든 그 실패는 창업자에게 고통을 준다. 고통을 줄이려면 연습이 필요하다. 바로 이 책은 창업 연습을 위한 지침서로 활용코자 만들어졌다.

창업! 그거 한번 해보는 거다. 세상에 태어나서 선장으로 살아보는 거다. 얼마나 멋진가?

생각과 실행은 반드시 다르다. 창업을 책상에서 계획할 때는 세련되어 보인다. 계획서가 근사해 보인다. 그럴듯하게 그려진 것들이 현실에서는 타협을 하게 된다. 그래도 어찌하겠나! 한 번 시도해 보는 것이다.

'나라의 미래는 젊은이들에게 나가서 어떻게 창업하는지를 가르치는데 달려 있다.'는 파디 간도르의 말이 본 책을 쓰게 된 목적이다. 어떻게 창업하는지를, 실행에 옮기게 하는 것이 기업가정신이다. 기업가정신은 그래서 중요하다. 기업가정신에 관한 내용을 본 책은 담고 있다. 창업은 요령을 익히는 것이 아니다. 책상에서 이뤄지는 것이 아니다. 혼을 쏟아내는 집념의 행동이다. 이 같은 집념의 시작은 어디서 올까? 바로 기업가정신이다. 사나운 파고가 몰아치는 전쟁터와 같은 실전 창업에서 이겨내기 위한 최고의 무기다.

창업에는 실패가 따른다. 크든 작든 그 실패는 창업자에게 고통을 준다. 고통을 줄이려면 연습이 필요하다. 바로 이 책은 창업 연습을 위한 지침서로 활용코자 만들어졌다.

| 차례 |

PART Ⅱ 기회 발굴 및 특허

PART Ⅲ 사내 기업가정신

PART Ⅳ 창업실행

PART Ⅴ 창의성과 비즈니스 아이디어

PART Ⅵ 창업기업의 성장

PART I 기업가정신과 기업가적 마인드

학습목표

* 기업가정신의 개념 소개와 기업가적 행동의 과정
* 기업가에게 창의적인 사고의 도약을 이끌어내는 구조적 유사성 설명하기
* 기업가의 자원에 풍부성을 더하게 하는 자원 활용법
* 기업가 사고의 실행방법 소개하기
* 가업가의 인지적 적용 개념 발전시키기
* 기업가를 둘러싼 자연적 환경과 커뮤니티, 타인의 이익을 위한 수단으로써 지속 가능한 기업가정신 소개

창업의 과정과 기업가정신

미국에는 젊은이들에게 창업을 지원하는 재단이 있다. 카우프만재단(kauffman foundation)이다. 설립자인 카우프만의 일대를 살펴보면서, 기업가정신이 무엇인가를 고민해 보자.

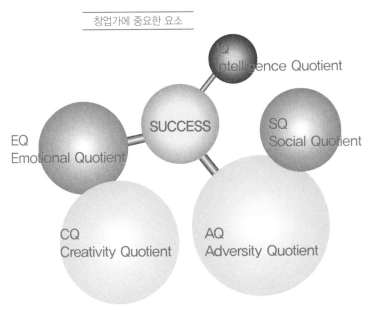

⟨Turning Obstacles into Opportunities, Paul Stoltz⟩

카우프만(Kauffman)은 어려서 큰 수술을 받고 침대에 누워있을 때 책과 씨름하며 시간을 보냈다. 그는 병원에서 수많은 책을 읽게 되었는데, 그것이 '지혜의 샘'이라고 말한다. 그렇게 많은 책을 접할 기회가 그에겐 없었다. 그때의 그 지식이 창업을 하고, 어려움이 있을 때마다 기회를 찾을 수 있는 돌파구였다고 한다. 그는 한번 시작한 일에는 끊임없이 노력을 하였다. 집요하리만큼 대단했다. 막노동을 했다. "나는 이를 통해 판매 연습을 했고, 그 이후의 삶에 많은 도움이 되었다."라고 했다. 롱(R.A.Long) 씨는 세탁 사업뿐만 아니라, 셔츠의 모양을 잡는 셔츠의 칼라에 대한 양식을 하나의 특허로 개발해 돈을 벌었다. 그는 머리뿐만 아니라 체력 또한 돈을 만들 수 있다는 것을 후배들에게 보여주었다. 카우프만은 "그는 확실한 사람이었고, 내 인생에 상당한 영향을 미쳤다."라고 논평했다. 카우프만의 판매 능력은 그가 1942년 진주만 직후에 해군에 합류한 동안에도 발휘되었다. 그가 한 달에 21달러를 버는 해군의 1등병으로 지명되었을 때, 그는 자신이 과거에 바다 스카우트로서 포경선이라는 배를 항해한 경험을 이야기하며 1등병보다 더 잘할 수 있다고 말했다. 그의 판매 능력 또한 한 달에 56달러씩 버는 퍼스트클래스로 일을 시작하도록 해군을 설득시켰다. 카우프만은 유년 시절에 읽은 방대한 독서량 덕분에 그 누구보다 메시지를 잘 읽을 수 있었고, 제독의 직원으로 할당되어 뛰어난 선원이 되었다. 그는 제독의 격려에 따라 대응 네비게이터의 과정을 거치고 갑판 임무를 부여받았으며 항해사 임무를 수행하였다.

1947년 전쟁이 끝난 직후, 카우프만은 50명의 다른 지원자보다 적성검사에서 더 나은 결과를 보인 후 제약회사 영업 사원으로 경력을 시작했다. 이 회사는 의사들에게 비타민과 간의 촬영 소모품을 판매하고 있었다. 별다른 영업비나 혜택 없이 위원회에서 일하며 2번째 연도에서는 회장의 봉급보다 더 많이 벌었다. 그러나 회장은 즉시 그 위원회를 해체하였다. 자신의 영역이 차단되었을 때, 그는 결국 1950년, 자신의 회사 마리온 연구소를 시작했다(마리온은 자신의 미들 네임).

카우프만은 새로운 회사 설립 당시를 돌아보면서, "그것은 내가 몇 년 동안 상대해왔던 의사들이 많이 있었기 때문에 생각보다 쉬웠다."라고 말했다. 그는 사직하기 전에, 그들을 찾아갔다. "만약 내가 동일한 품질과 서비스를 제공할 수 있다면 저에게 주문을 맡기시겠습니까?" 그들은 나를 호의적으로 봐왔고 나와 거래하게 되어 기쁘다는 뜻을 전했다.

마리온 연구소는 마리온 상표 주사 용품을 판매하기 시작됐다. 이 회사는 더 많은 거래처와 다양한 제품들로 확장한 다음, 첫 번째로 처방 항목 비타민 제품인 Vicam을 개발했으며, 두 번째 의약품인 굴 껍데기 칼슘도 판매하였다.

회사를 확장하기 위하여 카우프만은 상업 신탁 회사에서 5천 달러를 빌려야 했다. 그는 대출을 상환하고 이 회사는 성장을 계속했다. 몇 년 후, 회사에 5년 동안 1,250달러로 상환될 1,000달러를 투자하면, 외부투자자들은 이자 없이 보통 주식으로 1,000달러 가치를 살 수 있었다.

몇 년 후, 마리온 연구소는 카우프만을 비롯한 주변 사람들과 고용인이 아닌 그의 '동료'라고 불리는 회사 안의 사람들 덕분에 계속해 성장하였고, 연간 10억 달러의 판매량을 기록할 수 있었다. "이 회사를 구축한 것은 모든 주주들 덕분이다. 나에게 그들은 정말 소중한 사람들이다."라고 카우프만은 말했다. 그에겐 두 가지 기본 철학이 있었다. '생산하는 사람들은 모두 결과와 이익을 나눠야만 하고, 다른 사람을 대접할 때는 자기가 대접받길 원하는 만큼 대접해야 한다.' 이 회사는 1965년 주당 21달러로 주식을 상장하였다. 주식은 즉시 28달러로 뛰어 때때로 50~60달러까지 올랐으며 절대로 그 밑으로 떨어진 적이 없었다. 회사의 동료는 주식을 소유할 수 있도록 이익분배계획을 제공하였다. 1968년 카우프만은 '캔자스시티 로열스'를 매입하여 캔자스시티에 다시 메이저 리그 야구팀을 가져왔다. 이는 이 도시의 경제 기반과 지역 사회의 인지도, 그리고 시민의 자부심을 증대시켰다. 마리온 연구소는 1989년에 메릴 다우와 합병하여 그 결과 3,400명의 동료 중 300명이 백만장자가 되었다. 새로운 회사 마리온 메릴 다우는 1998년에 유럽의 제약회사인 휄스트사(Hoechst)에 인수되어 9,000명의 동료와 40억 달러의 매출 규모로 성장하였다. HMR(Hoechst Marion Roussel)은 의약품의 발견, 개발, 제조, 판매에 관련된 제약 기반의 건강관리 분야에서 세계 선두 주자가 되었다. 1999년 말, 이 회사는 다시 의약품(처방 의약품과 백신) 및 동물의 건강에 초점을 맞춘 글로벌 제약 회사인 아벤티스(Aventis Pharma)와 합병했다. 주당 순이익은 전년 대비 27% 증가하면서 2002년 아벤티스의 매출액은 166억 3천 4백만 달러, 2001년부터는 11.6%의 증가를 기록했다.

카우프만은 기업가이면서 야구팀의 구단주였고, 그의 성공이 근본적인 철학(자신이 대접받고 싶은 만큼 상대방을 대접하라)의 직접적인 결과라고 믿고 있는 자선가였다. "이는 살아감에 있어서 가장 행복한 원칙이었고, 사업을 하며 돈을 버는 것에 있어서 가장 지능적인 원칙이었다."라고 말했다.

카우프만의 동료에 대한 철학은, 조직 전체에 걸쳐 의사를 결정하고 생산하는 사람들을 보상하는 것이 '기업가정신'이라 불리는 기본 개념이었다. 심지어 그는 지역에서 청소년 개발과 기업가정신이란 프로그램을 지원하는 카우프만재단 설립 때, 그의 기업가정신에 대한 믿음과 환원의 정신을 설명하였다. 그는 직원들에게 참으로 놀라운 기업가, 'Mr. K' 씨라 호칭되었다. 그는 '동료 기업가'로서 더 많은 성공을 거둘 것이다. 기업가들과 미래 기업가들은 스스로에게 자기 자신이 정말 기업가인지 질문해보아야 한다. '나는 성공한 기업가가 되기 위해서 무엇을 해야 하는가? 나는 새로운 벤처를 시작하고 관리할 수 있는 충분한 배경과 경험이 있는가?' 사업을 시작하고 소유한다는 것은 매력적일 수도 있다. 하지만 아주 유명한 성공 사례에도 문제와 함정이 숨어 있다. 새로운 사업의 성공적인 예보다는 실패의 예들이 더 많다. 성공한 기업가가 되기 위해서는 열심히 일하고, 좋은 운보다는 더 많은 것을 요구한다. 또한, 불확실한 환경에서 유연하게 생각하고, 하나의 실패로부터 학습할 수 있는 능력을 요구한다.

우리가 알고 있는 정주영

고정관념에서 탈피한 슘페터형 혁신기업가 정주영

정주영 회장은 관습적 사고에서 탈피하려는 노력을 통해 유난히 많은 성공 사례를 만들어 내었다. 거의 독보적이라고 할 정도이다. 그런 점에서 정주영 회장은 불균형 가격에서 '이윤기회'를 민감하게 포착하는 가격중재자(price-arbitrager)형 기업가라기보다는, 가격과는 다른 차원에서 사업기회를 잘 포착하는 혁신가(innovator)형 기업가,

즉 슘페터가 말하는 창조적 파괴자이다.

"주베일 공사를 진행할 때의 일이었습니다. 콘크리트로 만드는 스타비트가 16만 개가 필요한 상황이었는데, 하루에 200개씩 800일이 걸려야 한다는 말을 듣고 현장에 가보았습니다. 그런데 레미콘 트럭에서 직접 거푸집으로 콘크리트를 부어 넣는 게 아니라 트럭에서 크레인 버킷으로 일단 콘크리트를 쏟아낸 다음에 이것을 다시 거푸집으로 옮기고 있었습니다. 두 단계면 될 일을 세 단계에 걸쳐서 하니 그만큼 시간이 더 걸리는 것입니다. 왜 이런 식으로 복잡하게 하느냐고 물으니, 레미콘 트럭의 배출구 높이와 거푸집 높이가 안 맞기 때문이라는 대답이 돌아왔습니다. 이것이 고정관념입니다. 나는 고정관념에 빠진 그들의 모습에 머리끝까지 화가 치밀어 올랐습니다. 레미콘 트럭의 배출구를 개조해서 높이를 거푸집에 맞추는 것은 대단한 일도 아닙니다. 그런데 레미콘 트럭은 완제품으로 나오는 것이니 아무도 개조에 대한 생각을 하지 못한 것입니다. 당장 배출구를 개조하라고 불호령을 내렸고, 그 이후 스타비트 생산량이 200개에서 350개로 대폭 늘어났습니다."(정주영 경영을 말하다, 79~80)

그는 고정관념에 매이지 않는 방법을 이렇게 소개하고 있다.

"꼭 하고 싶은 일, 꼭 해야만 하는 동기가 충만한 일을 하고 있다면, 누구든 좋은 아이디어를 떠올릴 수 있습니다."

그런 일을 하기에 끊임없이 여기저기서 얻은 생각의 씨앗들을 키우고, 자주자주 생각하고, 또 많이 보고 듣는 자세를 견지함으로써 고정관념에 얽매이지 않고 좋은 아이디어를 떠올릴 수 있다는 것이다.

정주영 그는 "이봐 해봤어?"의 실천가

현대그룹의 창업자 故 정주영 회장은 "이봐 해봤어?"라는 말로 유명하다. 현대조선을 만들 1972년 당시, 세계 최대의 조선소를 짓겠다는 그의 말에 모두 "미쳤다."며 반대했다. 자신의 계획에 "안 된다."는 답변이 돌아오면, 그는 입버릇처럼 말했다고 한다. "이봐 해봤어?"
이 말은 이제 그의 트레이드 마크가 되었다. 정주영 회장이 서거할 당시 타임지는 그를 'A Man Who Proved Many People Wrong'이라고 평했다. 한마디로 그는 다른 사람들이 불가능하다고 말한, 많은 것들을 해낸 사람이다. 불확실성을 감당하면서 무모해 보이는 사업에 과감하게 뛰어들었다는 점에서, 우리는 그의 기업가정신의 핵심을 '불확실성을 어깨 위에 짊어지고 간 것'으로 볼 수 있을 것이다. 현대 경영학의 창시자로 일컬어지는 피터 드러커 교수는 1977년 한국을 방문해 정주영 회장을 만나 이렇게 말했다고 한다.
"저를 경영학의 태두라 불러주셨는데, … 과분한 말씀입니다. 오히려 정 회장님을 뵈니 부끄러울 따름입니다. … 오랜 식민지 피지배와 2차 대전과 6·25라는 두 개의 큰 전쟁을 치르고, 극도의 빈곤과 열악한 성장 여건하에서도 급성장한 독특한 모델에 대해서는 충분히 알지 못했던 것이 부끄럽습니다. 또 이런 전후의 황무지 속에서 한강의 기적을 이룬 한국 경제를 선두에서 이끈 정주영 회장님과 같은 아주 독특하고 위대한 기업경영 사례에 대해서도 역시 연구하지 못했습니다. … 바로 정 회장님이 발휘하신 기업가정신이 제가 주창하고 가르쳐온 핵심인데, 이를 실천한 가장 극적인 정 회장님 사례를 잘 모르고 있었습니다.

제가 정 회장님만큼 돈 벌 자신이 있었다면 아마 저도 경영학 교수 안 하고 바로 사업을 했을 겁니다. 아직 제가 경영학 교수에 머물고 있는 것은, 막상 그럴 배포와 자신이 없었기 때문입니다. … 많은 불확실성과 위험 요소, 난관이라는 안개로 가려진 먼 앞의 사업 기회를 날카로운 예지력으로 간파해내고, 이를 강력히 실천해내는 리더십과 결단력을 정 회장님은 이론 이전에 선천적으로 타고난 분입니다. 저는 한낱 이론가일 뿐이죠."

이와 같은 피터 드러커의 인터뷰는 아산 정주영의 삶이 무엇이었는지를 단적으로 보여주고 있다.

정주영 회장은 철저한 준비로 유명했다. 그는 오랜 비행에 따른 시차 적응의 어려움을 빠르게 적응하기 위해 비행기에 탑승하기 전에 테니스와 같은 고된 육체적 운동을 지치도록 해서, 비행기에 탑승해서는 곧바로 잠에 빠져들었다. 비행기에서 푹 자고 곧바로 일하기 위해 아침에 도착하는 비행기를 선호했다. 그는 철저하게 준비하고 계산하는 사람이었다. 다음 날 무슨 일이 벌어질지, 어린 시절 소풍을 가기 전날 마음이 설레듯, 마음을 설레며 잠자리에 들었다고 한다. 정말 삶을 사랑하고 아낀 사람이 아니라면, 하기 어려운 말일 것이다.
정주영 회장이 초창기 '아도자동차서비스'를 차려 자동차수리업을 할 때의 이야기이다. 당시 자동차는 부호들이나 타고 다니던 것이었다. 대개 다른 자동차수리업체들은 자동차수리를 맡기면 실제 필요한 시간에 비해 오래 맡겨두게 하고, 그 기간에 비례해서 더 많은 수리비를 청구하는 게 보통이었다. 그러나 그는 자동차를 가진 사람들이 하루라도 빨리 수리를 끝내고 빨리 타고 싶어 한다는 '소비자들의 욕구(수요)'를 간파했다. 그는 남들과는 달리 더 빨리 수리해주고 더 많은 수리비를 받는 '전략'을 택해 성공했다. 그는 소비자 욕구를 보고 이를 곧바로 실천하는 기업가정신을 발휘한다.

정 회장이 소비자들의 욕구를 정확히 간파해서 사업을 성공시킨 사례는 무수히 많다. 건설업을 하던 초창기 사례를 하나 더 들면 이렇다. 미군에서 아이젠하워 대통령이 한국을 방문하게 되었을 때, 주한미군에서는 전몰장병들의 묘지 터에 잔디를 까는 공사를 발주했다. 겨울에 잔디를 구할 수 없어서 공사에 입찰을 못해 애를 태우고 있을 때, 정주영 회장은 의도를 읽었다. 주한미군은 미(美) 대통령에게 전몰군인들의 묘지가 방치되고 있다는 인상을 주지 않으려고 그 공사를 발주했음을 간파했다. 그는 잔디 대신 겨울에도 구할 수 있는 보리밭 보리들을 전몰군인 묘지로 퍼와 이 공사를 해냈다.

정주영 회장이 자동차산업협회 조찬연설에서 당시의 사정으로는 왜 조선업보다는 자동차산업에 집중할 필요가 있는지 설명하는 부분이 있다. 그는 자동차산업에서 자본력의 미국, 경쟁력을 지닌 일본, 소형차의 유럽이 있지만, 우수한 기능공을 가진 우리가 그 속에서 시장을 찾을 수 있다고 강조한다. 이를 종합해 볼 때 정 회장은 결코, 단순히 위험을 무릅쓰는 배짱으로 사업을 하는 사람이 아니라 정보에 민감한 기업가였다.

정주영 회장은 일본기업이 발주한 소양강 댐 공사의 하청을 맡고 있었는데, 사력댐으로 변경하도록 박정희 대통령을 설득했다. 그렇게 한 계기는 다른 나라에서의 사력댐에 대한 정보를 우연히 접하면서였다. 그는 정보를 얻고 곧바로 이를 응용해내는 데 매우 뛰어났다.

지식과 정보를 알고 활용했던 정주영

그는 그 연설에서 "후진국이 선진국을 따라잡으려면 비행기를 타야 한다. 그러기 위해서 외국인 기술자를 고용해야 한다. 그러나 반도체와 같은 '잘 모르는' 산업일 경우 그런 기술자의 고용은 십중팔구는 실패하기에 십상이다. 성공적으로 기술자를 고르는 것도 그 산업을 잘 알아야 가능하다. 자동차산업은 이런 점에서 그런 실패를 최소화할 수 있다."는 취지로 말하고 있다. 여기에서 정보에 대한 정보란 그 분야에 정통한 기술(지식)을 가진 사람을 제대로 알아보는 것을 말한다.

기업가정신이란 무엇인가

전통 교과서 경제학은 기업가정신을 '탐색이론'으로 설명한다. 사람들은 기회의 탐색을 그 한계비용과 한계수익이 일치하는 지점에서 멈춘다. 정말 우리는 오로지 비용을 들이는 탐색을 통해서만 사업 기회를 인지하는가? 아니다. 사실 기회를 탐색하려면 정확하게 무엇을 모르고 있는지 알고 있어야 한다. 그런데 무엇을 모르는지 잘 모르는, 무지에 대해 무지한 경우도 많다. 사업 기회는 깨어있는 기민한 기업가들에게 우연치 않게 발견된다. 그런데 우리나라 대표 기업가정신의 실천 인물 아산 정주영 회장은 어떠했는가?

아이디어를 씨앗처럼 마음속에 품고 깨어있는 마음가짐으로, 현장을 살피고, 다른 사람들의 이야기를 듣고, 견학을 하게 되면 마음속에 품었던 아이디어가 자란다고 말했다. 깨어있는 자세로 있으면, 불현듯 사업 아이디어가 등장한다. 이 것은 미리 탐색할 대상의 확률분포를 알아서 최적의 탐색비용과 기간을 결정하는 것과는 전혀 다르다. 정주영 회장의 당시를 살펴보자, 자동차 수리를 하던 당시 정주영 회장은 전후 복구에 핵심적인 분야인 건설업이라는 전망이 있는 시장에 진출하게 된 계기도 이윤기회에 대한 기민성을 보여준다. 관청의 차를 수리하는 일을 맡은 정 회장은 월말에 결산을 위해 관청에 들르면서 자신이 받는 것과는 차원이 다른 엄청난 돈을 받아 가는 건설업자들을 보고 주변의 반대에도 불구하고 당장 현대건설을 시작한다. 그의 논리는 간단했다. "똑같이 죽을 만큼 노력하는데 그 사람들은 정말 자기와는 엄청나게 다른 돈을 벌고 있다는 것이다."

기업가정신은 기업의 생성 및 성장에 중요한 역할을 할 뿐만 아니라 지역 및 국가의 성장과 번영에도 중요한 역할을 한다. 이러한 대규모의 결과는 매우 겸손한 시작을 가질 수 있다. 기업가의 활동은 수익성이 좋은 기회의 결합과 기획력이 있는 개인에서부터 시작한다. 기업가의 기회란 "새로운 상품, 원자재 그리고 새로운 방법을 구성하여 원가보다 더 비싸게 팔리는 상황이다." 예를 들어, 기업가의 기회는 새로운 시장을 창출하는 하나의 시장에서 사용되는 기존의 기술 제품의 도입에 의하여 유래할 수 있다. 기업가의 기회는 기존의 시장 또는 새로운 제품·서비스 모두를 생성하는 새로운 기술의 제품을 만들 수 있다. 반복되는 주제는 기업가의 기회가 뭔가 새로운 것을 나타내는 것이다.

그러나 이러한 가능성은 진취적인 개인 혹은 그 모임이 이 상황을 인지하고, 평가하고, 이용하여 기회로 삼아야 한다. 따라서 새롭게 창조된 조직이나 확실히 자리 잡은 조직이 될 수 있는 새로운 제품·과정들과 새로운 시장으로의 진입을 통하여 기업가적인 행동을 필요로 한다.

기업가들은 그들이 기회라고 믿는 것에 따라 행동한다. 기회는 높은 불확실성에 존재하므로 그들이 행동을 할지 안 할지의 여부를 판단해야만 한다. 그러나 의심은 기업가의 행동을 약화시킨다. 게다가 기업가적 행동을 이해하는 핵심은 잠재된 기회와 개인 불확실성에 부담을 기여하고자 하는 마음, 인지된 불확실성의 양을 측정함으로써 알 수 있다. 개인의 사전지식은 불확실성을 감소시킬 수 있으며, 기업가의 동기부여는 불확실성을 참고자 하는 마음을 나타낸다.

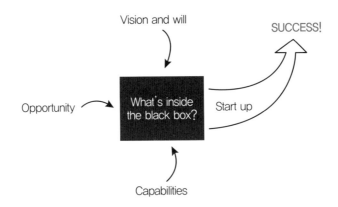

그림에서 도식화된 바와 같이, McMullen-shepherd 모델은 어떻게 지식과 동기부여에 영향을 미치는지 기업 활동의 두 단계를 설명한다. 환경 변화의 신호는 몇몇 개인이 아닌 다른 사람에 의해 발견될 가능한 기회를 나타내는 것이다.

이와 같은 블랙박스 안의 그 무엇을 채워야 한다.

그렇다면 무엇으로 채울까는 지금부터 시작하는 것이다.

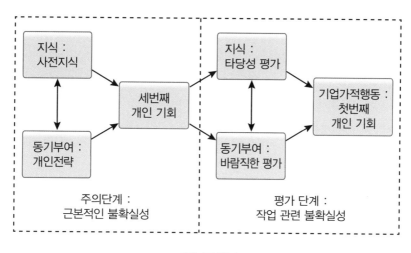

기업가적 행동

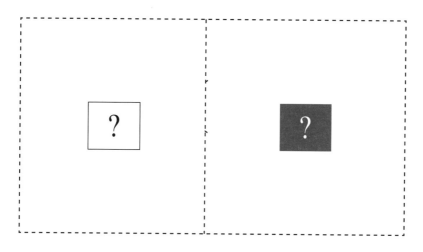

자신만의 기업가적 행동이란?

시장 및 기술의 지식을 가진 개인은 외부 환경의 변화를 감지하고 또한 만약 그들이 동기부여가 된 경우, 이 정보를 처리하는 데에 더 주의를 기울인다. 그러나 그 외에 다른 사람들은 이 가능성에 대하여 무지할 것이다. 1단계의 결과는, 기회는 누군가를 위해 존재한다는 개인의 깨달음이다. 그다음 개인은 기회가 그 혹은 그녀를 나타내는지 결정해야만 한다(2단계). 이는 주어진 지식으로 기회를 성공적으로 이용 가능한지와 동기가 바람직한가를 평가하는 것을 포함한다. 즉, 다른 사람 누군가(삼인칭 기회 믿음)의 기회가 나 자신에게도 해당이 될까(일인칭 기회 믿음)? 만약 개인이 충분히 의심을 극복하여 그 믿음을 형성하는 이 상황은 일반적으로 사람에 대한 기회, 누군가의 기회, 이 개인이 작용할 수 있는 자신 또는 자신을 위한 기회이며 믿음을 나타낸다.

기업가는 어떻게 생각하는가

기업가들은 비기업가들과는 다르게 생각한다. 게다가 특정 상황에서 기업가들은 다른 작업이나 결정적 환경에 직면했을 때 다르게 생각할 수 있다. 기업가들은 종종 지분이 높고, 시간 압력이 엄청나며, 상당한 감정 소비가 있는 불확실한 환경에서 결정을 내려야만 한다. 문제의 본질이 잘 이해되고 우리가 그것을 해결하기 위한 시간과 당면한 합리적인 절차를 가지고 해결할 때보다, 우리 모두는 이러한 불편한 환경에서 다르게 생각한다. 기업의 의사 결정 환경의 특성을 감안할 때, (1) 구조적으로 생각하고 (2) 브리콜라주에 참여하며 (3) 발표 및 (4) 인지적 적응을 해야 한다.

구조적 생각

기회 신념을 형성하는 것은 종종 창조적인 정신 도약을 필요로 한다. 이러한 창조적 정신 도약은 누군가의 기존 지식의 원천에서부터 시작된다. 기업가의 기회의 경우에, 창조적 정신 도약의 예는 제품 및 시장이 만족스러운 서비스로 이어질 수 있는 새로운 기술에 대한 기존 시장에 관한 지식으로부터 나온다. 아니면 창조적인 정신 도약에 대한, 기술에 대한 지식으로부터 새로운 시장의 도입 혜택을 누릴 수 있다. 새 제품(새로운 서비스, 새로운 비즈니스모델, 새로운 기술)과 목표 시장 사이에 이러한 연결 작용은 소스(시장)와 대상(기술) 사이에 피상적·구조적 유사성에 의해 도움을 받아 도입될 수 있는 곳이다. 피상적인 유사성은 기술의 기본요소(상대적으로 관찰하기 쉬운)가 시장의 기본요소와 유사할(또는 일치) 때 존재한다. 반면에, 구조적 유사성은 기술의 기본 메커니즘과 시장의 기전이 유사할(또는 일치)때 구조적 유사성이 존재한다. 기업가의 과제는 종종 구조적 유사성을 기반으로 창조적인 정신을 도약하는 데 달려있다. 이것은 Denis Gregoire from Syracuse University와 Dean Shepherd from Indiana University에 의해 기업가의 사고 연구의 일부로서 사용되는 실제 사례를 기반으로 설명한 최고의 예제이다.

 똑같은 정주영 회장의 행동을 두고 불확실성을 감당하는 기업가로 유형화할 수도 있을 것이다. 저명한 경제학자 나이트(Frank Knight)는 기업가를 '어깨 위에 불확실성을 짊어지고 가는 사람'이라고 했다. 경영학의 대부로 불리는 피터 드러커가 기업 경영에 대해 박식하지만 직접 사업을 하지 않았던 것도 정주영 회장 같은 기업가적 자질은 부족하기 때문이다.
아무도 심지어 조선업을 권한 정부의 관료들조차 그렇게 큰 규모로 하는 것엔 '안 된다.'고 부정적으로 보았을 때, 조선업을 그것도 세계 최대 규모로 시작했다. 사업에서 고락을 함께 한 친동생과 결별하면서까지 중동건설 시장에 진출했고, 마침내 주베일 항만 공사를 성공시켜 막대한 오일달러를 벌어왔다.

아마도 정주영 회장의 입장에서는 이런 '위험한' 사업도 고정관념에서 탈피하면 사업기회였을 것이다. 정 회장은 평소에 자신은 결코 무모한 사람이 아니며 나름대로 매우 치밀한 계산을 하고 있다고 말했다. 남들은 고정관념에서 보기 때문에 너무 무모하게 보일 것이다. 그렇기 때문에 정주영 회장의 트레이드마크인 "이봐 해봤어!"는 단순히 두려워하지 말고 불확실성을 감당하면서 도전하라는 메시지라기보다는, 고정관념에 빠져서 시도조차 하지 않는 어리석음을 범하지 말라는 뜻으로 보는 게 더 적절하다. 정주영 회장은 '고정관념에 빠진' 남들이 비관적으로 보고 시도하지 않는 사업들을 자신은 치밀한 계산 아래 감행했다. 그는 그런 사업에서 실제로 성공을 보여줌으로써 남들도 지나친 비관을 벗어나 그 사업에 뛰어들게 해주었다. 오일 쇼크 후 오일달러가 넘치는 중동건설 현장에 가서 주베일 항만 공사계약을 성사시키고 아무도 생각하지 못한 혁신적 방법으로 공사를 해냈다. 그렇게 함으로써 정 회장은 우리나라의 여타 건설기업들도 적극적으로 중동건설 시장에 뛰어들게 만들었다.

이 예는 나사(NASA)의 랭글리 연구 센터에서 공간과 컴퓨터 엔지니어에 의해 개발된 기술이다. 그것은 우주 왕복선 조종사가 사용하는 부피가 큰 비행 시뮬레이터를 포함한다. 이런 기술의 피상적인 요소는 비행 시뮬레이터에서 항공 조종사 훈련을 위한 시장과 매우 유사하다. 반면에, 그것은 K-12 학교 어린이와 부모의 표적 시장과 작은 피상적 유사성을 가지고 있다. 표면적 상황의 기초 기술은 다른 시스템과 상호 작용하는 개인에 컴퓨터 프로세서에 신호를 보내도록 피부의 전기 전도도를 모니터링하는 개인의 집게손가락에 센서를 부착하는 것을 포함한다. 궁극적으로 이러한 일대일 관계는 (피부 센서 및 센서 컴퓨터) 기술의 목적 및 또는 그 용도의 전반적인 능력을 반영하여 고차 관계의 네트워크에 달한다. 따라서, 이 기술은, 집중하는 능력과 장시간 집중 능력을 향상(항공사 파일럿 또는 십대 드라이버)할 수 있도록 셔틀 파일럿들을 돕는다. 그러나 새로운 시각으로 바라보았다. 그 기술은 주의력 결핍(ADHD)을 치료하는 비약품 대안을 찾는 부모의 표적 시장과 구조적 유사성의 높은 수준을 공유한다. 주의력 결핍(ADHD)을 치료하는 비약품 대안을 찾는 부모의 시장에 이 기술을 적용 할 수 있는 기회는 기술과 새로운 시장 사이의 피상적인 불일치에 의해 더 깊은 구조적 유사성에서 벗어난 개인에게 명백하지 않았다. 그러므로 특히 표면적 부정합의 존재 하에 또는 참조 기술과 목표 시장 간의 구조적 일치를 보거나 만들 수 있는 개인은 기업 기회를 인식할 확률이 높다. 기술 및 또는 시장에 특정 지식이 이 능력을 가능하게 하고, 좋은 소식은 이 기술도 연습과 훈련을 통해 향상될 수 있다는 것이다.

학습과 실천, 실천을 통한 평생의 학습

기업가들에겐 종종 자원이 부족하다. 그 결과, 어느 기업의 기회를 실험하고 생성하며 '부진' 필요를 해결하기 위해 다른 사람의 자원을 요청하며 그들의 브리콜라주에 참여한다. 브리콜라주란 '가까이 있는 자원들의 결합을 통해 새로운 문제와 기회에 적용하는 것'이라 한다. 이는 기존의 자원을 필요로 하고 실험, 땜질, 재포장 혹은 그들을 재구성하여 기존의 디자인과 구성되지 않은 방식으로 사용될 수 있다. '결정이 수행'인 이 과정으로부터 기업가는 기회를 만들 수 있다. 베이커와 넬슨은 브리콜라주의 다음 예제를 제공한다.

팀 그레이슨은 유기된 탄광에 의해 나누어진 섬을 소유한 농부였다. 그 탄광이 붕괴될 조짐이 보였고, 들판에 거대한 싱크홀을 만들었으며 또한 엄청난 양의 매탄을 수반하고 있었기 때문에 농부들에게 큰 골칫거리라는 것을 알았다. 매탄은 또다른 골칫거리였다. 독성의 온실가스는 광부들을 해롭게 하였고 한 세대 동안 버려진 존재였다. 그레이슨과 그의 파트너는 그레이슨의 사유지에 광물이 있는 곳을 뚫었다. 그리고 근처 공장에서 디젤 발전기를 획득하여 메탄을 태우기 위해 개조했다. 그의 브로콜리주는 전기를 생성했고 대부분은 지역 공익회사에 팔았다.

정주영회장의 서산 간척지 공사

서산간척지 물막이 공사에서 정주영 회장은, 다른 사람으로부터 스웨덴이 철물을 이용하는 사례를 듣고 곧바로 폐선을 이용하는 방법을 응용해내었다. 이런 사례는 실행을 통한 배움(learning by doing)과 달리 배움을 통한 배움(learning by learning)으로 설명될 수 있는 사례이다. 여기에서 '배움을 통한 배움'이란 다른 사람들의 아이디어에 접하면서, 여기에 자신의 경험을 합쳐 그 아이디어와는 닮았지만 또한 그것과는 조금 다른 새로운 아이디어를 얻는 것을 말한다.

그레이슨의 발전기도 상당한 폐열을 생산하기 때문에 그는 발전기의 냉각 시스템에서 물을 가열하여 수경재배 가능한 토마토 온실을 건설했다. 그는 또한 비수기 동안 생성되는 전기를, 특수 램프를 통해 식물의 성장에 공급하였다. 전체 온실의 가용성과 함께 '무료'로 가열하였다. 그레이슨은 '어쩌면 틸라피아를 기를 수 있겠다.'는 생각을 했다. 그는 토마토 뿌리를 세척하고 황박을 비료로 사용한 물에 물고기를 넣었다. 마지막으로, 그레이슨은 천연가스 회사에 많은 메탄을 판매하기 시작했다. 이 예에서 볼 수 있듯이, 브리콜라주는 기업에게 기회의 중요한 소스를 제공하며 사고와 행동은 그 핵심이다.

효력발생

잠재적인 비즈니스 지도자로서 당신은 합리적으로 생각하도록 훈련이 되어있는가? 가끔 기업가들은 기회에 대해서 생각할 때 특히 다른 방식의 생각을 한다.

버지니아 대학교수 사라스 사라스바티(Saras Sarasvathy)는 기업가는 항상 원하는 결과로 시작하고, 그 결과를 생성할 수 있는 수단에 초점을 맞춘 방법으로 문제를 생각하지 않는다는 것을 발견했다. 이러한 과정은 인과과정으로 지칭된다. 그렇지만 기업가들은 가끔씩 그들이 가지고 있는 것을 사용하는(그들이 누군지, 무엇을 알고 있는지, 누구를 알고 있는지) 효력발생 과정을 사용하고, 가능한 결과들 중에서 선택한다. 사라스 교수는 훌륭한 요리사이므로 이러한 사고 과정의 예는 그녀가 요리를 할 때도 나타난다고 하였다.

요리사가 요리를 한다고 생각해보자. 작업을 구성할 수 있는 두 가지 방법이 있다. 먼저, 호스트 또는 클라이언트가 미리 메뉴를 선택한다. 모든 요리사는 이 요리에 필요한 재료들을 나열하고 구입한 다음 요리를 한다. 이것은 인과 관계의 과정이다. 그것은 주어진 메뉴로 시작하고 식사를 준비하는 효과적인 방법 사이의 선택에 초점을 맞춘다.

두 번째의 경우는 호스트는 요리사에게 부엌에 있는 재료들과 기구들을 살펴보게 한 다음 요리하게 한다. 여기서, 요리사는 주어진 재료와 기구에 따라 가능한 메뉴를 정한 다음 식사를 준비한다. 이것은 효력 발생의 과정이다. 그것은 주어진 재료와 기구에 초점을 맞추어 그들 중에 가능한 식사 중 하나를 준비한다.

이 예에서 사라스가 상상한 인도 레스토랑, '허리 인 커리' 구축 과정을 추적했다. 원인 작용과 다른 효력 발생을 사용하는 두 가지 경우를 조사하고 있다. 이 글의 목적을 위해 선택한 예는 오늘날 많은 경제 이론의 기초가 일반적인 원인 작용과정이다. 여기서 예제로 사용된 원인 작용과정은 전 세계적으로 MBA 프로그램에 쓰이는 교과서 '마케팅 관리'라는 책에서 다음과 같이 시장을 정의하였다. '시장은 모든 잠재 고객이 특정한 필요성을 공유하거나 기꺼이 그 욕구를 충족하거나 하려는 교환에 참여를 원하는 사람으로 구성되어 있다.' 제품이나 서비스를 감안할 때, 코틀러는 시장에 제품·서비스를 지적해 다음 절차를 제안했다(시장 존재를 코틀러는 가정한다).

1. 시장에서 장기 기회를 분석

2. 연구 및 시장 대상 선택

3. 분할 변수와 세그먼트 시장 확인

4. 결과 세그먼트의 프로파일을 개발

5. 각 세그먼트의 매력을 평가

6. 타겟 세그먼트 선택

7. 각 대상 세그먼트에 대한 가능한 위치 개념을 확인

8. 선택, 개발하고, 선택된 위치 개념을 전달

9. 마케팅전략 디자인

10. 마케팅 프로그램 계획

11. 조직, 구현 및 마케팅 노력을 제어

이 프로세스는 마케팅에서 일반적으로 STP 세분화, 타겟팅 및 포지셔닝 프로세스로 알려져 있다.

'허리 인 커리'는 새로운 방식의 레스토랑이다. — 인도레스토랑의 패스트푸드 섹션이라고 말한다. 원인 작용 과정을 사용하여 현재의 패러다임은 이 아이디어를 구현하기 위해 기업은 모든 잠재 고객과 함께 시작해야 함을 나타낸다. 우리는 그녀가 카레의 초기 영역 또는 시장이 되어 피츠버그, 펜실베이니아에 그녀의 레스토랑을 구축한다고 가정해 보자.

완전히 인도 음식을 혐오하는 피츠버그의 인구의 비율은 무시할 수 있다고 가정하면, 기업은 STP 프로세스를 시작할 수 있다. 인구 통계, 거주 지역, 민족, 결혼 상태, 소득 수준, 외식의 패턴과 같은 여러 세분화 변수를 사용할 수 있다. 이들에 기초하여, 기업은 선택된 이웃에게 설문지를 보낼 수 있으며, 피츠버그에 있는 두 주요 대학에서 포커스그룹을 구성할 수 있다. 설문 조사 및 포커스그룹에 대한 응답을 분석하여 그녀는 대상을 세분화할 수 있다. — 예를 들어, 일주일에 두 번 이상 외식하는 가정, 인도인인 경우, 모두 부유한 가족 등에 대한 정보

는 메뉴 선택, 장식, 시간 및 기타 운영 사항을 결정하는 데 도움이 된다. 그녀는 레스토랑을 시도하는 그녀의 타겟 세분화를 유도하기 위해 마케팅 및 판매 캠페인을 디자인 할 수 있다. 그녀는 또한 다른 인도 패스트푸드 레스토랑을 방문하고 조사의 몇 가지 방법을 발견하고, 그녀가 계획한 그럴듯한 수요 예측을 개발할 수 있다. 프로세스는 상당한 시간과 노력을 분석에 할당해야 한다. 요약하면, 현재 패러다임은 크고 일반적인 영역에서부터 안으로 더 자세하게 진행된다. — 즉, 미리 설정된 시장에서 최적의 타겟 세분화로 한다. 말하자면 허리 인 커리 측면에서 폭스채플(풍요로운 주거 지역) 존스 부부는(부유 한 가정의 특정 고객 프로파일) 피츠버그의 도시 전체에서 진행하는 것을 의미할 수 있다.

인지 적응력

인지 적응력은 기업이 역동적이고 유연한 자기 조절, 그리고 그들에게 작용하는 그들의 환경에서 감지 및 처리의 변화에 초점을 맞춘 여러 의사 결정 프레임 워크를 생성하는 과정에 종사하고 있는 정도에 대해 설명한다. 의사 결정 프레임 워크는 사람이 무슨 일이 일어나고 있는지 이해하는 데 도움을 주고 사용되는 사람과 상황에 대한 지식을 구성한다.

인지 적응력은 기업의 초인지에 대해 성찰하고 이해하고, 하나의 사고와 학습을 제어할 수 있는 능력에 대한 반영이다. 특히, 초인지는 복잡하고 역동적인 환경에서 피드백이 효과적이고, 작업 상황과 환경에 대한 인식이 무엇을 구성하는를 설명한다. 당신은 어떻게 인지적으로 적응할 수 있는가? 다음의 '적응인지 측정'에 관한 설문 조사를 보고, 친구들 중 일부와 자신을 비교해보자.

높은 점수는 더 메타적 인지(metacognitively)를 인식하고 있음을 의미하며, 차례로 인지적 적응성을 제공하는 데 도움이 된다.

당신은 어떻게 인지적으로 유연합니까?

당신은 어떻게 다음 설명에 자신을 평가합니까?

1은 '매우 나 같지 않음'이고 10은 '매우 나 같음'이다. 당신은 어떻게 다음의 설명에 자신을 평가하는가?

목표 지향		
나는 종종 나 자신을 위한 목표를 정의한다.	1,2,3,4,5, 6,7,8,9,10	
나는 작업의 성취가 내 목표에 어떻게 관련되는지 이해한다.		
내가 작업을 시작하기 전에 나는 구체적인 목표를 설정한다.		
나는 목표를 달성 후 어떻게 내 목표를 잘 달성했는지 나 자신에게 묻는다.		
작업을 수행할 때, 나는 자주 내 목표에 대한 나의 진행 상황을 평가한다.		
초인지적 기술		
나는 문제를 해결하기 위해 여러 가지를 생각하고 최고의 하나를 선택한다.		
나는 일을 시작하기 전에 작업에 대한 나 자신의 가정상황에 도전한다.		
나는 다른 사람들이 내 행동에 반응할 수 있는 방법에 대해 생각한다.		
나는 나 자신이 과거에 일한 전략을 사용하는 것을 자동적으로 찾을 수 있다.		
이미 작업에 대한 지식이 있을 때 나는 가장 좋은 수행을 한다.		
나는 정보를 더 의미있게 하도록 내 자신의 예제를 만든다.		
과거에 일한 전략을 사용하려고 한다.		
나는 작업을 시작하기 전에 나 자신에게 작업에 대한 질문을 한다.		
나는 나 자신의 단어로 새로운 정보를 번역하려고 한다.		
나는 작은 구성 요소로 문제를 파악하려고 한다.		
나는 의미와 새로운 정보의 중요성에 초점을 맞춘다.		

초인지적 체험			
난 정말 작업을 시작하기 전에 수행해야 할 일에 대해 생각한다.			
나는 상황에 따라 서로 다른 전략을 사용한다.			
내 목표를 달성하기 위해 내 시간을 구성할 수 있다.			
나는 정보 조직에 능숙하다.			
내가 문제에 직면했을 때 어떤 정보가 가장 문제 해결에 중요한지 알고 있다.			
나는 의식적으로 중요한 정보에 주의를 기울인다.			
주어진 전략이 가장 효율적으로 사용될지를 내 감정은 나에게 이야기한다.			
내 직관에 따라 나는 전략을 수립한다.			
초인지적 선택			
만약 내가 문제를 해결할 때 모든 옵션을 고려했는지 내 자신에게 질문을 한다.			
만약 작업을 끝낸 이후 더 쉬운 방법이 있었는가를 내 자신에게 묻는다.			
만약 내가 문제를 끝낸 후 모든 옵션을 고려했는지 내 자신에게 질문을 한다.			
내가 혼돈될 때 내 가정상황을 재평가한다.			
작업을 마친 후 내가 더 배웠더라면 하고 내 자신에게 묻는다.			
모니터링			
나는 중요한 관계를 이해하기 위해 주기적으로 검토한다.			
확실하지 않은 정보가 있으면 멈추고 다시 돌아간다.			
나는 주어진 작업에 참여했을 때 어떤 전략을 사용해야 하는지 인식한다.			
주어진 작업에 참여하는 동안 유용한 전략을 스스로 분석한다.			
문제 이해 확인 또는 상황에 대해 스스로 일시 중지하여 확인한다.			
새로운 작업을 수행할 때 어떻게 잘하고 있는지 스스로에게 묻고 혼란이 왔을 땐 중지하여 다시 읽어본다.			

점수에 관계없이 좋은 소식은 당신이 더 많은 인지적 적응력을 배울 수 있다는 것이다.

정보의 중요성

정주영 회장은 정보의 중요성을 실천한 사람이다.

현대조선을 건설하는 과정에서 정보에 대한 정보의 중요성을 깨닫고 있음을 보여준다. 그는 위험의 부담을 두려워하지 않고 도전하는 사람으로 그려질 때가 많지만, 그는 단순히 배짱으로만 사업을 하는 사람은 물론 아니었다. 그는 정보와 지식의 중요성에 기민했고 치밀하게 계산할 줄 알았다. 그러나 정주영 회장은 특히 실제 행동을 해보지도 않고 선입견에 따라 사업의 시도조차 하지 않는 것을 매우 싫어했다. 그래서 그의 트레이드마크, "이봐, 해봤어!"는 두려워하지 말고 도전하라는 의미로 해석될 수 있다. 그러나 미리 안 된다고 생각하지 말고 고정관념의 포로가 되지 말라는 경고로 이해하는 것이 더 적절해 보인다. 정주영 회장은 슘페터가 말하는 혁신, 즉 관습적 사고에서 벗어남으로써 이윤기회를 발견하는 데 뛰어났다.

이 기능은 대부분의 새로운 작업에서 서비스를 잘 제공하지만, 특히 새 항목을 추구하고 불확실한 환경에서 회사를 관리할 때 사용된다. 간단히 말하면, 자각하고, 생각을 말하며, 성찰하고, 전략적이어야 하며, 계획하고, 그 계획을 항상 머릿속에 두고, 무엇을 알아야 하는지를 알고, 자신을 되돌아보아야 한다. 우리는 자신에게 (1) 이해 (2) 접속 (3) 전략 및 (4) 성찰에 관한 일련의 질문을 던져보아야 한다.

1. 이해력 질문은 기업 과제를 해결하기 전에 환경의 변화 또는 잠재적 기회, 환경의 성질이 기업들의 이해를 높일 수 있도록 설계된다.

이해 문제는 상황의 본질과 문제 또는 기회 존재의 인식으로부터 발생한다. 일반적으로 개인을 자극하는 이해에 대해 생각하는 질문은 다음과 같다: 무엇에 대한 문제인가? 질문은 무엇인가? 핵심 개념의 의미는 무엇인가? 기업가에 대한 구체적인 질문은 다음을 포함할 가능성이 높다. 이 시장은 무엇인가? 이 기술은 무엇인가? 우리는 이 새로운 회사를 만들어 달성하고 싶은 게 무엇인가? 효과적으로 기회를 추구할 수 있는 핵심 요소는 무엇인가?

2. 연결(접속) 작업은 이전에 직면하고 해결한 상황으로부터의 유사성과 차이점에 관하여 현재 상황을 기업가들이 생각하도록 설계되었다. 즉, 이러한 작업은 지나치게 일반화하는 작업 없이 자신의 지식과 경험을 활용할 수 있도록 만들었다. 일반적으로, 연결 작업은 다음과 같은 질문에 초점을 둔 다: 문제와 유사한 이 문제는 이미 어떻게 해결했는가? 왜? 어떻게 이 문제는 이미 해결한 것과 다른가? 왜? 기업가의 구체적인 질문은 다음을 포함할 가능성이 높다. 다른 사람과 비슷한 이 새로운 환경은 내가 어떻게 운영하고 있는가? 어떻게 다른가? 기존의 조직과 이 새로운 조직은 어떻게 내가 관리해야 하는가? 어떻게 다른가?

3. 전략 작업은 기업가들이 문제(무엇)를 해결하거나(왜), 기회를 추구하기 위해(어떻게) 적절한 전략이 무엇인지를 생각하도록 설계되어 있다. 이러한 작업은 무엇을, 왜, 어떻게 그 상황에 접근할 것인지를 생각하도록 한다.

일반적으로, 이러한 질문은 다음과 같다:
* 나는 이 문제를 해결하기 위해 어떤 전략 / 전술 / 원리를 사용할 수 있는가?
* 왜 이 전략 / 전술 / 원칙이 가장 적합한 일인가?
* 나는 문제를 해결할 수 있는 방법을 위해 정보를 구성할 수 있는가?
* 어떻게 계획을 실행할 수 있을까?

기업가의 구체적인, 질문은 다음을 포함할 가능성이 있다.

* 전략적 위치, 조직 구조, 문화의 어떤 변화가 우리를 새롭게 이끌 것인가?
* 어떻게 이 전략의 구현이 가능할 수 있는가?

4. 성찰 작업은 기업가적 과정을 통해 진행할 때 느끼는 기분과 이해를 생각하도록 설계되었다. 기업가는 이러한 작업을 변경하기 위해 자신의 의견(그들의 솔루션 공정에 피드백 루프를 생성)을 생성한다.

일반적으로 성찰 질문은 다음과 같다:

* 내가 무슨 생각을 하는가?
* 그것은 의미가 있는가?
* 어떻게 어려움을 겪고 있는가?
* 어떻게 생각하는가?
* 어떻게 이 해결방법을 확인할 수 있는가?
* 나는 작업을 해결하기 위한 또 다른 방법을 사용할 수 있는가?

기업의 상황에서, 기업가는 물어볼 수 있다 :

* 우리는 우리의 이해 관계자를 설득하는 데 어떤 어려움이 있는가?
* 우리의 전략을 구현하는 더 좋은 방법이 있는가?
* 우리가 그것을 실행할 경우 우리는 어떻게 성공을 알 수 있을까?

인지적 적응능력을 향상시킬 수 있는 기업가들은 향상된 새로운 상황에서의 적응능력을 가지고 있다. 즉, ⑴ 이는 사람의 사전 경험과 지식이 새로운 상황에서 학습이나 문제 해결에 영향을 주는 기초를 제공한다. ⑵ 창조적인 것은 독창적이고 적응이 가능한 아이디어, 솔루션, 또는 통찰력으로 이어질 수 있고 ⑶ 특정 응답 뒤에 하나의 논리를 전한다.

이 부분이 당신에게 기업이 생각하는 훌륭한 유연성을 가지고 행동할 수 있는 방법의 깊은 이해뿐만 아니라, 당신의 인생에서 인지적 적응능력 통합에 대한 몇 가지 기술에 대한 인식을 제공하길 바란다.

기업가적 역할을 하는 의도

기업가 활동은 대부분 의도적이다. 기업가들은 어떤 기회를 쫓기 위해 새로운 시장에 진입, 새로운 제품을 제공하려 한다. 이는 드물게 의도하지 않은 행동의 과정이다. 의도는 행동에 영향을 미치는 동기 부여 요인을 포함한다. 일반적으로 강한 의도가 행동에 참여하는 가능성이 높으며 그것의 성과여야 한다. 개인은 실현 가능하고 바람직한 것으로 인식할 때, 강한 의도를 가지게 된다. 기업가 의도는 동일한 방식으로 설명될 수 있다.

낮은 자기 효능감은 노력과 성능을 저하시킨다. 실제로, 높은 자기 효능감을 가진 사람들은 다르게 생각하고, 낮은 자기 효능감을 가진 사람들과 다르게 행동한다. 자기 효능은 작용하는 사람의 선택에 영향을 주며 노력의 양에 따라서 작용한다. 새로운 독립적인 조직의 창조와 결부되면서 자기 효능감에 긍정적인 영향을 미치는 것으로 나타났다. 뿐만 아니라 기업가의 높은 의도는 개인이 아니라 실현 가능한 기업 활동을 인식해야 하며 또한 개인의 바람직한 행동은 과정을 인식해야 한다.

예를 들어, 창조적인 활동은 더 익숙한 행동보다 상대적으로 더 바람직한 것으로 인식되어 개인 보상을 생산한다. 따라서 강한 인식은 바람직하고 실현 가능성 높은 기업가의 역할을 한다.

기업가의 배경 및 특성 교육

교육은 기업가의 육성에 중요하다. 그 중요성은 교육 수준에서뿐만 아니라, 기업들이 직면하는 문제 대처에 더 중요한 역할을 한다는 사실이다. 새로운 사업을 시작하는 데에 있어서 형식적인 교육은 꼭 필요한 것만은 아니다. 앤드류 카네기, 윌리엄 듀란트, 헨리 포드, 윌리엄 리어와 같은 고등학교 중퇴자들의 성공도 있듯이 하지만 벤처와 관련된 교육은 좋은 배경지식을 주는 것은 맞다.

예를 들어, 기업은 재무, 전략 기획, 마케팅 (특히 유통), 관리 분야의 교육에 관한 필요성을 언급했고, 서면과 음성으로 명확하게 의사소통을 할 수 있는 능력은 모든 기업 활동에 중요하다. 심지어 일반 교육은 더 큰 기회와 개인에게 제공하는 통합과 새로운 지식의 습득에 용이하기 때문에 가치가 있으며, 기업가를 지원하는 새로운 상황에 적응할 수 있도록 해준다.

기업가의 일반 교육(경험)은 지식, 기술, 그리고 많은 다른 상황에서 문제 해결 능력을 제공할 수 있다. 사실, 이 교육은 사람이 새로운 기회를 발견할 수 있는 기회에 긍정적인 영향을 가지고 있지만, 그것은 반드시 자신이 발견한 기회를 이용하여 새로운 비즈니스를 만들 것인지에 대한 여부를 결정하지는 않는다. 개인은 교육이 기업가적 행동을 더 실현 가능하게 만든다고 믿으므로, 그들은 기업가가 될 가능성이 더 높다.

나이

기업 경력 과정과 연령의 관계는 신중하게 연구되고 있다. 기업가의 경험은 새로운 벤처 이전의 경험과 같은 분야에서 성공의 최상의 예측기 중 하나이다. 연대순의 측면에서, 대부분의 기업가는 22세에서 45세 사이의 기업가의 경력을 쌓게 된다. 새로운 벤처를 성공적으로 시작하고 관리하기 위해서는 많은 에너지를 필요로 한다. 또한, 중요 시점은 연령이 5년마다(25, 30, 35, 40, 45) 개인이 기업 경력을 시작하는 경향이 있다.

일반적으로 일반적으로 남성 기업가는 30대 초반에 상당한 투자를 시작하는 경향이 있는 반면, 여성 기업가들은 30대 중반에 시작하는 경향이 있다.

아이가 독립한 후, 돈에 대한 걱정이 줄고 남은 여생에서 자신이 하고 싶은 것을 꼭 해야겠다는 생각이 든 후에 사람들이 많이 찾는다.

이력

이력은 새로운 벤처 기업을 시작하는 결정에 영향을 미칠 수 있고, 또한 새로운 벤처의 성장과 최종 성공하는 역할을 한다. 도전의 부족 아니면 승진 기회의 부족, 또는 좌절과 지루함은 종종 새로운 벤처를 시작하게 하는 동기 부여를 한다. 새로운 벤처를 시작하겠다는 결정을 내린 후에는 그 전에 기술과 산업 경험은 매우 중요하다.

다음과 같은 분야에서 경험은 특히 중요하다. 자금 조달, 제품 또는 서비스의 개발, 제조, 유통 경로의 개발 등.

벤처가 설립되고 성장하기 시작하면 관리 경험과 기술이 점점 더 중요해진다. 비록 대부분의 벤처들은 적은 직원들로 시작하지만, 이 직원들의 수가 증가하기 시작하면 기업가의 관리 능력은 더욱더 중요한 요소가 된다.

이러한 창업 과정과 불확실한 상황 속에서의 결정, 벤처 캐피털을 기르고 높은 성장을 관리하는 기업가적 경험 또한 중요하다.

대부분의 기업들은 가장 중요한 투자는 자신의 첫 번째가 아니라는 것을 나타낸다.

기업가의 경력을 통해, 그들은 많은 새로운 투자 기회에 노출되어 더 많은 새로운 벤처에 대한 아이디어를 수집한다.

마지막으로, 이전의 창업 경험은 새로운 시작 기회의 '실제' 값에 대한 이해로 이어질 수 있는 정보의 관련성을 판단하는 벤치마크뿐만 아니라 독립적인 사업 운영에 전문성을 갖춘 기업가를 제공하는 비즈니스 창출의 속도를 높일 수 있으며 처리 및 성능을 향상시킨다.

이전 창업 경험은 이후의 사업을 시작하는 상대적으로 좋은 예측 인자이다.

창업 경험으로 인해 기업가들은 성공적으로 기업가적인 결과물을 성취할 수 있는 자신의 능력을 더 믿게 되고, 이는 기업가적 의도를 더욱 실현 가능하게 만든다.

역할 모델 및 지원 시스템

기업에 영향을 미치는 가장 중요한 요소 중 하나는 롤모델의 선택이다. 롤모델은 부모, 형제, 자매, 친척, 또는 다른 기업이 될 수 있다. 롤모델은 그들에게 기업가적 정신을 심어줄 수 있는 중요한 역할을 한다.

롤모델은 새로운 벤처의 출시 후 멘토로서 도와줄 수도 있다. 기업은 새로운 벤처의 모든 단계에서 강력한 지원과 자문 시스템이 필요하다.

이 조직 구조 등의 문제, 취득에 필요한 금융 자원, 마케팅 정보, 조언 및 지침을 제공하기 때문에 이러한 지원 시스템은 아마도 시작 단계에서 가장 중요하다.

기업가는 사회에서 사회적 역할을 함으로써, 기업가들은 연결망을 구축하는 것이 중요하고, 결국 이는 새로운 벤처의 초기 과정에서 연결된다.

초기 접촉과 연결이 확장됨에 따라, 그들은 소셜네트워크 밀도와 중심성에서 널리 유사한 특성을 가진 네트워크를 형성한다.

기업 네트워크에 개인 사이의 관계의 강도는 관계의 주파수, 레벨, 상호주의에 따라 달라진다. 깊고 더 빈번한, 그리고 상호 이익 관계, 기업과 개인 사이의 강하고 더 튼튼한 네트워크, 대부분의 네트워크가 공식적으로 구성되지 않지만 도덕적이고 전문적인 지원을 위한 비공식 네트워크는 여전히 크게 기업의 도움을 받는다.

도덕적-지원 네트워크

각 기업이 가족과 친구의 도덕적인 지원 네트워크를 구축하는 것은 중요하다. 이 응원은 기업 과정 전반에 걸쳐 발생하는 많은 어렵고 외로운 시기에 중요한 역할을 한다. 대부분의 기업은 자신의 배우자가 자신의 가장 큰 후원자가 되고 새로운 투자에 필요한 시간의 과도한 금액을 투자할 수 있음을 나타낸다. 친구는 도덕적 지원 네트워크에서 중요한 역할을 한다. 그뿐만 아니라 친구들이 종종 다른 소스에서 받은 것보다 더 정직한 조언을 제공하지만, 그들은 또한 격려와 이해, 심지어 지원을 제공할 수 있다. 기업가는 비판의 두려움 없이 친구에게 털어놓을 수 있다. 자녀, 부모, 조부모, 고모, 삼촌도 또한 기업가에게 특히, 정신적 지원의 강력한 소스가 될 수 있다.

한 기업가는 '내가 받은 가족 지원이 내 성공의 열쇠였다.'라고 언급하였다. 나의 많은 어려움과 문제는 나에게 격려를 해주고 이해하며 응원단을 갖는 것을 통해 지속할 수 있다.

전문적인 지원 네트워크

격려뿐만 아니라, 기업은 새로운 벤처의 설립을 통해 조언과 상담이 필요하다. 이 조언은 멘토, 동료, 무역협회, 또는 전문적인 지원 네트워크의 개인 제휴에서 얻을 수 있다.

대부분의 기업은 멘토가 있다. 어떻게 멘토를 찾을 수 있을까? 실제로 이 작업은 훨씬 더 어렵다고 한다. 멘토는 코치, 아이디어에 대한 성공을 나눌 수 있는 그 분야에서 전문가이어야 한다. 재무, 마케팅, 회계, 법률, 또는 관리의 기본적인 비즈니스 활동 등 다양한 분야의 전문가의 목록을 준비하여 '멘토 찾는 과정'을 시작할 수 있다. 이 목록에서 가장 도움을 줄 수 있는 사람을 찾아 연락해야 한다. 선택한 개인이 멘토 역할을 하고자 하는 경우 관계는 점진적으로 발전할 수 있도록, 정기적으로 사업의 진행 상황을 통보해야 한다.

조언의 또 다른 좋은 소스는 사업 파트너의 네트워크를 구축하여 축적할 수 있다. 이 그룹은 창업 경험 자영업자, 클라이언트 또는 벤처의 제품 또는 서비스의 구매자. 이러한 컨설턴트, 변호사, 회계사와 벤처의 공급 업체로 구성될 수 있다. 특히 클라이언트와 바이어가 중요한 그룹이다.

이 그룹은 벤처에 수익의 근원을 나타내고 입소문 광고의 최고의 제공자이다. 고객의 입소문 광고보다 좋은 것은 없다.

공급 업체는 전문적인 지원 네트워크의 또 다른 중요한 구성 요소이다. 새로운 벤처는 좋은 관계를 구축하고, 재료 및 기타 소모품의 적절한 가용성을 보장하기 위해 공급 업체와의 견고한 실적을 확립할 필요가 있다. 공급 업체는 업계에서 좋은 특성에 관한 정보뿐만 아니라, 경쟁을 만들 수 있다. 게다가 멘토와 동료뿐만 아니라, 무역협회는 우수한 전문적인 지원 네트워크를 제공할 수 있다. 무역협회 회원은 경쟁력 있는 새로운 벤처를 유지하는 데 도움이 될 수 있다. 무역협회는 새로운 발전과 함께 주기적으로 산업 전반의 데이터를 제공 할 수 있다.

마지막으로, 기업의 개인 제휴는 또한 전문적인 지원 네트워크의 중요한 일부가 될 수 있다. 취미를 통한 개인과 제휴는 물론 스포츠 이벤트, 클럽, 학교 동창 그룹의 참여는 우수한 잠재적인 소스이다.

각 기업은 도덕적이고 전문적인 지원 네트워크를 모두 구축할 필요가 있다.

이러한 접촉은 신뢰, 지원, 조언 및 정보를 제공한다. 문제를 공유하고 새로운 벤처 정보와 전체적인 지원을 받는 지원 그룹을 설정할 필요가 있다. 따라서 기업 활동이 대인 관계의 네트워크 작업에 포함되어 있음을 인식하는 것이 중요하다.

이러한 네트워크들은 액터(개인과 단체)와 그들 사이의 결합 세트에 의해 정의되고, 기업들은 결과에 필요한 다양한 자원에 대한 개인의 액세스를 제공한다. 이러한 자원을 발견하고 기회를 활용할 뿐만 아니라, 새로운 독립적인 조직의 창조에 노력을 지원할 수 있다. 이들 네트워크의 일부에 포함된 신뢰적인 잠재적 기업에게 매우 귀중한 자원에 액세스할 수 있는 기회를 제공한다.

예를 들어, 비즈니스 네트워크는 공동의 이익, 우정, 신뢰로 연결된 독립 기업으로 구성하는 것은, 다른 방법으로 얻기엔 비용이 많이 들며 지식 집약적인 어려운 기술 이전을 용이하게 하는 데 특히 중요하다.

PART Ⅱ 기회 발굴 및 특허

기회포착

창업의 시작은 시장기회 포착과 창업자의 핵심역량 구축으로 나눠 생각할 수 있다. 기회에 대한 풍요한 의식, 크게 생각하되 작은 단위로 시작할 수 있는 것, 홈런보다는 여러 번의 안타와 글로벌과 로컬을 동시에 생각해야 한다. 창업을 하고 싶어도 기회가 없다는 사람들이 많다. 하지만 이는 기회에 대한 편협한 시각 때문인 경우가 대부분이다. 기회는 얼마든지 있다. 새로운 시장에도 있고, 전통시장에도 있다.

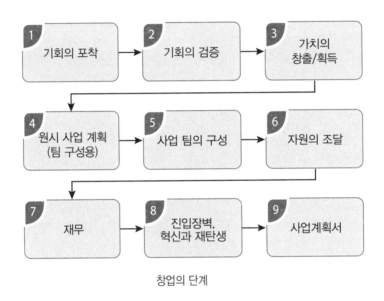

창업의 단계

첫째 기회포착을 위해서는 세 가지 마인드가 필요하다. 첫째, 기회에 대한 풍요로운 생각이다. 기회는 얼마든지 있다. 창업 기회는 화성에도 있다. 바로 이것이다. 다시 말해, 기회는 널려있다. 기회는 쉽게 찾을 수 있다. 우선 우리가 지금까지 배운 지식의 범위를 총동원하고, 기술의 변화와 추이, 산업에 대한 미래기술 등을 찬찬히 살피자. 그럼 그 속에서 기회는 얼마든지 있다. 우선 시대의 변화를 읽어보자.

본인의 기회분석에 대한 큰 사고의 틀을 가지고 구조적으로 생각해보자.
그것의 예가 생각의 매트릭스법이다.

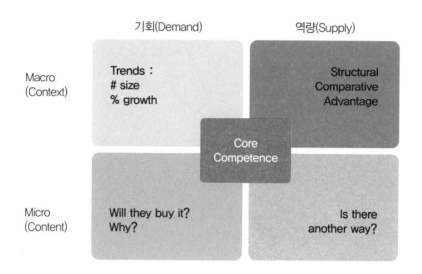

생각의 매트릭스 법을 보면, 이것을 고객이 정말 구매할까? 구매한다면 왜 할까
의 사고부터 이와 같은 방법에는 어떤 것이 있을까를 또다시 고민해 보는 것이
다. 이와 같은 방법을 토대로, 이제는 산업적으로 그리고 그 산업에서의 경쟁 구
조도 고민해 보는 것이다. 앞에서 언급한 것들을 곰곰이 잘 생각해보기 바란다.
기회포착의 구체적인 것은 정부에서 발표하고 있는 산업에 대한 추이다. 유전공
학, 에너지 환경, 스마트, 새로운 운송수단, 우주공간의 사유화의 시작과 우주여
행에 대한 상품개발, 양자컴퓨터의 도래와 가상세상에서의 업무와 같은 새로운
기술에 대한 발표를 자세히 활용하는 것도 기회포착이다. 전자상거래로 50억 명
이 일하게 될 것이라는 미래보고서도 활용 가능한 도구이다.

이와 같은 외부 환경의 큰 흐름, 메가트렌드를 읽어낼 수 있어야 한다. 일반적으로 사회적인 큰 흐름을 메가트렌드로 사회의 변화를 크게 읽어낼 수 있는 안목이 중요하다. 이를 STEEP 분석이라 한다. STEEP 분석은 미래 사회의 변화를 내다볼 수 있게 해준다. 사회적으로는 노령인구의 급격한 증가가 특징이다. 기술적으로는 기술의 융복합화, 경제는 웹빙에 대한 선호, 감성경영과 복지경제, 지식이 생산요소가 되는 경제와 글로벌 인재의 부상이, 환경적으로는 녹색환경이다. 기후변화와 지구환경오염에 대한 에너지 우기의 대처와 기술 발전이 요구된다. 정치는 국내정치와 국외정치 등으로 나눌 수 있다. 글로벌화와 안전 위험성 증대와 남북통합 등이 튼 흐름이다. 또 다른 분석방법으로 PEST 분석법이 있다. 이는 정치, 경제사회, 기술, 문화 등을 나눠 큰 미래의 흐름을 읽어내는 법이다.

기술 분석은 자세히 살펴볼 필요가 있다. 최근 대표되는 스마트 혁명이 O2O 비즈니스모델이다.

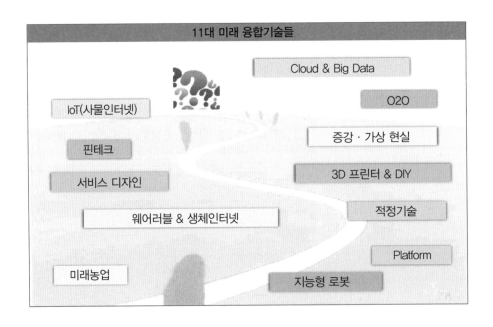

미래의 기술에 대한 정보를 얻는 방법은 도서관, 전문가의 인터뷰 자료, 산업별 최신발전 동향을 소개하는 전문 잡지 등은 좋은 기회 발굴처다.

특허의 개념

특허는 발명자의 재산권을 보호하고 대중이 발명명세의 공개와 발명이 체화된 제품의 판매 등을 통해 발명의 이익을 활용할 수 있도록 함으로써 혁신을 촉진하려는 데 그 목적이 있다. 특허는 그 보유자에게 다른 사람들로부터 배타적으로 특정 기간 동안 발명의 생산, 사용 또는 판매를 할 수 있는 권리를 제공한다.

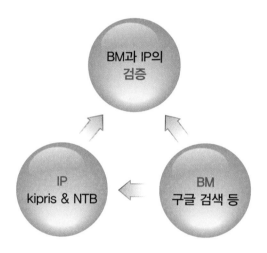

특허 등록을 위해 가장 먼저 해야 하는 것은 선행기술 조사다. 사실, 조사를 해보면 우리 학생들이 각종 창업경진대회에서에서 활용하는 아이디어는 50% 이상이 카피캣(copy cat)이다. 기술사업화는 특히 특허 검색선행특허확인이 매우 중요하다. 만약 선행특허가 있다면 회피특허와 축소특허, 혹은 특허를 구입하는 방법이 있다.

대표적으로 활용할 수 있는 특허정보사이트 키프리스의 예를 소개한다.

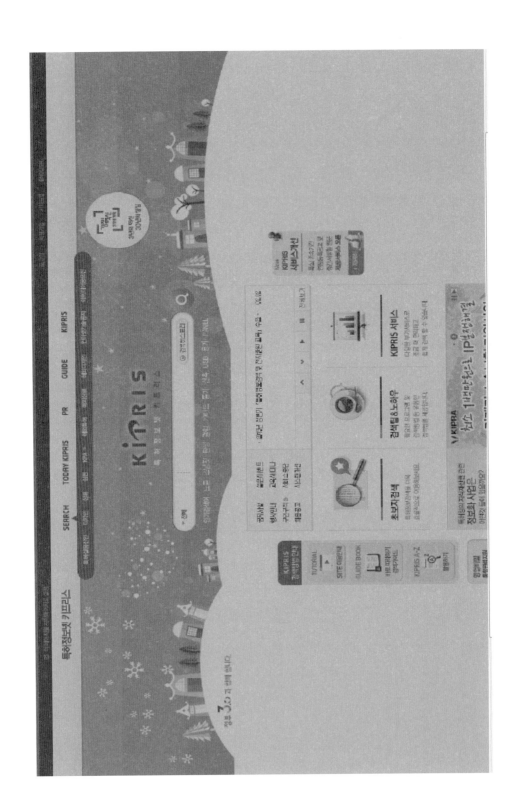

다음으로 특허에 필요한 전형적인 내용을 살펴보자.

전형적인 특허는 다음의 내용을 포함하고 있다.

① 표지(Cover page) : 특허번호, 발명자 이름, 출원일자, 특허등록일자, 당해발명
　과 관련된 이전의 발명과 발간물(선행기술), 특허 초록, 기타 관련 정보 포함
② 도면 : 발명물을 그림 등으로 설명
③ 배경 정보 : 발명과 관계된 일반적 지식 분야와 관련 발명에 대한 검토사항
④ 발명의 요약 설명
⑤ 도면 목록
⑥ 발명의 상세설명과 특허상의 실시방법
⑦ 청구범위 : 명세서상에 설명된 내용의 부분들 열거

특허와 관련된 소송에서는 발명을 정의하고 다른 제품이나 기술이 특허로 커버되는 가의 여부를 가리기 위해 청구범위가 이용되는데, 일반적으로 발명자는 특허의 영역을 확대하면서 동시에 선행기술의 대상인 청구범위를 피하기 위해 청구범위를 가능한 한 넓히려 한다. 반면, 특허심사관은 청구범위를 진정으로 독창적이고 특허 가능한 부분으로 제한하려고 한다.

특허가 부여된 이후에도 소유권자는 특허발명의 생산, 활용 또는 판매의 권리를 반드시 보유하는 것은 아니고 제품이나 기술이 어떤 특허의 청구범위에 의해 커버된다고 하는 최종적인 결정은 소송에 의해 결정된다. 특허분쟁에서는 우선 협상이 시도되며, 소송은 협상이 실패할 경우에만 제기된다.

미국특허는 다음의 세 가지 유형이 있다.

① 효용특허(Utility patent) : 의약과 유전공학적으로 생성된 동식물을 포함하여
　기능적 발명과 새로운 합성물이 이에 해당한다. 최근에는 컴퓨터 소프트웨어
　프로그램에 대한 특허등록이 가능해졌다. 효용특허의 기간은 1995년까지 등

록일로부터 17년이었으며, 1995년 6월 8일 이후 출원일로부터 20년으로 변경
되었다.

② 디자인특허(Design patent) : 제조품의 장식적 · 비기능적 측면을 보호해주며
14년간 유효하다.

③ 식물특허(Plant patent) : 무성생식 식물의 새로운 변종에 대해 주어지며 17년
간 유효하다.

특허의 요건

미국특허의 경우는 다음의 3가지 요건을 만족하여야 한다.

첫째는 신규성(Novelty)이다. 신규성이란 독창적이고 이전에 다른 사람에게 알려
져 있지 않아야 한다는 것을 의미한다. 따라서 선행기술로 공개되어 있지 않아야
한다. 출원되기 적어도 1년 전에 발명의 설명에 대한 세계 어느 곳에서의 발간,
미국에서의 발명을 활용한 판매나 발명의 여타 사용은 발명의 신규성을 무효화
한다. 만일 발명이 누군가에 의해 이미 발견된 것이지만 비밀로 유지된 것이라면
이후의 발명자는 특허로부터 보호를 받고 특허화된 발명을 원래의 발명자가 사용
하지 못하게 할 수도 있다.

둘째는 진보성(Nonobviousness)이다. 오랫동안 알려져 있었으나 이전에는 해결하
지 못했던 문제를 당해 발명이 해결하였다면 진보성이 있으며, 또한 그 발명에
대한 성공적인 라이선싱이 존재한다면 진보성이 있다고 판단한다. 반면, 당해 발
명과 밀접하고 약간의 개량을 통해서 발명이 이루어지는 관련 참고자료가 발견될
수 있으면 그 발명은 진보성이 없으며, 발명의 요소가 두 가지 이상의 참고자료
에서 공통으로 나타나고 보통의 기술을 가진 누군가가 이들 참고자료를 결합하여
그 발명을 창조할 수 있다면 진보성이 없는 것으로 판단한다. 또한, 보통 수준의
기술을 가진 사람이 관련 선행기술을 참고하여 그 발명을 개발할 수 있다면 진보
성이 없는 것이다.

셋째는 효용성(Utility)이다. 효용성이란 특정의 유용한 목적을 달성하기 위해 실행되고 사용될 수 있어야 한다는 것을 의미한다. 물론, 이러한 목적은 불법적이거나 공공정책에 반하는 것이 아니어야 한다. 라이선스가 가능한 발명 대부분은 이러한 효용성 요건이 쉽게 충족된다. 발명자는 특허에 명시된 발명을 다른 사람이 제조, 사용, 판매할 수 없도록 하는 배타적 권리를 갖게 되는 대신에 그 발명에 대한 적절한 설명을 일반 대중에게 공개해야 한다.

우리나라의 경우, 일단 특허청에 출원된 특허는 심사청구가 있는 경우 특허청 심사관에 의하여 심사를 받게 되며, 주요한 특허청 심사기준은 다음과 같다.

① 권리능력이 있을 것

외국인은 우리 법에 의하여 특허를 받을 수 있는 권리능력을 인정받은 자이어야 하며, 비법인은 권리능력이 없다. 특허청 직원은 재직 중 상속 또는 유증의 경우를 제외하고는 특허를 받을 수 없다.

② 발명일 것

인간의 지능적 창작활동이 특허를 받기 위해서는 그 창작은 특허법상의 발명개념에 해당되어야 한다. 특허법상의 발명이란 '자연법칙을 이용한 기술적 사상의 창작으로서 고도한 것'을 말한다. 따라서, 계산법, 작도법, 암호작성방법, 과세방법, 영구기관에 관한 발명 등은 발병이 아니다.

③ 산업상 이용 가능성이 있을 것

특허제도의 목적이 산업발전에 있기 때문에 발명은 산업상 이용 가능해야 한다. 산업은 공업 · 농업 · 임업 · 목축업 등 생산업 분야를 의미하나 운수업, 교통업 등 보조적 산업분야도 포함한다. 보험업, 금융업과 의료업은 산업에서 제외된다. 따라서, 학술적, 실험적으로만 이용될 수 있는 발명은 산업성이 없는 발명이며, 발명개념에 해당되지 않는 발명 역시 산업성이 없는 발명이다.

④ 신규성이 있을 것

특허제도는 새로운 기술을 공개한 자에게 그 보상으로 특허권을 부여하는 것이므로 특허를 받기 위해서는 신규성이 있어야 한다. 신규성이란 발명이 '새로움'을 갖추어야 한다는 것을 의미한다. 즉, 출원 발명이 공지발명과 동일하지 않아야 한다는 것을 의미한다. 공지발명이란 특허출원 시점을 기준으로 '국내에서 공지되었거나 공연히 실시된 발명' 또는 '국내 또는 국외에서 반포된 간행물에 기재된 발명'과 동일한 발명을 말하는 것이다.

⑤ 진보성이 있을 것

진보성(Inventive step)이란 발명의 창작 수준의 난이도를 말하며, 산업상 이용 가능하고 신규성을 갖춘 발명이 다음 단계로서 갖추어야 할 특허요건이다. 진보성이 없는 발명에 특허를 인정하면 특허권의 난립으로 인하여 오히려 산업발전의 저해요인이 될 수 있다. 진보성이 있는 발명이란 그 발명이 속하는 기술분야에서 통상의 지식을 가진 자가 특허출원시의 공지발명으로부터 용이하게 발명할수 없는 정도의 창작 난이도를 갖춘 발명을 의미한다. 공지발명들의 단순한 '집합(Aggregation) 발명'은 진보성이 없으나, 공지발명들의 '조합(Combination) 발명'은 진보성이 있는 경우가 있다.

⑥ 공공의 질서

공공의 질서 또는 선량한 풍속을 어지럽히거나 공중의 위생을 해할 염려가 있는 발명의 경우에는 그 발명은 특허를 받을 수 없다.

우리나라의 경우, 위와 같은 특허심사 기준에 의거하여 다음과 같은 심사절차를 거쳐 등록 여부가 결정된다.

지식재산의 가치

기업가치가 실물자산(Real asset) 중심에서 지식재산(IP) 중심으로 변화하는 창조경제의 도래에 따라, 지난 40여 년 동안 시장가치 구성에 있어서 무형자산(지식자산)과 유형자산의 비중은 역전 양상을 보이고 있으며, 라이선싱 또한 급격히 증가하고 있다.

다음 그림과 같이 최근 무형자산의 비중은 전체 시장가치의 80% 수준까지 도달하였고 향후 90% 이상을 차지할 것으로 전망하고 있다.

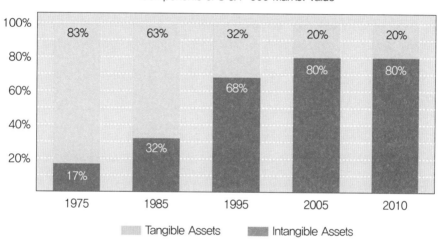

년도별 시장가치 구성 변화

자료: Ocean Tomo

지식재산(IP)의 라이선싱 거래 또한 급격히 증가하여 2010년 기준 4천억 달러 수준에 도달한 것으로 파악되고 있다. 다음 그래프는 다양한 기관에서 발표한 라이선싱 거래 추이를 나타낸 것으로 평균적으로는 붉은 점선과 같은 형태로 지속적으로 증가하고 있음을 알 수 있다.

흡수 역량(Absorptive Capacity)

과학적 그리고 기술적 정보에 입각하여 새로운 지식을 만들어 내는 것은 복잡하고 많은 지식의 응집을 요하는 일이다. 기업이 과학적이고 기술적인 지식을 완전히 받아들이기 위해서는 특정 수준 정도의 행동에 의한 학습이 요구되고, 적절한 수준의 암묵적인 지식(Tacit knowledge)이 뒷받침되어야 한다(Nelson, 1989; Pavitt, 1991). 기업은 내부나 외부로부터의 연구 기반이 필요한데, 이러한 기반은 새로운 과학적·공학적 지식의 원천이 되는 모든 종류의 자원들을 활용할 수 있게 해준다. 기업은 스스로가 연구와 관련된 상호작용의 강도와 효율성을 가능한 범위까지 넓게 늘려야 한다. 이러한 노력은 기업이 외부지식의 가치를 인지하고 그 지식을 충분히 이해할 수 있는 능력을 갖게 하며, 상업화를 통해 그 지식의 경제적 잠재성을 활용할 수 있게 도와준다. 코헨(Cohen, 1989)과 레빈탈(Levinthal, 1990)은 자신의 연구에서 기업의 이러한 능력을 '흡수역량(Absorptive capacity)'이라고 불렀다.

흡수역량은 다양한 방식으로 얻을 수 있다. 한 연구에 의하면 흡수역량은 기업의 생산시설의 부산물로써 생성된다고 하였다. 로젠버그(Rosenberg, 1990)는 한 기업이 특정한 상품시장과 관련하여 제조업에 직접적으로 참여하는 것이 새로운 정보를 더 잘 활용하고 인지할 수 있게 하는 것에 주목하였다. 기업은 또한 고급 기술의 숙련을 위해 직원들을 배치, 교육함으로써 직접적으로 흡수역량(Absorptive capacity) 강화에 투자할 수 있다. 다른 연구들은 자체적으로 R&D를 수행하고 있는 기업이 외부로부터 얻게 되어 사용할 수 있게 된 정보를 더 잘 사용할 수 있다고 보았다(Mowery, 1983). 이 사실은 흡수역량이 기업 고유의 R&D 투자로부터 만들어질 수 있음을 의미한다. 왜냐하면 특허는 R&D 투자로부터 얻은 결과물이며, 특허의 수는 흡수역량을 나타내는 산물이 될 수도 있기 때문이다. 그러므로 특허권의 양과 질의 정도는 흡수역량의 수준을 나타낸다고 이야기할 수 있다.

코헨과 레빈탈은 흡수역량과 기술이전 사이의 관계를 통해 흡수역량이 기술기반의 역량을 이전받을 때 그 효율성을 높인다고 설명하였다. 더불어 기업이 외부기술이나 외부지식을 성공적으로 활용하기 위한 필수 조건은, 기업이 외부기술이나 지식을 받아들일 수 있는 역량을 갖추는 것임을 주장하였다. 모리(Mowery)는 높은 수준의 흡수역량은 기업이 소유한 기술의 경계 외부에 있는 기술적인 지식을 기업 스스로가 활용하도록 하는 능력을 향상시킨다고 하였다. 반면에, 셔(Sher)는 타이완의 사례를 통해 국제적인 기술이전의 효율성에 있어 흡수역량이 미치는 영향에 대하여 연구하였다. 또한 린(Lin)은 기술이전 성과의 효율성에 있어 흡수역량을 결정적 요소로 간주하였다. 실제로 기업은 상대적으로 더 큰 기술흡수역량이 없이는 외부지식을 성공적으로 이해하거나 적용할 수 없다.

결국, 기술이전 성과에 대한 기술흡수역량의 영향을 종합해보면, 많은 연구자들은 기술이전 성과는 다양한 조직문화, 조직적인 상호작용, R&D 자원과 기술흡수역량이라는 조건에 의해 그 결과가 달라진다고 보았다.

기술이전 경로 중 라이선싱의 특징은 코드화된 지식(Codified knowledge)과 라이선싱 안에 포함되어 존재하는 암묵적인 지식(tacit knowledge)의 이전으로 나타낼 수 있다. 그러므로 잘 쌓아온 흡수역량 없이 기술이전을 받는 기업은 라이선싱을 통해 이전받는 지식의 모든 잠재적 가치를 이전받을 수 없다. 게다가, 낮은 흡수역량이 R&D에서의 협력을 어렵게 한다. 반면에, 만약 한 기업이 충분한 흡수역량을 가지고 있지 못한 상태라면 그 기업에게 라이선싱을 통해 기술을 이전해 주기보다는 기술을 개발한 주체가 직접 새로운 기업을 설립하는 것이 기술의 사업화 측면에서 있어서는 보다 효율적이라 할 수 있다.

보완 자산(Complementary asset)

보완자산은 '새로운 기술을 온전하게 받아들임에 있어 필요한 자산과 역량으로, 이는 최종 소비자에게 줄 수 있는 가치를 높이는 일'로 정의된다(Jorde and Teece, 1990). 만약 보완자산이 혁신에 정확히 들어맞는 것이 아니라면, 이러한 보완자산의 개념은 '포괄적'일지도 모른다. 반면에, 만약 혁신과 보완자산 사이 어느 한쪽 또는 양쪽에 의존성이 있다면 보완자산은 혁신에 '특화된' 것일 것이다(Teece, 1986).

본 장에서는 보완자산의 개념을 제조(Manufacturing), 마케팅(Marketing) 그리고 유통시스템(Distribution system)에 이르기까지의 자산으로 국한시킬 것이다. 그 이유는 이러한 자산을 보유한 현재 존재하는 기업들이 앞으로 나타날 신생기업에 비해 이미 상대적으로 이점을 가지고 있을 것이기 때문이다(Shane, 2001). 게다가 보완자산이 특허와 같은 혁신성과의 사업화에 특화된 경우, 제조 혹은 마케팅에서 경쟁력을 갖춘 기존 기업은 신규 진입자에 비해 상대적으로 포지셔닝을 잘하는 경향이 있는데, 이러한 포지셔닝은 갑작스런 기술적 변화에 대응할 수 있는 이점을 가져다준다(Teece, 1986).

자산이 특정 혁신에 더 특화되어 있을수록 해당 자산을 계속 유지, 발전시켜야 하는 필요성이 있으며 이로 인해 자산에 대한 비용이 올라간다. 새로운 진입자(Entrants)는 자신들의 혁신성과를 성공적으로 상업화시키기 위해 필요한 보완자산들을 획득하고 통제함에 있어서 산업분야와 혁신성과의 특성에 따라 각각 다른 비용을 지불해야 하는 상황에 직면하게 될 것이다. 그러므로 혁신에 특화된 보완자산이 요구될 때, 상품시장 진입을 위해 들어가는 매몰 비용(Sunk costs)은 상당히 커진다는 것이다(Gans and Stern 2002). 이러한 이유 때문에 보완자산의 필요성 정도가 새로운 기술에 대한 진입장벽으로 작용할 수 있게 된다.

기술 개발이라는 임무를 갖고 있는 공공연구기관은 기술공급자로서 제조 및 마케팅과 관련한 보완자산을 보유하고 있지 않다. 따라서 공공연구기관이 개발한 기술에 대한 보완자산 필요성은 기술 자체의 혁신성(Innovativeness)와 전유성(Appropriability)에 의존하게 된다.

기술의 혁신성은 기술의 수명주기(Technology life-cycle) 또는 개발된 기술의 사용기간에 의해 그 정도를 가늠할 수 있다. 기술의 수명주기와 관련한 이론들은 기술이 어떤 궤도를 따라 발전하는지를 설명해주고 있으며, 기술발전과 시장경쟁은 수명주기의 단계에 따라 다르다고 이야기한다(Dosi, 1982). 또한, 학습의 중요성, 규모경제 정도, 그리고 기존 고객들의 규모 등도 수명주기에 따라 변화할 수 있음을 설명해준다.

위에 언급된 모든 요소들은 보완자산으로 볼 수 있으며, 기술을 활용함에 있어 기관이 선호하는 방식은 시간 즉, 기술수명주기에 따라 변하게 된다. 예를 들어, 신생기업은 기술이 아직 초창기일 때 활용하는 방식을 선호한다. 이는 새로 개발된 초창기의 기술은 보완자산에 의존하지 않기 때문이다(Shane, 2001). 그러나 기술이 성숙단계에 들어가게 되면 기존에 존재하던 기업은 자신들이 이미 가지고 있던 기반을 활용하는 것이 더욱 유리하며, 이럴 경우 신규 진입자는 오히려 어려움에 직면하게 된다(Teece, 1986). 결과적으로, 기술이 수명주기상 초기 단계일수록 보완자산은 덜 중요하게 된다.

기업이 발명한 기술을 사용하고자 스스로 사용에 대한 의지를 보이는 것은 그 발명의 가치를 전용하고자 하는 능력과 양의 관계가 있다. 전용성 혹은 전유성(Appropriability)은 새로운 발명을 모방으로부터 보호하도록 만드는 지식 및 시장환경에 대한 권리이다(Dosi 1988). 연구소나 기관이 이러한 기술 및 상품 도용에 대항하여 새로운 기술을 더 많이 효과적으로 보호할수록 더 많은 개발자 혹은 발명가들이 신생기업 설립을 선호하게 될 것이다. 다시 말해, 기술에 대한 침해에 대항하여 새로운 기술을 보호하는 역량은 얼마만큼 지식재산(Intellectual property)을 효율적으로 보호하는가에 달려있다. 특별히 강한 특허경쟁력을 갖고 있다면 자본시장으로부터의 투자유치가 용이하며, 기술을 성공적으로 상업화하기 위해 필요한 보완자산을 얻을 수 있게 도와줄 것이다.

결과적으로 경쟁력이 높은 강한 특허일수록 보완자산의 중요성은 상대적으로 적어질 것이며, 이처럼 보완자산의 필요성이 감소하기 때문에 신생기업의 탄생은 더 수월해진다.

특허의 가치에 대해 간략하게 살펴보자

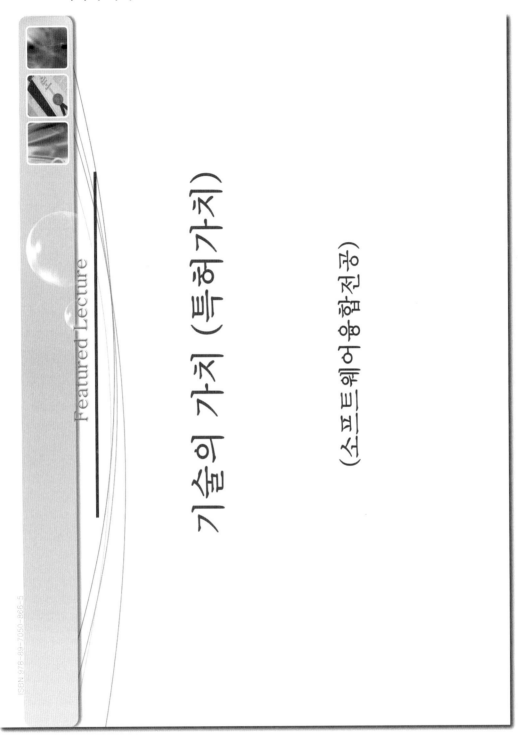

기술의 가치 (특허가치)

(소프트웨어융합전공)

Featured Lecture

ISBN 978-89-7050-866-5

1. 기술과 가치

■ 특허와 실용신안

	특허	실용신안
보호 대상	발명 (물건, 방법, 물질 모두 포함)	고안 (물건에 한정됨)
존속기간	출원일로부터 20년	출원일로부터 10년
심사기준	용이하게 발명할 수 없는 고도성	극히 용이하게 발명할 수 없는 고도성
비 용	고비용	저비용
인식수준	우수한 것으로 인식	상대적으로 열등한 것으로 인식

2. 기술평가의 일반

기술평가 용어의 이해

- 어떤 이론이나 학문으로부터 개념적 체계하에서 정의된 것이라기보다는 산업실무에서 일반적으로 사용된 용어임

- 현재는 산업실무상에서 사용되던 기술평가 용어가 별룰적 용어로 사용되면서 용어에 대한 개념적 정의가 이루어 진 것임

기술 평가란?

당해 기술과 관련된 기술성, 시장성, 사업성 등을 종합적으로 평가하여 평가결과를 금액, 의견 또는 점수 등으로 표시하는 것을 의미함

- 기술평가의 결과를 표시하는 방법에 따라 **정성적 평가방법과 정량적 평가방법**으로 구분함

- 정성적 평가는 전문가의 판단(judgement), 조사(surveys), 비교(comparison), 직관(intuition) 등으로 평가결과를 평점(scoring), 등급(rating), 의견 등으로 나타냄

- 정량적 평가는 전문가의 조사 및 분석결과를 정형화된 평가방법에 적용하여 평가결과를 금전적으로 나타냄(이를 기술가치평가라고 함)

2. 기술평가의 일반

■ 특허기술평가의 목적(수요)

기술이전	기술의 구입, 판매, 라이센싱(Licensing)
출자	기술 현물출자시 적정가액 산정
투·융자	기술투자, 기술의 재무 증권화 또는 대출 담보 설정
세무	기술의 기증, 처분, 상각을 위한 세무 계획 수립 및 세금 납부
전략수립	상환기업의 가치 증진, 기술 상품화, 분사(Spin-off)기타 장기 전략적 경영계획 수립
청산	기업의 파산 또는 구조 조정에 따른 자산 평가, 채무 상환계획수립
소송	특허권 침해, 채무 불이행, 기타 재산 분쟁관련의 법적 소송

2. 기술평가의 일반

기술평가 절차

1. 신청 및 접수

■ 기술사업계획서(기술평가신청서 : 평가 종류에 따라 양식이 다르므로 평가 종류를
확인한 후 해당 양식을 사용)

■ 기타 특허등록원부 등 기술의 권리관계를 증명할 수 있는 자료

※ 기술평가보증을 위한 신청 시에는 추가자료 발생, 기술평가보증 절차 안내 참고

2. 예비평가

■ 신청인의 평가 접수 자료 등을 활용, 예비평가표에 의거 평가 진행 여부 판단

■ 접수자료의 적정성 여부, 특정자금지원사업의 지원대상요건 해당 여부 및 기술성,
시장성, 사업성 등에 대한 개략적인 사항 평가

■ 종류 또는 목적에 따라 생략 가능

기술평가 절차

3. 본평가

■ 현장조사

- 기술개발 조직 및 인력, 기술개발 실적 등 기술개발능력 제품개발계획 및 진척도, 제품의 완성도 등 기술의 제품화 능력 생산설비 보유현황 및 가동상태, 공정관리, 품질관리 등 생산화능력 제정부 또는 증빙서류 등과의 상호비교를 통한 접수자료의 사실여부 확인

■ 보완조사

- 거래처, 동업계 또는 금융기관 등을 통한 조회
- 대내외 각종 기술정보 및 산업동향정보 조회

■ 기타 운영사항

- 필요 시 전문연구기관 등의 시험, 분석, 관련 자료제출 예비창업자 또는 업무협약에 의한
일괄평가 등은 현장조사 생략 가능

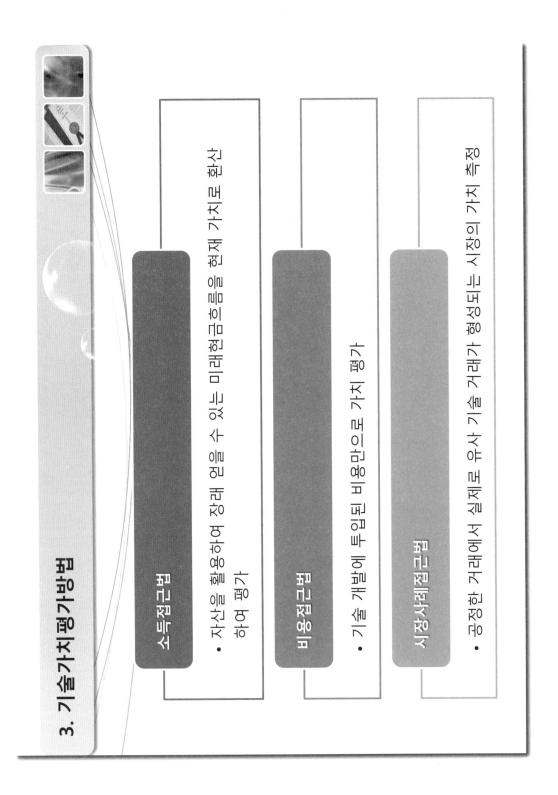

3. 기술가치평가방법

소득접근법
- 자산을 활용하여 장래 얻을 수 있는 미래현금흐름을 현재 가치로 환산하여 평가

비용접근법
- 기술 개발에 투입된 비용만으로 가치 평가

시장사례접근법
- 공정한 거래에서 실제로 유사 기술 거래가 형성되는 시장의 가치 측정

3. 기술가치평가방법 : 소득접근법

소득접근법
(Income Approach)

- 소득접근법은 예상(기대)의 경제 원리에 기초를 두고 있음. 즉 투자자는 무형자산의 소유권으로부터 획득되는 어떤 경제적 이익의 흐름을 기대함

- 이 미래의 경제적 이익흐름은 미래의 경제적 이익 발생에 영향을 줄 수 있는 **모든 위험 요소에 대한 분석 후에 순현재가치로 환산됨**

- 소득접근법에서는 미래의 경제적 이익, 수익흐름의 존속기간, 수익흐름과 동반되는 위험 등이 고려해야 함

< 기술의 가치평가흐름 >

| 특허권리분석 기술성 분석 시장성 분석 사업성 분석 | → | Business value (현금흐름분석) | → | Tech factor (%, What percent) | → | Technology value |

< 기술가치평가의 기본적인 논리 >

| 판매량 증가분 | × | 가격상승분 | = | 수익(현금유입액) | - | 비용(현금유출액) | = | 경제적이익 (순현금유입액) |

특허의 가치 * 69

3. 기술가치평가방법 : 소득접근법

| 권리성 평가 | 기술성 평가 | 시장성 평가 | 사업성 평가 |

평가대상 기술의 법적인 보호강도(권리의 법적 안정성) 및 권리범위(청구범위)의
광협, 권리의 폭과 길이, 기술사업과의 관련성 등에 관한 것을 주요 평가내용으로 함

조사분석내용

- 평가대상특허와 관련 선행특허기술과의 비교분석
- 평가대상기술특허와 경쟁기술특허와의 비교분석
- 관련 특허동향 분석

주요 평가내용

■ **법적 안정성**
- 기술에 대한 권리가 무효화되지 않고 안정적으로 유지될
  가능성여부 및 주가권리 확보 가능성 등을 평가함
■ **법적 보호강도**(독점적 또는 배타적 사용강도 측면)
- 경쟁자과의 방어적 측면에서의 보호강도 및 해당산업이나
  시장에서의 유사기술과의 법적 보호 강도를 평가함

3. 기술가치평가방법 : 소득접근법

| 권리성 평가 | 기술성 평가 | 시장성 평가 | 사업성 평가 |

경쟁 가능한 기술들 중에서 현재 및 향후 미래시장에서 기술이 기능적으로 산업시장에서
미치는 상대적인 경쟁성을 검토하고 이에 대상기술의 상대적인 기능성의 우위성 등을 평가하여
의견을 표명하도록 함

주석 : 경쟁기술과의 장단점에 관한 평가는 기술(제품)의 시험분석, 성능분석, 유해성(독성 시험 및 안전성)
평가, 규격검사, 기타의 시험분석 및 시험검사를 수행한 결과 등을 객관적인 근거로 하여야 함

| 기술의 적응력 |

기술이 적용제품을 생산하는 데 있어 생산기술의 적용 난이도,
원료 및 원자재 조달 또는 안정적인 확보가능성, 기존시설의
활용가능성 등 생산 과정시 문제점 등을 검토하고 이에 관한 의견을
표명하도록 함

| 정책적 및 환경적 요소 |

법적 또는 정책적으로 제한된 기술적 문제는 없는 가, 장려되는
기술인가, 인증 또는 허가를 필요로 하는 기술제품인가, 환경적인
규제를 받는 기술제품인가 또는 장려되는 기술제품인가 등

3. 기술가치평가방법 : 소득접근법

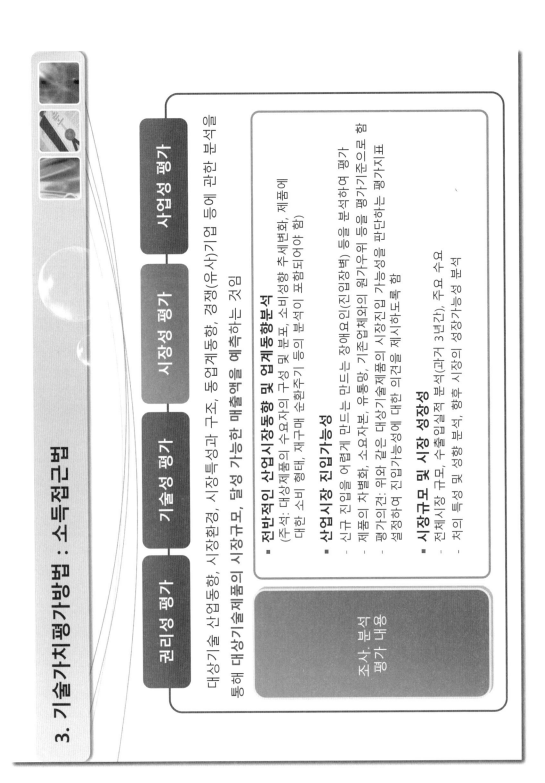

| 권리성 평가 | 기술성 평가 | 시장성 평가 | 사업성 평가 |

대상기술 산업동향, 시장환경, 시장특성과 구조, 동업계동향, 경쟁(유사)기업 등에 관한 분석을
통해 대상기술제품의 시장규모, 달성 가능한 매출액을 예측하는 것임

조사·분석 평가 내용

■ **전반적인 산업시장동향 및 업계동향분석**
(주석: 대상제품의 수요자의 구성 및 분포, 소비성향 추세변화, 제품에
대한 소비 형태, 재구매 순환주기 등의 분석이 포함되어야 함)

■ **산업시장 진입가능성**
- 신규 진입을 어렵게 만드는 만드는 장애요인(진입장벽) 등을 분석하여 평가
- 제품의 차별화, 소요자본, 유통망, 기존업체의 원가우위 등을 평가기준으로 함
- 평가의견: 위와 같은 대상기술제품의 시장진입 가능성을 판단하는 평가지표
  설정하여 진입가능성에 대한 의견을 제시하도록 함

■ **시장규모 및 시장 성장성**
- 전체시장 규모, 수출입실적 분석(과거 3년간), 주요 수요
- 차의 특성 및 성향 분석, 향후 시장의 성장가능성 분석

3. 기술가치평가방법 : 소득접근법

권리성 평가 · **기술성 평가** · **시장성 평가** · **사업성 평가**

대상기술제품의 매출액으로부터 유입되는 이익흐름(순현금 흐름) 규모를 추정하고 사업위험을 분석하여 그 위험(할인율)을 이익흐름에 반영하여 대상기술의 사업가치를 추정하는 것임

주석 : 매출액이 아무리 많아도 수익성이 없으면 사업가치는 없다고 할 수 있음.
따라서 기술사업의 가치는 객관적 자료를 근거로 정확한 사업성 분석을
통해서만 사업가치를 측정할 수 있음

조사, 분석 평가 내용

- 평가대상기술제품의의 수익성 분석, 원가구조 분석, 성장성분석 등
- 생산능력 및 조업도에 따른 생산시설 투자규모 맞운전자본소요
- 외주생산 여부
- 동업종 및 경쟁기업 또는 유사기업과의 원가구조 비교분석
- 사업위험 분석(할인율추정) 등

주석 : 할인율은 동종업종의 사업위험 및 대상기술제품의 사업위험을
정량화한 것임. 사업위험이 높으면 할인율이 높게 되어 사업가치는
좋어들게 되는 것임.

3. 기술가치평가방법 : 소득접근법

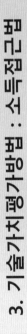

■ 소득접근법 예시

* 기술 수명 → 5년, 할인율 → 10%

	2012	2013	2014	2015	2016
매출액	1000	1500	2000	2300	2500
현금흐름	100	130	150	160	170
현재가치	90	95	100	110	113

* 현재가치=현금흐름$/(1+r)^n$

총 현재가치 : 508

기술기여율 : 25%

기술가치 : 508*0.25 = 127

3. 기술가치평가방법 : 비용접근법

비용접근법
(Cost Approach)

- **비용접근법은 대체의 경제원리에 기초**를 두고 있음.
  즉, 투자자는 유사한 효용을 갖는 다른 자산을 개발하거나 얻기 위하여 투여된
  비용보다 더 많은 비용을 지불하지 않을 것이라는 데 근거를 둠.

- **적절한 비용과 기술과 관련된 기회비용이 고려**되어야 함
- 유사한 기술을 개발하기 위하여 또는 경쟁을 우회하기 위해 회피된 비용

비용접근법은 다음 사항을 고려하여야 함

- 미래수익의 잠재력을 반영하지 않음
- 개발비용은 이미 소비되어 버린 것이나 가끔 양도인에 의해 고려되어짐
- 많은 대용품이 이용될 수 있을 때 주로 사용됨
- 미성숙된 기술에 대하여 사용됨
- 시장 진입이 지연될 때 소요되는 비용을 명심하여야 함

3. 기술가치평가방법 : 시장사례접근법

시장사례접근법 (Market Approach)

- 시장사례접근법은 자유시장체제에서 수요와 공급 요인이 어떤 제품의 가격을 결정하는 시장 원리에 기초

- 무형자산은 최근 기술 시장에서 거래되는 유사한 지적 재산의 거래 가격을 참고로 하여 가치를 산정함

- 개인투자자가 이용

- 가장 신뢰성 있는 접근방법이나 시장에 대한 정보가 없을 때는 접근 불가능함
  즉, 비교 가능한 기술의 거래 정보가 있을 때 사용함

4-1. 기술가치평가 사례 : 복합분해 플라스틱

제1장 평가 개요

제1절 평가 대상

- "복합분해 플라스틱"에 관한 기술의 가치평가 수행 (평가일 : 2002.10.31 기준)
- 본 평가대상기술을 사업에 적용한 경우 그 기술사업의 가치를 추정한 후, 사업가치에서 기술이 차지하는 기여도를 측정, 기술의 공정가치를 합리적인 방법에 따라 산정
- 산정금액은 기술이전이나 거래 시 거래당사자간의 이해 및 합리적인 판단을 할 수 있도록 도움 제공
- 공정가치란 자발적인 수요자와 공급자 모두가 해당 기술에 대한 모든 사실을 이해하고 쌍방이 거래에 대한 강요가 없는 상황에서 거래될 수 있는 금액을 의미

4-1. 기술가치평가 사례 : 복합분해 플라스틱

제1장 평가 개요

제2절 수행방법

■ 현재 및 미래의 경제, 산업시장 및 기술동향 등을 조사 및 분석

■ ㈜ㅇㅇㅇ의 과거 사업실적 및 재무자료 등을 분석, 개별기술가치평가에 관한 일반적인
평가방법, 평가절차 및 분석방법에 따라 평가업무를 수행

■ 가치평가 프로세스

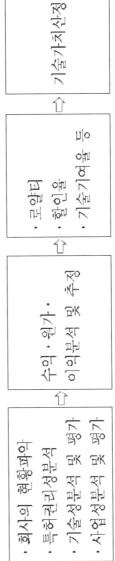

| · 회사의 현황파악
· 특허권리성분석
· 기술성분석 및 평가
· 사업성분석 및 평가 | ⇨ | · 수익·원가·
 이익분석 및 추정 | ⇨ | · 로열티
· 할인율
· 기술기여율 등 | ⇨ 기술가치산정 |

4-1. 기술가치평가 사례 : 복합분해 플라스틱

제1장 평가 개요

제3절 평가대상 업체현황 분석 항목

■ 사업화 실적(시제품)

■ 지식재산권 현황

■ 사업화 추진현황 (예시)

개 발	복합분해성 제품 및 마스터 배치 형태의 첨가제를 연구·개발하여왔으며 이미 완성 단계에 올라와있고 앞으로는 그 완성된 것을 이용하여 응용하여 범용제품, 특화제품, 고부가가치 제품으로 한 단계 업그레이드 된 상태로 개발하는 것만 남아있다.
판 매	아직 시험생산 단계로 양산체제를 갖추지 못하여서 판매를 하지는 않고 있으나 조만간 판매에 들어갈 계획이다.
홍 보	신문과 기술잡지에 광고 및 기사 투고로 홍보를 하고 있다. (내외경제신문, 플라스틱 사이언스) 그리고 기존에 형성되어 있는 메인네트워크를 통해서도 홍보가 되고 있으며 홈페이지도 활용을 하고 있다.

4-2. 기술가치평가 사례 : 복합분해 플라스틱

제2장 평가 대상기술의 기술적 개요

제1절 기술의 개요

- 분해성 플라스틱의 정의
- 분해성 플라스틱 연구·개발 배경
- 분해성 플라스틱의 종류별 특성
- 국내외 연구개발 현황

2) 권리성 개요

- 특허출원 현황
- 특허 기술의 향후 발전 전망

- 광분해성 플라스틱(Photo-Degradable Plastic)
  : 태양광과의 화학반응에 의한 분해성 플라스틱
- 산화분해 플라스틱(Oxidatively-Degradable Plastic)
  : 온도 등의 영향에 의한 산화반응에 의해 분해되는 플라스틱
- 가수분해 플라스틱(Hydrolytically-Degradable Plastic)
  : 가수분해반응에 의해 분해되는 플라스틱
- 생분해 플라스틱(Bio-Degradable Plastic)
  : 미생물, 효소 등에 의해 분해되는 플라스틱

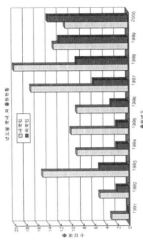

《그림 2-2》 분해성 플라스틱 관련 특허 출원인별 출원 현황

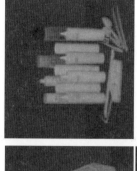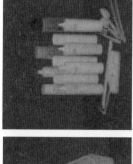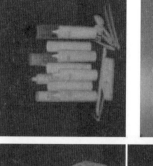

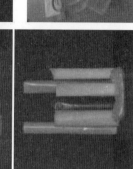

〈그림 2-4〉 평가대상 기술 적용 사례품

제2장 평가 대상기술의 기술적 개요

제3절 평가대상 기술 개요

- 평가대상 기술 개요
- 분해반응 개요
- 복합분해 메커니즘
- 분해제의 구성요소 및 그 작용기구
- 분해성 플라스틱의 용도 및 적용수지

제3장 시장성분석

제1절 국내외 시장동향

제2절 국내외 시장전망

제3절 국내외 주요 생산업체

제4절 수출입 현황

제5절 국내외 규제현황

〈표 3-4〉 각국의 생분해성 플라스틱 주요 개발업체 현황1)

국가	회사	상품명	소재
미국	Cargill-Dow Polymers	Eco PLA	PLA
	National Starch & Chemicals	ECO-FOAM	전분
	Union Carbide	TONE	PCL
	Eastman	EASTAR BIO	Co-Polyester
	Evercorn	EverCorn	전분, PCL, PLA
	Biocorp	Mater-Bi	전분, PCL
이탈리아	Novamont	Mater-Bi	전분, PCL
독일	Biotech	Bioplast	전분, PCL
벨기에	Slovay	CAPA	PCL
영국	Zeneca	Biopol	PHB
일본	Showa Polymers	Bionolle	AP
	三井東壓化학	Lacea	AP

4-4. 기술가치평가 사례 : 복합분해 플라스틱

제4장 기술가치분석

제1절 시장규모 분석

1. 수요예측 및 매출액 추정

1) 매출액 추정 근거

- 생분해성 플라스틱의 2002년 세계 시장규모가 약 9조원 정도로 성장할 것으로 예상

- 제조원가 3~5% 상승…

2) 매출액 추정

〈표 4-1〉 복합분해 기술의 연도별 매출액 추정

연도	포장용 플라스틱 생산실적 (백만원)	일회용품 시장비율 (추정)	일회용품 시장규모 (백만원)	분해성 시장비율 (추정)	분해성 시장규모 (백만원)	복합기술의 점유율 (추정)	매출액 (백만원)
2002	3,563,607	0.1350	481,087	0.300	144,326	0.0015	216
2003	3,767,824	0.1587	597,865	0.331	198,043	0.0075	1,485
2004	3,975,187	0.1666	662,146	0.363	240,028	0.0195	4,681
2005	4,184,834	0.1736	726,626	0.394	286,109	0.0450	12,875
2006	4,395,865	0.1797	789,761	0.425	335,648	0.0600	20,139
2007	4,607,355	0.1846	850,506	0.456	388,043	0.0879	34,116
2008	4,818,372	0.1885	908,307	0.488	442,800	0.0953	42,186
2009	5,027,991	0.1915	962,996	0.519	499,554	0.1004	50,176
2010	5,235,312	0.1945	1,018,503	0.550	560,176	0.1039	58,210

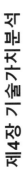

4-4. 기술가치평가 사례 : 복합분해 플라스틱

제4장 기술가치분석

제1절 시장규모 분석

2. 기술가치평가방법

기술의 가치를 평가하는 일반적인 방법으로 **소득접근법, 시장접근법, 비용접근법** 등이 있으나 본 평가에서는 소득접근법을 적용하여 기술가치를 추정. 시장접근법을 적용하기 위해서 본 평가대상 기술과의 유사한 거래를 조사하였으나 찾을 수가 없어 수행할 수 없었음. 비용접근법에 의한 평가는 연구개발비 회피평가방법을 적용한 평가대상단 기술의 가치평가방법을 적용.

4-4. 기술가치평가 사례 : 복합분해 플라스틱

제4장 기술가치분석

제2절 기술가치분석

1. 소득접근법(DCF법)

- 소득접근법은 이익(Income)의 측정기준에 따라 순현금흐름액, 매출총이익, 영업이익, 경상이익, 순이익 등 여러 가지 분석방법이 존재

- 본 평가에서는 가장 일반적이고 합리적인 순현금흐름액을 기준으로 기술가치를 평가

4-4. 기술가치평가 사례 : 복합분해 플라스틱

1) 기술가치평가표

〈표 4-2〉 복합분해 기술의 기술가치평가표

(단위 : 백만원)

가치변수	2003	2004	2005	2006	2007	2008	2009	2010	2011~2017
매출액	1,485	4,681	12,875	20,139	34,116	42,186	50,176	58,210	잔존가치
매출원가	X,040	X,277	X,013	X4,097	X3,881	X9,530	X5,123	X0,747	
판매비 및 관리비	X42	X37	X,571	X,457	X,162	X,147	X,121	X,102	
영업이익	X03	X68	X,292	X,585	X,073	X,509	X,931	X0,361	
법인세 등	X1	X30	X88	X,075	X,822	X,253	X,679	X,108	
세후 영업이익	X42	X37	X,604	X,509	X,251	X,256	X,252	X,253	
감가상각비	X7	X10	X49	X96	X42	X70	X42	X,090	
순운전자본증가	X62	X81	X03	X28	X55	X85	X20	X58	
자본지출	X50	X00	X,320	X,400	X,330	X,200	X,650	X,400	
순현금유입액	(X13)	(X4)	X30	X,278	X,308	X,541	X,224	X,585	
할인율	$(1+0.2)$	$(1+0.2)^2$	$(1+0.2)^3$	$(1+0.2)^4$	$(1+0.2)^5$	$(1+0.2)^6$	$(1+0.2)^7$	$(1+0.2)^8$	$(1+0.2)^8$
현재가치	-427	-24	191	616	928	1,521	1,458	1,531	1,325
사업가치					7,119				
기술기여율					45%				
기술가치					3,203				

4-4. 기술가치평가 사례 : 복합분해 플라스틱

2) 주요 가치변수 분석

■ 수익기간추정(기술수명분석)

- 평가대상기술제품의 기술수명주기를 고려한 제품수명주기를 추정하는 것

■ 기술기여도 추정

- 평가대상기술의 사업가치 중 경영요인, 투자요인 등이 이외의 기술이 공헌정도를 나타내는 비율을 의미

- 기술의 사업가치에 기술기여도를 곱해 기술가치를 산정

■ 할인율 추정

- 예상되는 경제적 이익을 현재가치로 전환하는 과정에서 적용하는 자본비용 의미

- 본 평가에서는 자본자산가격결정모형(CAPM)과 리스크 프리미엄을 고려

- Capital Asset Pricing Model(CAPM)

$$K_s = r_f + (\beta_s \times ERP)$$

여기에서

K_s = "S"사에 대한 전체적인 할인율(자본 비용)

r_f = 무위험 자산의 예상 수익율

β_s = "S"사 주식의 베타지수

ERP = 리스크 프리미엄[2]

4-4. 기술가치평가 사례 : 복합분해 플라스틱

3) 기타 가치변수 분석

원가(비용)구조는 업종별 및 기업별 원가요인, 평가대상기업의 규모에 의하여 서로 상이한 형태를 지님. 또한 일반적으로 기업은 제품시장 진입시부터 성장과정(제품의 수명주기)에 따라 서로 다른 마케팅 전략을 구사. 이러한 사항을 고려하면서 원가(비용)를 추정

(1) 매출원가율
(2) 판매비 및 관리비
(3) 법인세 비용 등
(4) 자본지출 및 감가상각비
(5) 순운전자본
(6) 잔존가치

4-4. 기술가치평가 사례 : 복합분해 플라스틱

제4장 기술가치분석

제2절 기술가치분석

2. 비용접근법

■ 비용접근법에 해당하는 연구개발비 회피원가평가방법(Reserch and Development Cost Savings Method)을 적용하여 평가대상 기술제품의 가치평가표

〈표 4-10〉 연구개발비 회피원가평가방법에 따른 기술가치평가표

(단위: 백만원)

정제자기술의 평균연구개발비용	순수익의 9%
산업평균연구개발비용	순수익의 2%
평가대상기술의 연구개발비용상 추정회피원가율	순수익의 7%
가치분석변수	예상수익기간
예상 순수익	12,627
연구개발비용상 추정회피원가율	× 7%
법인세차감전 증분수입	884
차감 예상 법인세	247
세후 증분수입	637
자본화율(할인율)	÷ 20%
기술가치산정액	3,185
포정기술가치평가액(rounded)	3,185

4-4. 기술가치평가 사례 : 복합분해 플라스틱

제3절 기술가치분석 및 결론

■ 적용 가능한 기술가치평가방법을 적용하여 측정치를 종합적으로 분석하고, 각각의 분석에 기초를 이루는 양적 또는 질적 정보 및 평가 대상기술의 특수한 요소를 근거로 한 각각의 평가방법의 적합성을 근거로 바탕으로, 최종적으로 기술가치평가금액은 동일한 가중치를 부여하기로 결정

■ 요약된 분석을 근거로, 평가시점에서 평가대상기술의 시장가치는 3,192백만원으로 평가됨

〈표 4-11〉 기술가치종합분석과 결론(2002년 10월 31일 현재)

(단위: 백만원)

가치평가접근법	평가적용방법	산출금액
소득접근법	이익배분법	3,203
비용접근법	연구개발비 최피원가법	3,180
	공정시장가치 산정금액(rounded)	3,192

연구과제

1. 5개의 다른 나라에서 온 사람들에게 기업정신이 그들에게 어떤 의미인지 물어보고, 그들의 민족문화가 기업정신을 어떻게 도와주고 방해하고 있는지 물어본다.

2. 기업가에게 현재 그의 사업에 관해 물어보고, 사업의 시작에서부터 현재의 형태를 갖추기까지 이끈 일련의 사건들과 그가 내린 결정들에 관해서 물어본다.

3. 두 명의 기업가와 5명의 학생들(이 수업에 없는)에게 Haynie-Shepherd '적응 인지 추정' 표를 채우려 한다. 당신은 기업가들 또는 학급 동무들에 관하여 어떻게 평가하는가?

4. 다른 수업의 과제를 하고 있을 때(특히 자료분석 시간에), 자기 자신에게 이해 문제와 연결 문제, 전략적 문제, 그리고 성찰 문제를 물어보라. 이것이 과제의 결과에 무슨 영향을 미쳤는가?

5. 기업가정신이 당신의 자연환경에 무슨 영향을 미쳤는가? 또는 지역사회 유지에 무슨 영향을 미쳤는가? 당신의 주장을 뒷받침하기 위해 자료를 사용하라.

PART Ⅲ 사내 기업가정신

학습목표

* 사내 기업가정신의 관심 유발의 이해
* 전통적 형태와 차별화되고 있는 기업경영형태의 이해
* 기업가적 행위의 경영적 수용 확대의 제공
* 사내 기업가적 문화와 도전 실행을 위한 촉진방법 이해
* 프로젝트 실패 시 사람들은 위축된다는 것을 인지하고, 실패 경험을 통해 배우며 교훈을 극대화시키는 이중 전략 구사 이해

사내 기업가정신에 대한 관심의 이유

창업의 실행을 할 경우, 재학 중에 창업을 할 수 있다. 하지만, 우리나라 현실에서 졸업과 동시에 창업 실행을 하는 학생 비중은 낮다. 기업에 입사하여, 그 기업의 정신을 배우는 것은 창업자의 미래의 결정에 큰 영향을 미친다.

창업기업의 기업가정신에 대한 관심은 사회, 문화, 비즈니스 차원에서 발생하는 다양한 사건들로 인해 그 관심이 심화되고 있다. 사회적 수준에서, 기업가정신은 'doing your own thing : 자신의 일을 하는 것'과 '자신의 조건에 맞게 하는 것'으로 이에 대한 관심이 증대되고 있다. 자기 자신의 재능에 대한 강한 믿음이 있는 사람들은 자신만의 일(something of their own)을 만드는 것에 대한 욕구가 있다. 그들은 책임을 원하고, 작업환경에서의 의사표현과 자율성을 필요로 한다. 자유가 없어지게 되면, 그에 대한 좌절이 이러한 개인의 생산성을 떨어트리기도 하고, 심지어는 자아실현(self aqualization)을 달성하기 위해 조직을 탈퇴하게 만든다. 이러한 행동(meaning)은 최근 구조화된 조직에서 더 많이 발견된다. 이러한 행동(meaning : 의사표현과 자율성에 대한 요구)이 조직 내에서 제공되지 않으면, 개인은 이것을 제공해 줄 수 있는 기관을 찾게 된다.

사내 기업가정신(corporate entrepreneurship)은 조직 내에서 차별적으로 더 좋게 업무를 수행할 수 있다고 생각하는 개인들을 자극하고 활용할 수 있는 하나의 수단이 될 수 있다. 창의성과 혁신을 방해하는 문제들이 종종 발생된다.

유연성과 창의성에서 발생할 수 있는 성장과 다양화는 대규모 기업, 수직적으로 통합된 기업, 다양화된(diversified) 기업이 작은 기업보다 경쟁시장에서 더 효율적이기 때문에 특히 중요하다. 부분적으로 유연성, 성장, 다양화에 대한 저항은 기업가정신의 개발로 극복할 수 있다. 사내 기업가정신(corporate entrepreneurship) 사내 기업가정신: 설립된 조직 내에서 기업가적 행동을 하는 것에 대한 관심이 증가하는 것은 사회적, 문화적, 비즈니스적 압력이 증가하는 것을 반영한다.

무한경쟁은 기업이 새로운 제품을 개발하고, 다양화하고, 생산성을 향상시키고, 회사의 노동력을 줄이는 방법 등으로 비용을 축소한다. 사내 기업가정신은 최고 관리자의 방향(top management orientation)뿐 아니라 조직 활동을 반영한다. 이같은 기업가적 노력은 다음과 같은 4가지 핵심요소로 구성되어 있다. 새로운 비즈니스 벤처(new business venturing: 사내창업), 혁신성(innovativeness), 자기재생(self-renewal), 자발성(proactiveness), 사내창업(new business venturing)은 현존하는 조직 내에서 새로 만드는 것을 의미한다. 이 기업 활동은 회사의 현재 제품이나 서비스를 다시 정의해 새로운 가치를 만들어 내거나, 새로운 시장을 개발, 또는 자율적 또는 반 자치 단위나 기업을 형성하는 것을 의미한다. 사내창업은 사내 기업가정신의 가장 두드러지는 징후이다.

혁신성(Operational innovativeness)은 기술의 개발과 혁신을 강조하며, 제품 및 서비스를 혁신하는 것을 의미한다. 이것은 새로운 제품개발, 제품개선, 새로운 생산방법과 절차 등을 포함한다.

자기재생(self- renewal)은 핵심아이디어의 갱신을 통한 조직의 변형이다. 이것은 전략과 조직적인 변화의 함의를 내포하고, 비즈니스 개념을 재정의, 조직의 재조정, 혁신을 증가시키기 위한 시스템 전체의 변화를 포함한다.

자발성(proactiveness)은 최고경영진의 성향과 활동에 반영되고, 공격성과 대담함뿐 아니라 결단력과 위험감수를 포함한다. 자발적인 조직은 실험을 통해 위험을 감수하는 경향이 있다. 이러한 자발적 조직은 새로운 제품이나 서비스, 운영기술 및 관리기법을 도입하여 시장을 선도하고자 한다.

앞장에서 우리는 기업가적인 행동이 기회를 추구하며 새로운 벤처를 만드는 욕망과 가능성에 대한 인식에 기초하여 선택하는 것이라고 보았다. 그러나, 이미 설립된 기업들 역시 기회를 추구할 수 있지만, 회사의 직원들이 사고하고 행동할 수 있게 장려하는 환경을 만들어 주는 것이 필요하다. 이러한 환경은 회사 내에서 사람들이 기업가적으로 행동할 수 있게 돕는 것이다. 앞장에서 논의된 바와 같이 기업가적 의도를 구축하기 위한 일반적인 원칙은, 기업가적 활동을 하려는 강한 의도를 갖는 것이다. 이러한 문화를 창조하기 위해서는 회사관리에 대한 다른 방향을 설정해야한다.

기업가적 결정, 경영적인 결정

하버드 대학의 하워드 스티븐슨(Howard Stevenson)은, 기업가정신은 전통적인 경영방식과는 다르다고 믿는다. 기업가적 경영(Entrepreneurial management)은 전통적 경영방식(Traditional management)과 8가지 측면에서 다르다.

(1) 전략적 접근 (2) 기회에 대한 실행 (3) 자원의 실행 (4) 자원통제

(5) 경영구조 (6) 보상철학 (7) 기업성장 (8) 기업가적 문화

이 차원들의 속성 차이는 다음과 같다.

전략적 속성[1]과 기회헌신

기업가적 초점	개념적 차원	관리 초점
* 기회의 인식에 의한 구동 * 짧은 기간에 개혁 * 최소의 노출로 많은 단계 * 필요한 자원들을 빌리고 쓰는 것 * 비공식적인 네트워크의 수를 확대 활용 * 가치 창조에 기반 * 빠른 성장이 제일 우선; 성장하기 위해 위험 감수 * 기회를 위해 broad search 증진	* 전략적 오리엔테이션 * 기회에 전념 * 자원에 전념 * 자원의 지배 * 관리 구조 * 보상 철학 * 성장 오리엔테이션 * 기업가적 문화	* 제어 자원에 의한 구동 * 긴 시간에 발전 * 완벽한 자의적 의지의 실행을 위한 첫 단계 * 필요한 자본의 소유권이나 고용체계 * 책임과 서열에 기반 * 안전하고, 느리고 꾸준하게 제어 자원에 의한 제한된 기회 탐색; 실패는 처벌

전통적으로 관리된 기업에서의 기업가적 구별

---

1) 전략적 속성 : 회사의 전략을 수립하는데 투여되는 요소들에 주력하는 것

처음 두 요소(strategic orientation , commitment to opportunity)는 전략적 문제와 관련해서 기업가적 경영과 전통적 경영의 차이를 설명해준다. 기업가정신과 전략 모두가 기업의 성과 창출에 중요하기 때문에 기업 레벨에서 기업가정신에 대한 깊은 이해를 강조하는 전략은 놀라운 일이 아니다.

전략적 방향(Strategic Orientation)은 회사의 전략 수립에 내포되어 있는 요소이다. 이는 회사의 전략에 대한 의사결정을 이끄는 철학과 같다.

기업가적 경영 전략은 새로운 시장에 대한 제시 및 창출에 의한 것이며, 기회를 추구하는 데 필요한 자원에 대한 우려를 줄이는 것이다. 기업가적 경영에 있어 필요자원의 획득과 집결은 발견한 기회를 실현하기 위한 보조 단계이다. 자원이 기업가적으로 경영되는 기업의 전략적 사고를 방해하는 것은 아니다. 이와 대조적으로 전통적인 경영전략은 기업의 자원을 효율적으로 사용하는 것이다. 따라서 회사가 보유한 많은 종류와 양의 자원을 보유한 (또는 쉽게 접근할 수 있는 방법을 아는) 이 회사의 미래에 대한 전략적 사고를 하는 데 첫 번째 핵심포인트이다. 또한 기회는 현존하는 자원을 얼마나 효율적으로 사용하는가에 달려있다.

기업가정신과 전략은 기업이 어떠한 행동을 취해야 하는지 또는 기업의 미래에 대해 더 간단하게 생각하는 것이다. 기업은 종종 기업의 재무성과, 경영성과를 바탕으로 기업의 행동(action)을 판단한다. 기업가적 경영과 전통적 경영은 '기회에 대한 헌신(Commitment to Opportunity)'에 의해 구분된다. 더 기업가적으로 경영된 기업들은 잠재적 기회에 대해 액션을 취하기 위해 헌신하는 '기회추구를 위한 기업가적 자질(잠재적인 기회에 대해 반응을 하기 위해 헌신하는 것)'을 갖는다.

따라서 기회의 창을 최대한 활용하고 신속하게 기회를 추구할 수 있다. 또한 특정기회로부터 자원을 회수할 수 있고, 신속하게 회수할 수 있다. 기회를 추구함으로써 얻게 되는 첫 번째 피드백은 회사에 적합한 기회가 아닐지도 모르는 것들에 대한 정보를 얻는다는 것이다. 이를 통해 회사는 초기 추격으로 인해 얻을 수 있는 손실을 최소화하며 'pull the plug'를 할 수 있다. 그러나 전통적인 경영방식은 정보를 중요시한다. 정보는 데이터를 수집하고 분석하는 과정에서 나온다.

만약 전통적 경영방식을 하는 기업이 기회를 추구하기로 결정한다면, 이들은 많은 초기투자를 할 것이고 상당한 시간동안 비즈니스라인에 남아 있으려고 할 것이다.

자원통제[2]와 자원의 실행

기업이 기회추구[3]를 위해 투입해야 하는 자원에 대해 관심을 쏟는 것은 중요하지만, 기회추구에 초점을 맞춘 '기업가적 자원'을 확보해야 한다.

자원을 최소화함으로써 회사는 기회를 추구하는 데 우선적으로 투자를 하고, 기회가 진행되지 않을 때의 위험 또한 최소화 할 수 있다. 예를 들어 기업가적으로 경영되는 기업들은 작은 양의 자원을 투입함으로써 각 단계에서 최소한의 (위험) 노출을 통해 멀티스텝방식으로 'testing the water'를 할 수 있다. 이러한 소량의 점진적인 자원투입방식은 기업이 기회나 환경에 대한 새로운 정보에 대해 신속하게 방향을 변경할 수 있는 유연성을 준다. 심리학적으로 이 작은 매몰비용은 기업가적으로 경영되는 회사가 특정한 행동의 과정(a particular course of action)에 빠지는 것을 막아준다. 특히 이 행동의 과정이 손실에 대한 것이라는 것이 밝혀질 경우에 그러하다. 반대로 전통적으로 경영된 기업이 기회에 대한 투자를 결정하게 되었을 경우, 이들은 대량의 자원을 투입한다. 즉, 이들은 물을 시험하기 위해 발가락을 넣어보는 것 대신 지난주 동안의 물의 주변온도, 물의 밀도, 물(웅덩이) 커버가 사용되었는지를 계산해본다. 만약 그 계산에 따라 물이 이론적으로 따뜻할 것이라고 간주되면 전통적인 경영자는 스완다이브(swan dive)를 통해 평가하는 데 전념할 것이다.

자원을 만들기 위해 전념하는 기업들은 종종 초기결정을 정당화하기 위해 강요되는 것을 느낀다. 그래서 초기의 노력은 지속적인 자원 투입에 대한 현상유지를

---

2) 전략적 속성과 자원통제: 어떻게 다른 자원에 접근할 수 있는지에 주력함

3) 전략적 속성과 기회추구: 특정기회를 추구하는 데 있어 요구되는 자원을 어떻게 하면 최소화할 수 있는지에 대해 주력함

할 수 있는 탄력을 받는다. 따라서 전통적으로 경영되는 기업은 어떤 일을 추진할지 또는 그만둘지에 대해 결정하는 데 있어 이용 가능한 정보를 심도 있는 분석을 하는 것이며, 만약 일을 추진하기로 결정했다면 자원의 투자는 쉽게 바뀌지 않는다.

자원에 헌신하는 것 이상으로, 기업가적으로 경영되는 기업과 전통적으로 경영되는 기업은 자원을 지배하는 방법에서도 차이가 난다. 기업가적 기업은 자원의 소유권에는 덜 관심을 두지만, 금융자본, 지적자본, 기술, 역량과 같은 자원에 접근하는 것에 대해 더 집중한다. 이들 기업은 '만약 다른 자원들을 쉽게 접근할 수 있다면, 왜 자원을 지배하는 것이 필요하죠?'라는 관점에서 운영된다.

자원에 대한 접근은 기업가적 기업의 이익과 투자된 자원의 소유를 위해 다른 자원들을 효과적으로 배포할 수 있는 기회를 확대시킨다. 대조적으로, 전통적으로 경영되는 기업은 자원의 소유권과 다른 자원의 축적에 포커스를 둔다. 그들은 만약 그들이 소유한 자원을 통제하는 것이 자립하는 것이라고 믿는다. 이들 기업에게 통제는 회사의 이익을 위해 더 효율적으로 배포할 수 있는 자원의 소유권에 달려있다.

기업가 대 관리자들의 윤리적 행위

관리자와 기업가의 윤리적인 행위에 영향을 주고 기여하는 요인을 이해하는 것은 미국 경제 시스템뿐만 아니라 전 세계 경제 시스템에도 중요하다. 이 요인들의 의미는 초경쟁적인 글로벌 경제에서 작용할 때 가장 핵심적이게 된다. 이러한 환경에서, 경쟁자들은 현재 상황을 적극적으로 방해하고 어떻게든 경쟁의 원칙을 바꾸려 할 것이다. 현재 기업이 현재 사업거래에 사용되는 윤리기준에 영향을 미치는 반면, 신흥 기업은 세계 미래 경제 시스템에 대한 윤리적 톤(ethical tone)을 설정한다.

비록 미국이 1977의 해외부패방지법(Foreign Corrupt Practices)과 같은 강한 법률을 가지고 기업가와 관리자 측에 대한 윤리적 행동을 촉진하여도, 이 그룹의 윤리적 태도가 잘 이해되지 않는다. 관리자와 기업가들은 이러한 특정 상황에 어떻게 반응할 것인가? 과연 그들이 그들의 외부거래나 내부거래에 있어서 높은 윤리적 기준을 가질까? 과연 매니저들은 더 관료주의적인 환경 때문에, 기업가들보다 더 높은 윤리적 기준을 가질까? 아니면 기업가들이 그들의 비즈니스적인 관행을 더 면밀히 개인의 가치에 반영하기 때문에 관리자들보다 더 높은 윤리적 태도를 가질까?

한 연구에 의하면, 165명의 기업가와 128명의 관리자들을 바이너리, 응답질문, 시나리오, 광범위한 인구 통계학적 정보를 포함한 측정기구를 사용하여 조사하였다. 일반적으로, 기업가들과 관리자들은 다양한 활동의 윤리와 다른 사람에 대한 윤리적 인식에 대한 자신의 견해는 약간 달랐다. 12가지 상황과 7가지의 시나리오의 윤리적 환경의 평가에 관하여 두 그룹은 약간의 차이가 있었다. 의사결정자의 두 그룹 사이의 윤리적 태도의 유사성은 두 그룹의 윤리적 태도에 영향을 미칠 유사한 법적, 문화적, 교육적 요인에 의해 설명될 수 있는 중요한 결과 중 하나가 될 것으로 보인다. 몇몇의 눈에 띄는 차이점은 기업가들이 더 윤리적 태도를 유지하는 경향이 지속적으로 나타났다.

결과는 기업가들보다 매니저들이 회사에 대하여 개인의 가치를 희생해야 할 필요가 있다고 나타났다. 또한 기업가들은 직업에 필요치 않은 일이나, 회사의 자원을 개인 사용을 위해 쓰지 않는 등, 회사의 내부거래에서 높은 윤리적 태도를 보여준다. 이 결과는 그 또는 그녀 자신의 자본을 다루는 데에 있어서 우리는 누군가에게 더 윤리적이길 바라는 자본의 이론과 일치한다. 이 결과는 증가된 소유권을 통해, 관리자들은 그들 회사의 자본과 윤리적인 거래를 하도록 동기부여가 된다는 것을 나타낸다. 그러므로 이익공유회사(관리자들과 다른 주요 고용인들)는 아마도 경영 소유의 몇 가지 유형을 통하여 회사 내에서 도덕적 위험과 기회주의적 행동의 가능성을 줄일 수 있다. 이와 같이, 대개 고객들과 공동체와의 장기관계는 선행과 다른 부채계정을 통하여 회사의 자본은 반영되어야만 한다.

관리 구조와 보상 철학(Management Structure and Reward Philosophy)

기업가 지향적 경영구조[4]는 유기적이다. 즉, 조직적 구조는 최고경영자와 고객 사이의 관료적 층(few layer of bureaucracy)을 가지고 있으며, 전통적으로 다양한 비공식적 커뮤니케이션 층을 갖고 있다.

이러한 방식은 기업가적 경영기업이 외부환경에서 더 많은 정보를 획득 및 소통할 수 있게 하고, 그 정보를 기반으로 빠른 행동을 취할 수 있게 할 만큼 충분히 '유동적'이다. 또한 기업가적 경영기업은 기회를 발견·생성 및 이용할 수 있는 다른 자원과 정보를 제공해주는 그들의 내부 네트워크(예, 직장 내의 비공식적 커뮤니케이션 채널)과 외부 네트워크(구매자, 공급업체 및 금융기관)를 모두 사용할 수 있게 더 구조화되어 있다. 대조적으로 전통적 경영기업은 통제된 자원을 할당하는 것에 대한 내부적 효율성에 더 맞춰진 구조를 갖는다. 그것은 명확한 역할과 책임에 대한 계층적 구조를 갖고 있으며, 매우 일상적이고, 중간 관리자층은 회사의 자원을 사용하는 직원들에 대한 '관리'를 한다. 전통적 기업의 관리구조는 외부환경변화에 빠르게 대응하고 감지하는 것보다 전통적으로 내부적 효율성에 주력한다.

기업은 경영구조뿐 아니라 그들의 보상철학에 의해 운영된다. 기업가적 기업은 회사의 새로운 가치(사회 전체를 포함해 희망하는 다른 것들을 포함하여)를 대표하는 새로운 시장을 위한 기회에 주력한다. 기업가적 기업은 보상에 대한 기업가적 철학(entrepreneurial philosophy toward rewards)[5]을 갖고 있으며, 직원들이 발견·생성 및 이용한 기회의 기여도를 기초로 그들에게 보상을 한다. 앞에서 설명한 유기적 구조를 감안할 때, 잠재적 기회를 실험할 수 있는 자유를 가질 수 있고, 그에 따라 보상받게 된다.

전통적 기업은 책임에 기반하여 관리와 직원들을 보상한다. 전통적으로 책임은

---

4) 전략적 속성과 경영구조 : 더 유기적인 관점으로 최고경영자와 고객 사이에는 관료적 층을 갖고 있고, 여러 가지 비공식적 커뮤니케이션 네트워크가 있다는 것임

5) 기업가적 철학과 보상체계 : 기회에 대한 발견/ 생성 및 이용에 대한 직원들의 헌신을 기초로 이를 보상함

각 매니저와 직원들이 통제하는 한 개의 자원(자산 or/and 직원)의 양에 의해 결정된다. 프로모션(Promotion)은 한명의 매니저가 더 많은 자원을 통제하는 것에 대한 보상이다. 따라서 보상에 대한 추가적 범위이다.

성장 오리엔테이션과 기업가의 문화

성장에 대한 기업가 지향적 기업[6]은 빠른 속도로 회사를 확장하고 싶어 하는 욕구가 크다. 비록 전통적 기업 역시 성장에 대한 욕구를 가지고 있지만, 그들은 느리고 점진적인 성장을 추구한다. 즉, 그들은 회사가 관리하는 자원을 위험에 빠트려 '회사를 동요하게' 하지 않고 더 '관리적인' 성장속도를 선호한다. 따라서 위험에 일과 최고경영자의 힘(power)을 넣지 않는다.

문화(culture)[7] 역시 기업가적 기업과 전통적 기업을 구분하는 요소이다. 기업가적 기업의 문화[8]는 직원들이 아이디어를 생성하고, 실험하는 것을 장려한다. 창의적 결과를 창출하는 일을 하는 것을 격려한다. 그러한 결과는 기업가적 경영에서 매우 가치 있는 일이며, 새로운 시장에 대한 기회자원이 된다. 기회는 기업가적 기업에서 주력하는 것이다. 대조적으로 전통적인 기업은 제어자원의 평가에서 시작하고, 이것이 조직문화를 반영한다. 그래서 전통적인 기업이 아이디어에 관심이 있다면, 이 아이디어는 현재 통제된 자원을 중심으로 한 것이다. 이들 기업이 현재 통제 가능한 자원만을 갖고 발견 및 생성하는 기회의 범위는 제한적이다. 순수하게 기업가적으로 또는 전통적으로 경영되는 기업은 많은 것 같지 않다. 대부분 이 둘의 중간 정도를 취하고 있다.

---

6) 기업가적 속성과 기업성장: 빠른 성장에 주력함

7) 기업문화(Culture) : 특정한 조직의 환경

8) 기업가적 속성과 문화: 직원들이 아이디어를 창조하는 것을 장려하는 데 주력하고, 기회를 창출할 수 있는 일을 하는 것을 조장함

사내기업가정신을 위한 문화 설립

어떻게 조직 내에 기업가정신 문화를 정착시킬 수 있는가? 설립된 기업에게 기업가적 환경을 만들기 위해서는 확실한 요인(certain factors)과 리더십 특성이 존재해야 한다.

먼저, 조직이 기술의 국경에서 운영되어야 한다. 연구개발은 성공적인 새로운 제품 아이디어들의 주요 자원이기 때문에, 높은 판매량과 투자에 대한 빠른 회수가 필요한 기업에서는 최첨단의 사업기술들을 운영해야 하고, 새로운 아이디어를 격려하고 지원해야 한다.

둘째, 시행착오와 실패는 격려되어야 한다. 성공적인 제품과 아이디어는 모두, 갑자기 나타나는 것이 아니라 진화하는 것이다. 이것은 시간이 필요하고, 어떤 제품들은 첫 번째 시장성이 컴퓨터에 나타나기 전에 실패하기도 한다. 기업가적 정신을 확립하고 싶은 기업은 새롭고 혁신적인 제품을 개발하는 데 있어 실수와 실패를 허락하는 환경을 만들어야 한다. 이것은 전통적 기업이 추구하는 경력 및 추진시스템과 반대이다. 대부분의 기업가는 성공적인 벤처를 설립하기 위해 최소한 한 번의 실패경험을 갖고 있다.

셋째, 조직은 새로운 제품개발에서 창의성을 억제하는 초기 조직적 장애물이 없는지 확인해야 한다. 기업가적 환경을 조성하려는 시도는 여러 가지 문제에 봉착했고, 잠재적 기업가가 제안된 새로운 제품을 통보받을 때 결국은 실패하게 되었다.

넷째, 회사의 자원을 쉽게 접근하고 사용할 수 있어야 한다. 충분하지 않은 자금은 새로운 것을 창조하는 것이 아니라 Bottom Line에서 갖는 문제를 해결하는 데 할당된다. Xerox, 3M, AT&T와 같은 회사들은 이 문제를 알았고, 내부자금뿐 아니라 외부자금을 모으기 위해 별도의 Venture-Capital을 설립했다. 자원이 충분한 경우라도, 너무 잦은 보고 요구는 그것들을 획득하는 데 장애가 된다.

다섯째, 여러 학문 분야의 인력이 모아진 팀(multidisciplined team) 접근방식은 장려되어야 한다. 이 개방적 접근은 (지역과 관계없이 필요한 개인들의 참여) 전형적 기업구조와 정반대이다. 사내 기업가정신의 성공한 케이스는 관련 사람들을 포함하는 '대기업의 작은 실험실(Skunkworks)'의 존재가 성공의 한 요인이었음을 보여준다. 새로운 벤처를 위해 필요한 팀워크를 발견하는 것은 팀 멤버의 프로모션과 직원들의 경력 때문에 더 복잡하다. 이 경력은 새로 만들어진 벤처에서의 업무성과에 기초하지 않고 현재 회사 내에서의 업무성과에 기초한 것이다.

게다가 팀워크를 장려하는 것과 회사의 환경은 각 개별적 벤처의 성공뿐만 아니라 프로그램 전체의 성공을 평가하기 위해 긴 시간에 거쳐 만들어져야 한다. 만약 기업이 5~10년 동안 회수에 대한 보증 없이 자금을 투자할 의향이 없다면, 기업가적 환경을 만들려고 시도해서는 안 된다. 회사를 설립할 때 투자된 자금에 대해 인내하는 태도를 갖는 것은 벤처캐탈리스트들이 사용하는 투자·회수의 시간 범위를 갖고 있는 것과 다르지 않다.

여섯째, 사내 기업가정신에 대한 이념은 개인에게 강제되는 것이 아닌 자발성에 기초해야 한다. 이것은 전통적인 기업의 사고(corporate thinking)와 기업가적 사고(entrepreneurial thinking)의 차이이다. 대부분의 관리자들이 성공적인 기업가가 될 수 있는 것은 아니다. 자기 선택 과정을 통해 나타난 사람들은 경쟁을 통해 프로젝트를 완료할 수 있는 자유재량이 허락된다. 이것은 새로운 제품을 개발하기 위한 대부분의 기업 절차들(corporate procedure)과 일치하지 않으며, 각 개발 단계에서 다른 부서와 개인들이 참여한다. 새로운 벤처를 만들기 위해 초과시간과 노력을 투자하는 개인들은 기회와 프로젝트 완료 후 보상이 이뤄지는 것을 필요로 한다. 사내 기업가(corporate entrepreneur)는 새로 만든 내부 벤처에 애정을 갖게 되고, 이것의 성공을 위해 할 수 있는 거의 모든 일을 할 것이다.

좋은 기업가적 환경의 일곱 번째 특징은 보상시스템이다. 사내 기업가는 새로운 벤처를 만들기 위해 투자한 에너지, 노력, 위험 수용에 대한 적절한 보상을 필요로 한다. 보상을 설정된 목표성과의 달성에 기초로 해야 한다. 새로운 벤처의 지분은 동기 부여와 성공을 위해 필요한 노력과 활동을 유발하기 위한 최고의 보상 중 하나이다.

여덟 번째, 사내 기업가정신에 유리한 기업 환경은 창조적인 활동을 지원할 뿐 아니라 필요에 따라 새로운 목표와 방향을 설립하는 계획의 유연성을 갖고 있는 스폰서와 챔피언을 보유하고 있다. 한 사내 기업가(corporate entrepreneur)가 언급한 것과 같이 '새로운 비즈니스 벤처가 성공하기 위해, 사내 기업가는 계획을 변경할 수 있어야 하고, 앞에서 언급한 목적을 달성하는 데 얼마나 가까워졌는지 걱정하지 말아야 한다.' 기업의 구조(corporate structure)는 성과의 질에 관계없이 목표에 얼마나 가까워졌는지를 기준으로 매니저를 측정한다.

마지막으로, 아마도 가장 중요한 기업적 활동은 진심으로 지원되어야 하고, 최고 경영자에 의해 수용되어야 한다. 최고경영자의 지원 없이 성공적인 기업가적 환경은 만들어지지 않는다.

전략적 오리엔테이션		
우리가 전략을 구사할 때, 우리의 주된 걱정은 어떻게 우리의 자원들을 제일 잘 활용하는가이다.	1 2 3 4 5 6 7 8 9 10	우리는 가지고 있는 자원들에 의해 제한받지 않는다.
우리는 우리가 추구하는 기회들을 우리의 현재 자원을 기반으로 제한한다.	1 2 3 4 5 6 7 8 9 10	우리의 근본적인 과제는 가치 있다고 생각되는 기회들을 추구한 다음 자원들을 이용하기 위해 습득한다.
우리가 가진 자원들은 우리의 사업전략에 상당한 영향을 미친다.	1 2 3 4 5 6 7 8 9 10	기회는 우리의 사업전략을 주도한다.
자원 오리엔테이션		
우리의 목표는 우리의 자원을 사용하는 것이기 때문에, 우리는 많고 빠르게 투자할 것이다.	1 2 3 4 5 6 7 8 9 10	기회의 실행에 있어, 우리가 자원을 확보할 이유가 없어서, 개인적 기회추구의 헌신적 실행은 제자리일 수 있다.
우리는 우리가 사용하는 자원들을 완전히 통제하고 갖길 원한다.	1 2 3 4 5 6 7 8 9 10	우리가 자원으로부터 필요한 것은 그들을 사용할 수 있는 능력뿐이다.

우리는 우리의 벤처에 있어서 우리의 자원들만 쓰기를 선호한다.	1 2 3 4 5 6 7 8 9 10	우리는 빌리거나 임대자원을 사용하는 것을 좋아한다.
기회를 사용하는 데 있어서, 단지 아이디어만을 갖기보다는 돈이 더 중요하다 생각한다.	1 2 3 4 5 6 7 8 9 10	기회를 이용하는 데에 있어서, 단지 돈을 가지는 것보다는 아이디어를 더 중요시한다.

관리 구조

우리는 자금의 단호한 제어, 정교한 통제와 정보체계에 의한 운영을 선호한다.	1 2 3 4 5 6 7 8 9 10	우리는 느슨하고 비형식적인 통제를 선호한다. 비형식적인 관계에 의존도가 있다.
우리는 형식적인 과정을 통해 일처리가 되기를 강요한다.	1 2 3 4 5 6 7 8 9 10	우리는 형식적인 과정을 무시하더라도 일만 처리가 된다면 상관없다.
우리는 진실된 관리 원칙과 산업규범을 지키려 한다.	1 2 3 4 5 6 7 8 9 10	우리는 바뀐 환경에 적응하는 것에 대해 지나친 걱정보다는 자유롭게 적응해갔으면 한다.
회사 내 전반적으로 적용되는 강력한 경영스타일이 있다.	1 2 3 4 5 6 7 8 9 10	관리자의 운영스타일은 형식적으로도 할 수 있고 자유롭게도 할 수 있다.
개인적인 특성과 밀접한 관련이 있는 공식적인 직무분석을 강조한다.	1 2 3 4 5 6 7 8 9 10	개인적으로 직무를 적절히 활용할 수 있게 하는 개인적 특성화 상황 적용 특성이 있다.

보상 철학

우리 직원들은 자신의 책임에 따라 평가받고 보상받는다.	1 2 3 4 5 6 7 8 9 10	우리 직원들은 그들이 회사에 무엇을 했는지에 대해서 평가받고 보상받는다.
우리 직원들은 주로 승진과 연간 임금 상승으로 주로 보상한다.	1 2 3 4 5 6 7 8 9 10	우리는 그들이 회사의 가치상승으로부터 혜택을 누릴 수 있는 방법을 고안하여 직원을 보상하려고 한다.
직원의 지위는 그/그녀가 갖는 책임의 양에 기초한다.	1 2 3 4 5 6 7 8 9 10	직원의 지위는 그/그녀가 갖는 가치에 기초한다.

성장 오리엔테이션		
성장은 사실 우리의 궁극적인 목표가 아니다. 적어도 장기간 동안 살아남는 것이 더 중요하다.	1 2 3 4 5 6 7 8 9 10	성장이 우리의 궁극적인 목표이다.
회사를 통해 잘 알려져 있듯이 꾸준한 성장이 확장하기 제일 좋은 방법이다.	1 2 3 4 5 6 7 8 9 10	가능한 한 크고 빠르게 성장하는 것이 우리의 목적이다.
기업의 문화		
우리의 자원 아래에서 활용 가능한 충분한 숫자의 전도유망한 아이디어를 찾는 것은 어렵다.	1 2 3 4 5 6 7 8 9 10	우리가 가진 시간과 자원보다 전도유망한 아이디어들이 더 많다.
사회의 큰 변화는 가끔 우리 회사를 위한 전도유망한 아이디어를 만든다.	1 2 3 4 5 6 7 8 9 10	사회의 큰 변화는 종종 우리에게 새로운 제품과 서비스를 위한 아이디어를 준다.
이익이 되는 제품·서비스로 전환시킬 수 있는 아이디어를 찾는 것은 어렵다.	1 2 3 4 5 6 7 8 9 10	우리는 절대로 이익이 되는 제품·서비스로 전환시킬 수 있는 아이디어가 부족해 본적이 없다.

사내 리더십 측정

사내 기업정신의 리더십 특성

전반적인 기업 환경 내에서, 특정 개인의 성격은 성공적인 사내 기업가를 구성하는 것으로 확인되었다. 이 같은 성격은 환경을 이해하는 것, 비전을 갖고 있고, 유연하고, 관리옵션을 만들고, 팀웍을 장려하고, 열린 토론을 장려하고, 서포터즈 연합을 구축하고, 이것을 지속하는 것을 말한다.

기업가는 환경의 모든 측면을 이해하는 것이 필요하다. 이 기능의 일부는 창의성에 대한 개인의 수준을 반영하고, 이것은 일반적으로 대부분의 개인 연령과 교육 수준에 따라 감소한다. 성공적인 사내벤처를 설립하기 위해, 개인은 창의적이어야 하고, 회사의 외부환경에 대한 넓은 이해가 있어야 한다.

회사 내에서 성공적인 벤처를 설립하고자 하는 사람은 큰 꿈을 꾸는 예지력 있는 리더가 되어야 한다. 비록 리더십에 대한 많은 정의가 있지만, 좋은 정의 중 하는 사내 기업가정신을 위해 필요한 것이 무엇이지 설명하는 것이다. '리더는 정원사와 같다. 당신이 토마토를 얻길 원한다면 씨를 뿌리고, 비옥한 토양에 심고, 조심스럽게 물을 준다. 당신은 토마토를 만드는 것이 아니라 그것들이 자라게 해주는 것이다.' 또 다른 좋은 정의는 '리더십은 큰 것을 꿈꾸는 능력이고, 꿈의 일부가 되기 위해 사람들이 긍정적으로 (say yes) 말하는 것과 같이 의사소통하는 능력이다.'

킹(King, Jr)은 '나는 꿈이 있습니다.'라고 말했다. 그리고 수천 개의 압도적인 장애물이 있었음에도 불구하고 그 꿈들을 이루었다. 성공적인 벤처를 만들기 위해 사내 기업가들은 꿈을 꾸고, 다른 사람들에게 꿈을 판매함으로써 꿈을 달성하는 데 방해되는 장애물들을 극복해야 한다.

필요한 리더십 특징은 사내 기업가는 유연하고 창의적인 경영옵션들(mangement options)을 갖춰야 한다. 사내 기업가는 열려있어야 하고(오픈마인드를 갖고 있어야

하고), 심지어는 변화를 장려할 수 있어야 한다. 기업의 믿음과 가정 상황에 도전함으로써 사내 기업가는 조직적 구조에서 새로운 무언가를 창조할 수 있는 기회를 갖는다.

사내 기업가는 팀웍을 장려하는 능력과 여러 분야의 인력을 모으는 방법 등과 같은 제4의 특징이 필요하다. 또한 대부분의 학교에서 교육되는 조직의 구조와 관행을 위반하는 것이 필요하다. 새로운 벤처를 형성하기 위해 기존 조직구조와 보고시스템을 교차하는 다양한 기술이 필요하다. 혼돈을 최소화하기 위해 기업가는 좋은 외교관이 되어야 한다.

개방적 토론은 새로운 무언가를 만들기 위한 좋은 팀을 개발하기 위해 장려되어야 한다. 많은 기업 관리자들은 개방성(frank), 열린 토론, 그들의 교육과정의 일부였던 의견 차이를 잊어버린다. 대신 그들은 보호 장벽을 만드는 데 시간을 보내고, 자신의 기업제국에서 스스로를 가둔다. 기존 기업 내에서 성공적인 새로운 벤처는 참여된 팀이 최적의 결과를 만들기 위해 아이디어에 대한 동의와 비판을 자유롭게 느낄 때 형성될 수 있다. 팀 구성원 간의 개방성 정도는 사내 기업가의 개방 정도에 따라 달라진다.

개방성은 지지자와 격려자의 강한 연합을 만든다. 사내 기업가는 특히 어려운 시기에 각 팀 구성원들을 지지하고 격려해야 한다. 이 같은 격려는 진로에 대한 동기부여로서 매우 중요하다. 보안성은 새로운 사내 벤처기업에게는 작동하지 않는다. 좋은 사내 기업가는 모두를 영웅으로 만든다.

마지막은 지속성이다. 새로운 벤처를 설립하는 동안 좌절과 장애물을 발생할 것이다. 사내 기업가의 지속성을 통해 새로운 벤처가 창업될 수 있고, 성공적인 상업화를 할 수 있는 것이다.

사내기업가의 리더십 특징

* 환경을 이해한다.
* 이상적이고 유연함
* 경영옵션을 창조한다.
* 팀워크를 장려한다.
* 열린 토론을 장려한다.
* 지지자들의 연합을 만든다.
* 집요하다

지금까지 앞에서 논의되어 온 조직적 문화와 리더십 특성의 생성에 덧붙여, 더 기업가적인 회사를 설립하고자 하는 조직은 그것의 생성을 위한 절차를 이행해야 한다. 이를 내부적으로 실시할 수 있더라도, 대개 외부 인사를 이용하는 것이 보다 쉽게 절차를 진행할 수 있다. 이는 특히 조직의 환경이 매우 전통적이고 새로운 제품의 출시나 변화가 거의 없는 경우 적용될 수 있다.

이 절차의 첫 번째 단계는 조직 내 사내 기업가정신에 대한 최고, 상급, 중급 관리자들의 헌신을 얻어내는 것이다.

최고 관리직의 헌신[9] 없이는, 실행을 위한 문화적 변화들을 조직이 절대 헤쳐나갈 수 없다. 조직의 최고 관리직이 충분한 시간(최소 3년) 동안 사내 기업가정신에 헌신해 왔다면, 이 개념은 조직 전체로 퍼져나갈 수 있다. 이것은 사내 기업가정신의 측면들이 소개되고 조직문화를 기업가적인 모습으로 변환시킬 전략들이 발전되는 세미나들을 통해서 가장 효과적으로 이루어질 수 있다. 전반적인 가이드라인은 사내 벤처창업을 위해 수립될 필요가 있다. 초기의 틀이 수립되고 개념이 받아들여지면, 사내 기업가들은 확인되고, 선택되어 교육을 받아야 한다. 이 교

---

9) 최고경영자의 의지(Top Management Commitment): 조직의 관리자들인 사내 기업가정신을 강하게 지지함

육은 실행 가능한 기회와 시장들을 발견하는 것과 적절한 사업계획을 수립하는 것에 초점을 맞추어야 한다.

둘째로, 개념을 더 발전시키기 위한 Risk money의 규모와 함께, 최고 관리직이 지원하고자 하는 생각이나 일반적인 분야를 확인해야 한다. 각 사내 벤처의 전체적인 program expectation과 목표하는 결과가 설정되어야 한다. 이것들이 조직의 영향뿐만 아니라 기간, 수량, 그리고 새로운 벤처에 요구되는 수익성을 가능한 한 최대로 구체화해야 한다. 기업가 교육과 더불어, 멘토 · 스폰서 시스템이 구축되어야 한다. 스폰서와 챔피언이 없이는, 조직의 문화가 기업가적인 모습으로 변화될 희망이 없다.

세 번째로, 회사는 기술 자체가 유연해지도록 사용해야 한다. 기술은 지난 10년 동안 대기업처럼 운영되는 작은 회사들에 의해 성공적으로 쓰여져 왔다. 최첨단 PC와 대규모 데이터 뱅크의 이용이 없이, 어떻게 Value Quest Ltd. 같은 작은 회사들이 큰 자본력을 가진 회사들과 경쟁할 수 있을까? 유사하게, 대기업들도 기술을 이용해 작은 회사들처럼 즉각적이고 탄력적으로 될 수 있다.

네 번째로, 조직은 그들의 경험을 공유하는 것뿐만 아니라 직원들을 교육시킬 의향이 있는 관리자들로 이루어져야 한다. 교육과정은 한 달에 한 번, 지정된 시간 동안 실시되어야 한다. 일반적인 사내 기업가정신에 대한, 그리고 새로운 기업 벤처 유닛의 기반이 되는 시장성 있는 제품이나 서비스로 아이디어를 발전해나가는 회사의 활동의 세부사항에 대한 정보들이 널리 알려져야 한다. 이는 기업가 팀에게 사업계획을 개발하고, 고객의 호응과 초기 구매의사를 얻어내고, 조직 구조 내에서 공존하는 방법을 배우도록 요구할 것이다.

다섯 번째로, 조직은 그들의 고객에게 더욱 가까워지는 방법들을 개발해야 한다. 이는 데이터베이스를 이용하고, 더 작은 경쟁업체의 인재를 고용하고, 소매업자를 지원함으로써 이루어질 수 있다.

여섯 번째로, 더욱 기업가적으로 되고 싶은 조직은 보다 적은 자원을 가지고도 훨씬 생산적으로 되는 것을 배워야 한다. 이런 일은 이미 규모를 줄인 많은 회사들에게서 일어났다. 상급 관리직이 많은 조직들은 오늘의 과도한 경쟁환경에서 시대에 뒤처져 있다. 중급 관리직의 대량감축을 수용하기 위해서는, 조직 내 모든 수준의 하급 직원들에게 더 많은 관리가 주어져야 한다. 'Lean and mean(기를 쓰고 달려들 준비가 되어 있는)'의 개념은 사내 기업가정신이 우세하기 위해서 존재해야 한다.

일곱 번째로, 조직은 사내 기업가정신을 위한 확실한 지원구조를 수립해야 한다. 이는 사내 기업가정신이 보통 조직 내에서 부차적인 활동으로 취급되므로 특별히 중요하다. 기업가적 활동은 최종 결과에 즉각적으로 영향을 주지 못하기 때문에, 쉽게 간과되거나 자금지원을 거의 못 받을 수도 있다. 성공하기 위해서, 이러한 벤처들은 지출에 대한 모든 권한과 충분한 자금의 접근이 가능한 사내 기업가와 함께, 탄력적이고 혁신적인 행동을 요구한다. 사내 기업가가 매일 지출내역에 대해 해명을 해야 한다면, 이는 전혀 새로운 내부 벤처가 아니라 한낱 같은 재무적 자원의 운용상의 확장체일 뿐이다.

여덟 번째로, 지원은 또한 기업가 조직의 성과에 맞는 보상을 포함해야 한다. 팀원들이 그들의 노력으로부터 직접적으로 이득을 얻을 수 있기 때문에, 이는 팀원들이 더욱 열심히 일을 하고, 효과적으로 경쟁할 수 있도록 해준다. 사내 벤처가보다 큰 조직의 부분이고, 완전히 독립된 단위가 아니기 때문에, 보상금의 지분율(equity portion)을 처리하는 것이 특히 어렵다.

마지막으로, 성공적인 기업가 조직은 확장하고, 성공적이지 못한 조직은 없애기 위해 평가시스템을 실행해야 한다. 기업은 확장된 조직이 기업 강령에 반하여 운영되지 않도록 제한사항을 수립할 수 있다. 유사하게, 충분한 성공 가능성을 보여주지 못한 사내 벤처들은 단지 기득권의 이유만으로 존재해서는 안 된다.

사내 기업가정신이 문제가 없는 것은 아니다. 사내에서 시작한 새로운 벤처들은 기업가들에 의해 독립적으로 시작한 벤처들보다 더 안 좋은 성과를 낸다. 일반적으로, 독립적이고, 기업가들에 의한 벤처캐피탈을 기반으로 한 창업기업들은 사내 벤처보다 더 좋은 성과를 보이는 경향이 있다. 평균적으로, 독립벤처가 두 배

빠르게 수익성을 갖출 뿐만 아니라 두 배 더 많은 수익성을 올리게 되었다.

이러한 조사결과로 인해 기업들이 사내 벤처를 시작하는 것을 그만두도록 해서는 안 된다. 이것들은 필요한 환경과 기업가적인 특성을 이해하여 새로운 벤처에 성공적으로 시작하기 위한 그들만의 수행절차를 취한 회사들의 수많은 예들이다. 이러한 회사 중 잘 알려진 하나는 Minnesota Mining and Manufacturing(3M)이다. 많은 기업가적인 성공을 거두어 왔으며, 실제로 직원들이 얼마간의 근무시간을 각자의 독립적인 프로젝트에 할애할 수 있도록 하고 있다. 이러한 환경은 회사의 부서들이 지난 5년간 출시된 새 제품의 매출 상당량을 창출한다는 중요한 목표를 이룰 수 있도록 해준다. 그들의 기업가 활동 중 가장 성공적인 부분 하나는 기업가 Arthur Fry의 Post-it Notes의 개발이었다. 이 개발은 Fry의 교회 찬송가를 표시해 놓은 종이 조각이, 그가 노래를 부르는 동안 자꾸 떨어진다는 골칫거리로부터 시작되었다. Fry는 3M의 화학 엔지니어로서, 회사에는 별 쓸모없는 특징이었던, 과학자 Spencer Silver의 매우 약한 접착제의 발견에 대해 알고 있었다. 하지만, 약한 접착력 덕분에 쉽게 떼질 수도 있는 이 특징이 Fry의 문제에는 완벽한 해결책이 되었다. 이 아이디어를 상업화하기 위한 승인을 받는 일은, 다른 회사들과 3M 내의 secretary들에게 배포된 견본이, 회사가 마침내 Post-it이라는 이름으로 상품을 팔기 시작한 수요를 만들어 내기까지 기념비적인 과업이었다.

사내 기업가정신에 기여한 또 다른 회사는 Hewlett-Packard(HP)이다. 개인용 컴퓨터에 대한 Steven Wozniak의 제안에서 가능성을 알아보지 못한 후, Hewlett-Packard는 혁신에 있어 리더로서 인정받고, 미래의 가능성을 놓치지 않도록 하기 위해 조치를 취했다. 그러나, HP 내에서 기업가의 길은 쉽지 않았다. 고화질 비디오 모니터개발을 중단하라는 David Packard의 명령까지 무시했던, 기업가 의무를 넘어선 엔지니어, Charles House의 경우에도 그랬다. 개발되었던 그 모니터는 NASA의 유인 달 착륙과 심장이식에 사용되었다. 30개 이상은 팔지 못할 것이라고 예상되었지만, 이 대형 스크린 디스플레이는 좋은 수익과 판매를 이루어냈다.

IBM 또한 사내 기업가정신이 기업성장의 자극제가 될 수 있다고 판단했다. 이 회사는 각 단위가 각자의 소 임원진과 많은 생산 및 마케팅 사안들에 대해 자율적인 의사결정권을 갖춘 분리된 조직으로서의 독립적인 기업체 개념을 발전시켰다. 이러한 사업 단위들은 은행의 ATM(Automatic Teller Machine), 산업용 로봇 그리고 IBM 개인용 컴퓨터와 같은 제품들을 개발해왔다. 후자의 사업 단위는 IBM을 개인용 컴퓨터 시장에 진입하게 하는 데 있어 재량권을 가지게 되었다. 사내 기업가, Philip Estridge는 그 당시 IBM의 가장 엄격했던 몇 가지 운영 규칙들을 어기면서까지, 그의 그룹이 IBM의 판매인력과 소매시장을 모두 통해, PC를 개발하고 광고하도록 이끌었다.

이러한 그리고 다른 성공 일화들은 사내 기업가정신의 문제점들이 극복할 수 없는 것이아니라는 것과 사내 기업가정신을 실행하는 것이 새로운 제품, 성장 그리고 전체적으로 새로운 기업환경과 문화의 발전을 이끌어낼 수 있다는 것을 보여준다.

당신은 이 디지털 냉장고 기술이 기회를 나타낸다고 믿습니까?

왜 직원들은 단지 점심을 먹거나 커피를 마실 때 일을 멈춰야 하는가? 만약 엘지전자에서 나온 이 멀티미디어 냉장고가 있다면 그럴 필요가 없다. 인터넷 연결이 되고 LCD로 만들어진 이 디지털 냉장고는 직원들이 먹는 동안에도 인터넷 서핑과 이메일을 읽는 등의 작업을 계속하게 해준다. 그 냉장고는 TV와 카메라 그리고 웹 라디오 기능을 추가함으로써 커피타임에도 영상회의를 할 수 있다.

실패로부터 배우기(Learning from Failure)

기업가적 행동은 불확실성에 싸여있다. 그러나 기회는 그러한 환경에서 존재하고 생성된다. 그것은 근본적으로 알 수 없는 결과들의 실험이다. 새로운 프로젝트, 새로운 벤처, 혹은 새로운 사업모델이거나, 때로는 이런 기업가적 새로운 계획은 예상된 대로 흘러가지 않는다. 그것은 목표를 이루는 데 실패하고, 결과적으로 종료된다. 이는 배울 수 있는 기회를 말해준다. 왜 기업가적 기획이 실패했는지에 대해 배움으로써, 기업가들은 미래에 그러한 실수를 피할 수 있고, 기업가적 행동과 관련된 불확실성을 더욱 잘 관리할 수 있다. 성공보다 실패에서 더 많이 배운다는 속담이 있지만, 실제로 그렇게 하는 것은 꽤 어려울 수 있다. 특별히, 부정적인 감정이 실패로 인해 느껴지는 손실감으로부터 강렬히 발생할 때, 이러한 배움은 어렵게 이루어진다. 더 중요한 기업가적 기획은 기업가가 겪게 될 그 기업가적 기획의 손실에 대한 보다 큰 부정적이고 감정적인 반응이다. 이러한 부정적인 감정들이 배우는 과정을 방해할 수도 있지만, 실패의 감정에서 더 빨리 회복하는 사람들이 더욱 빠르고 효과적으로 경험을 통해 배우고, 다시 시도하는 것에 더 의욕을 가진다.

부정적인 감정이나 슬픔의 회복에 대처하는 Dual process model을 사용하는 사람들은 기업가적 기획의 실패로 인한 부정적인 감정으로부터 더욱 빠르게 회복할 수 있다. 이 Dual process model은 슬픔에 대한 두 대안적인 접근방식 사이를 계속 오간다. 첫 번째는 실패에 대한 설명(타당성 있는 이야기)을 만들어 내기 위해 손실을 준 사건에 집중하는 것을 수반하는 loss orientation이다. Loss orientation에 있는 기업가들은 그들의 부정적인 감정과 사건에 대해서 상세히 이야기하기 위해 친구, 가족, 심리학자들을 찾기도 한다. 사람들이 실패의 근본원인이 되는 것에 대한 더욱 깊은 이해를 하게 되면서, 그들은 기획의 손실에 대한 감정적인 끈을 끊을 수 있게 된다. 그러나 더욱 오래 실패 사례에 집중하게 되면서, 생각들은 실패 사례를 둘러싼 감정에 옮겨가면서 현재 상황을 더욱더 나쁘게 만들고 슬픔을 증가시키게 된다. 이 부정적인 순환은 두 번째 대안인 restoration orientation으로 옮겨감으로써 끊을 수 있다. 이 태도는 그 자신을 실패에 대해 생각하지 않도록 하거나, 실패로부터 생긴 부차적인 다른 문제에 집중하도록 하는 것이다. 주의를 딴 데로 돌리는 것은 단기간의 부정적인 감정을 줄여주고, 부차적인 문제해결에 대한 자발적인 태도는 실패 그 자체에 대한 심각

함을 줄이는 데 도움이 된다. 하지만, 실패에 관련된 사건들에 대한 관심을 두지 않고 배울 수 있는 기회는 없다. 그러므로, 이 두 가지의 태도를 오가는 것은 기업가가 둘 다 너무 오래 유지하며 드는 비용을 최소화하면서, 두 가지 태도를 통해 이득을 얻을 수 있다는 것을 의미한다. 셋째, 실패로부터 배우는 것은 회복하는 과정이다. 이과정은 기업가에게 손실에 대한 감정, 슬픔, 무력감이 결국은 줄어들 것이라는 편안함을 제공한다. 넷째, 회복과 학습의 과정은 손실지향(loss orientation)과 복원지향(restoration orientation) 사이의 진동을 통해 강화될 수 있다. 마지막으로 손실을 복구하는 것은 기업가에게 자신만의 지식을 증가시킬 수 있는 기회를 제공한다. 이것은 개인과 사회에게 혜택을 제공한다.

요약

설립된 회사들은 조직 내에서 기업가의 역할을 하는 개인에게 환경적인 조건을 만들 수 있다. 즉, 조직 구성원이 가능하고 바람직한 기업 성과를 인식할 수 있도록 하는 조건이다. 기존의 기업구조 내에서, 기업가의 혼과 노력은 사내 기업가정신이라고 불린다.

연구과제

1. 크고, 잘 구축된 기업의 연구개발 부서 내에서 일했던 3명의 개인들에게 인터뷰를 부탁한다. 인터뷰에서, 회사는 기업의 기업가정신을 방해하기 위해 무엇을 하는지, 무엇이 더 조직에 걸쳐 기업가정신을 향상시키는지, 회사는 사내 기업가정신을 촉진시키기 위해 무엇을 하는지 이해하라.

2. 성공적인 사내 기업가정신에 대한 4가지의 예를 인터넷에서 찾아라. 이 성공의 핵심 요인은 무엇인가? 무엇이 독특한가? 만약 한 회사가 기존의 회사 내에서 기업가의 문화를 육성할 수 있는 경우, 무엇이 다른 회사가 이 과정을 카피하고 초기 이점을 가져가는 것을 막아주는가?

3. 종료된 프로젝트에서 일한 3명의 직원을 인터뷰하라. 그들에게 그 프로젝트에 대해 어떻게 느끼는지 물어보라. 종료된 후에 어떻게 느끼는지도 물어보고, 오늘 어떻게 느끼는지 물어본다. 그들은 프로젝트의 손실에 대해 어떻게 처리했는가?

수업 토론

1. 사내 기업가정신은 모순이지 않은가? 틀과 구조 같이 설립된 조직의 특성은 효율성은 높이지만 동시에 기업가적 정신을 죽이지 않는가? 이 두 가지를 살릴 수 있는 방법은 없는가?

2. 회사에서 기업가의 오리엔테이션의 증가는 항상 좋은 것인가? 아니면 기회를 더 추구하는 것이 기업의 성과를 감소할 수 있는 상황이나 환경이 있는가?

3. 무엇이 당신에게 중요한가란 무슨 뜻인가? 누가 그들에게 중요한 무언가를 잃어버렸는가? 느낌이 어땠는가? 그 손실을 회복하기 위해 무엇을 했는가?

PART Ⅳ 창업실행

학습목표

* 비즈니스모델에 대한 개념 이해하기
* 마케팅의 본질과 그 특성 이해하기
* 신규진출에 포함될 기업가정신의 본질적 행동의 이해
* 신규진출 생성과 실천을 촉진하는 기업가적, 전략적 행위에 대한 방법론 생각해보기
* 기회발굴에 있어서 필요한 자원동원량 이해하기
* 신규엔트리 기회의 매력도 평가하기
* 불확실성하의 기업가적 실천 실행 결정 이해하기
* 선발자의 불리함의 가중에 대한 선발자의 이점의 확대를 위한 평가하기
* 위험 감소를 위한 전략과 신규성과 관련된 위험 이해하기

비즈니스모델의 정의 및 개념

기업이 창업혁신프로세스를 보다 정교히 하여, 꾸준한 기술개발과 이미 확보된 기술에 대한 성과를 극대화해야 한다. 최근 대두되고 있는 것이 비즈니스모델이다. 새로운 비즈니스모델은 핵심적 역할을 한다고 볼 수 있다. 비즈니스모델이란 무엇인가. 비즈니스모델에 관한 경영학 및 기술경영학적 논문들이 쏟아지기 시작한 것은 1990년대다. 학계에서도 비즈니스모델의 개념을 정교하게 정의하기 위한 노력이 있었는데, 인터넷 비즈니스뿐만 아니라(Amit and Zott, 2001), 일반적인 비즈니스에 대해서도 적용할 수 있는 비즈니스모델의 개념을 정의하기 위한 연구가 있었다(Chesbrough and Rosenbloom, 2000). 비즈니스모델은 기업이 어떻게 운영되는지를 설명하는 이야기이며(Magretta, 2002a), 사업을 운영하는 방식(Hamel, 2001)에 관한 설계도라고 정의하고 있다. 다시 말해, 비즈니스모델이란 고객에게 제품과 서비스를 제공하여 수익을 창출하는 방식에 관한 설명이다. 즉 우리의 고객은 누구이며, 그 고객에게 어떤 가치를 어떠한 방식으로 제공할 것이며, 그 제공의 대가로 어느 정도의 수익을 어떤 방식으로 거둘 것인가에 대한 설명이다(Magretta, 2002b).

반면 일반 비즈니스에 대한 연구에서 Hamel(2001)은 핵심전략, 전략적 자원, 고객인터페이스, 가치네트워크로 비즈니스모델의 구성요소를 분류하였으며 Chesborough and Rosenbaum(2000)은 가치제안, 목표시장, 내부가치사슬구조, 원가구조 및 이익모형, 가치네트워크, 경쟁전략으로 구분하였다. 이를 고려해 볼 때, 전략적 선택, 가치네트워크, 가치창출, 가치확보의 4가지로 구성요소를 분류하기도 하였다. 이처럼 비즈니스모델의 구성요소는 연구자에 따라 차이가 있지만, 전체적으로는 기업프로세스의 가치 흐름을 기준으로 몇 가지 공통적인 요소로 분류할 수 있다. 기업의 비즈니스는 기본적으로 고객에게 가치를 제안하고 창출하여 제공한 후 이를 수익의 형태로 회수하는 과정이다. 결국 전략이란 이 과정에서 경쟁사보다 탁월한 성과를 보여 지속가능한 경쟁우위를 확보하는 것이다.

이러한 관점에서 Richardson(2008)의 분류 기준이 주목할 만하다. Richardson은 비즈니스모델의 기능은 전략의 실행이며, 전략의 실행은 결국 가치의 제안, 창출, 회수 과정을 통해 나타난다고 하면서 비즈니스모델이 가치제안, 가치창출 및 제공, 가치확보(value capture)의 3가지 요소로 구성된다고 하였다.

창업 초기단계는 물론 기술사업화의 아이디어 탐색단계에서 가장 중요시되는 것이 비즈니스모델이다. 훌륭한 비즈니스모델은 창업과 기술사업화를 성공적으로 이끌어 주는 길이다. 쉽게 말해 기존 비즈니스모델보다 더 좋은 것을 찾아내면 된다. Rappa(1999)는 기업이 스스로 자생할 수 있도록 유지하는 산업의 운영방식으로 매출을 발생시키는 사업방식이라 정의하였다. 비즈니스모델이 확산되기 이전에는 포터의 경쟁전략이론에 기초하여 기업 간 경쟁에서 차별화되는 것은 오직 제품이었다. 다시 말해, 기업은 고객의 특성을 반영하여 상대 기업보다 뛰어난 제품을 개발하고 만들어 고객욕구를 만족시키는 것이 경쟁우위 확보였다. 다음으로 기업이 가지고 있는 자원(resources)과 능력(capabilities)의 경쟁을 통해 우위를 점할 수 있다는 자원기반이론이었다. 기업들이 새로운 그 무엇 (비즈니스모델)을 혁신활동을 통해 만들어 내야 한다는 것을 강조하며, 하버드 대학의 클레이턴 크리스텐센 교수 등은 고객가치제안, 이윤공식, 핵심자원, 핵심프로세스를 비즈니스모델의 구성요소로 제시하였다. 버클리 대학교의 헨리 체스브로 교수는 가치제안, 목표시장, 가치사슬, 수익메커니즘, 가치네트워크 경쟁전략 등의 개념을 토대로 비즈니스모델을 정의하였다.

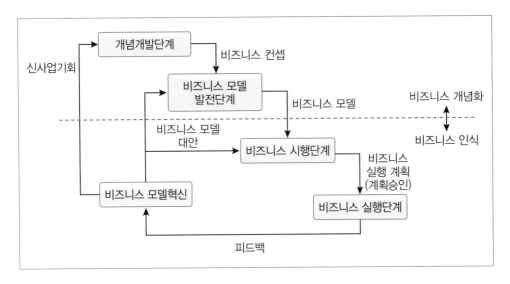

신사업 개발절차

비즈니스모델 개발은 사업에 대한 컨셉이 도출된 후에 진행되고 이것이 개발된 후에는 실제 상품 및 서비스가 개발되는 구현단계로 넘어가게 된다. 따라서 첫 번째 단계인 개념개발단계에서는 새로운 사업에 대한 아이디어를 도출하고, 두 번째 단계인 비즈니스모델개발단계에서는 개발된 상품과 서비스를 어떻게 고객에게 전달하고 핵심가치를 창출할 것인가에 대한 방법을 모색하게 된다. 이렇게 비즈니스에 대한 컨셉과 모델이 개발된 후 세 번째 단계인 비즈니스실행 단계에서는 사업을 추진함에 필요한 상품 서비스를 개발하고 실제 사업수행에 필요한 요소기술까지 개발하게 되는 것이다. 이렇듯, 비즈니스모델 개발이란, 새로운 사업아이디어를 도출하는 것이 아닌, 새로운 기술을 개발하는 것도 아닌, 도출된 아이디어를 통해, 어떻게 가치를 창출하고 이것을 고객에게 효과적으로 전달함과 동시에 수익을 창출하는가에 대한 문제라고 볼 수 있다.

비즈니스모델 구성 요소별 특징

제품과 서비스가 어떻게 사용될 것인가 고객문제를 해결할 방법은 무엇인가?	제공된 가치에 고객이 기꺼이 돈을 지불하게 하는 것은 무엇인가?	세분화된 목표시장의 크기는?
경쟁력을 갖춘 제안이 존재하는가?	산업의 성숙도는 어느 단계인가? 지배적인 디자인이 결정되었는가?	고객문제 해결 수단은? 간단한 장치나 아이템으로 가능한가?

고객에게 가치전달에 필요한 비용은?

비용규모가 고객에게 예민한가, 만약 그렇다면 얼마인가?

공급자의 고객가치 제안은 무엇인가?

이와 관련된 최적의 메커니즘은 무엇인가?

모방자를 잡아놓기 위한 방법은 무엇인가?

비즈니스모델의 주요 핵심 요소를 위한 질문법

비즈니스모델이 무엇인가에 대한 Magretta, J(2002)의 설명에 의하면, 비즈니스모델은 한 회사가 어떻게 돌아가는 가에 대한 이야기다. '고객이 누구인가' 그리고 '고객가치는 무엇인가'에 대한 질문에 답을 제시하는 것이며, '이 사업에서 어떻게 돈을 벌 것인가?'와 '어떻게 고객에게 적절한 비용으로 가치를 전달할 것인가'에 대한 답을 주는 것이라 설명한다. 이를 통하여 볼 때, 비즈니스모델은 그 회사의 운영의 설계도라고 볼 수 있다. 비즈니스모델은 기업이 가치사슬상에서 어느 위치에 속하는가를 명시함으로써 매출을 발생시킬 수 있는 방법을 보여줄 수가 있는 것이다.

구 성 요 소		핵 심 질 문
가치제안	목표고객	현재, 기업에서 목표로 설정한 고객의 무엇을 해결해 주려는 것인가.
	가치제공	이들 고객에게 어떤 경제적 가치를 제공할 것인가.
	전략적 포지셔닝	경쟁사와는 다르게 어떠한 경쟁우위를 추구할 것인가.
가치창출	자원 및 핵심역량	가치제안과 전략적 포지셔닝을 실현하기 위한 핵심자원 및 역량은 무엇인가, 즉 사업에서 가장 핵심이 되는 자원이 무엇인가.
	내부가치사슬	가치창출을 위한 내부가치사슬과 프로세스를 어떻게 구성할 것인가.
	외부가치네트워크	경제적 가치를 창출하기 위한 어떤 고객활동, 핵심활동과 파트너를 활용·구축할 것인가.
가치확보	수익모형	고객들은 어떤 가치를 얻기 위해 기꺼이 지출할 것인가.

비즈니스모델의 구성요소와 핵심질문

가치제안(value proposition)

가치제안은 목표고객에게 어떤 가치를 어떤 형태로 제공할 것인가에 관한 것이다. 목표고객은 이 가치제안의 내용을 보고 기업이 제공한 가치를 평가하면서 구매 행동을 결정한다. 주로 기업 외부의 시장, 고객, 목표집단을 대상으로 한 것으로 제공가치의 외부적 타당성을 의미하며, 시장에서 차별화되고 지속 가능한 전략적 포지셔닝을 중시하는 산업조직론의 전략론과 관련이 깊다(Porter, 1980). 사회적 기업에서 가치제안은 경제적 가치와 함께 사회적 가치제안을 포함하며, 가치제안의 대상인 목표고객으로 경제적 목표시장과 사회적 목표집단을 동시에 포괄한다.

가치 창출(Value Creation)

가치창출은 가치제안을 현실화하는 것으로서 가치제안에서 약속한 가치 제공물을 고객과 이해관계자에게 실제 어떻게 제공할 것인가에 관한 것이다. 즉 가치제공물을 개발, 생산, 전달하는 가치창출프로세스의 구조와 역량을 의미한다. 가치창출은 주로 비즈니스모델의 내부적 타당성을 의미하며, 경쟁우위의 원천을 내부역량과 프로세스에서 찾는 자원기반전략이론(resource-based view)과 관련이 깊다(Barney, 1991). 가치창출은 핵심역량, 내부가치사슬[1], 외부가치네트워크로 구성된다고 볼 수 있다. 즉 시장에서 가치 있고, 경쟁조직이 보유하고 있지 않으며, 쉽게 모방하기 어렵고, 대체하기 어려운 자원과 역량을 내부가치사슬로 조직화하여야 한다는 것이다. 그래야 가치네트워크가 창출한 가치 중 기업 조직이 전유할수 있는 가치가 많아지고, 전체 가치네트워크에서 독특한 위치를 점할 수가 있다. 핵심역량은 내부가치사슬과 외부가치네트워크의 경계를 정하는 기준이면서, 사회적, 경제적 시장에서 사회적 기업의 장기적인 경쟁우위를 보장해 주는 경쟁력의 원천으로 기능한다.

가치획득 (value Capture)

먼저 수익모형은 크게 수익창출모형과 이익구조모형으로 구성된다. 수익창출모형은 기업이 벌어들이는 매출 또는 수입의 원천과 다양한 지불방식에 관한 모형이다. 그동안 인터넷 비즈니스를 중심으로 다양한 형태의 수익창출모형이 논의된바 있다(Rappa, 2001). 반면 이익구조모형은 수익, 비용, 지출 간의 관계를 구조적으로 표현한 경제모형으로서, 비즈니스의 부가가치 구조와 수익성 등을 나타낸

---

1) 가치사슬은 가치를 창출하는 일련의 프로세스를 의미한다. 일반적으로 가치창출프로세스는 가치의 설계, 구매, 생산, 전달, 판매 등과 관련된 것으로, 고객관계, 개발, 생산 및 주문충족프로세스, 공급자 관계로 구성된다고 알려져 있다(Krajewski et al., 2009; Slack et al., 2010). 즉 비즈니스의 최종 결과물인 상품을 개발해서 고객에게 전달하기까지의 일련의 과정을 말한다.

다(Morris et al., 2005). 일반적으로 가치제안은 주로 수익을 만들어 내고, 가치창출은 비용을 발생시키는데, 우수한 가치제안과 가치창출모형은 수익모형이 명확할 경우, 비즈니스모델은 지속적으로 성장할 가능성이 높다.

지식재산 활용성의 전환과 비즈니스

지금까지 일반적으로 경영학에서 소개되는 비즈니스모델에 대해 개략적으로 살펴보았다. 비즈니스모델은 연구자마다 다양한 정의로 표현되지만, 비즈니스를 수행하게 되는 두 가지 중요한 기능을 고려해 볼 때, 비즈니스모델은 기업이 기업의 고객, 공급자 및 유통 등의 거래 파트너를 통하여 제품이나 서비스를 제공함으써, 가치를 창출하며, 이렇게 창출된 가치의 일정 부분을 기업이 획득하게 해주는 틀인 것이다. 이러한 비즈니스모델개념을 토대로 혁신에서의 지식재산 기반 비즈니스모델과의 관계를 살펴보고, 새로운 시장 출현에 대해, 보다 심도 있는 비즈니스모델적인 접근이 지속되어야 한다. 혁신프레임으로부터 비즈니스모델을 만들어 내는 것이 매우 중요하다. 기업이 혁신활동을 했다고 하여 그것이 반드시 기업비즈니스의 성공으로 이어지는 것은 아니다. 혁신으로부터 가치를 획득하는 것이 비즈니스모델이다. 일반적으로 비즈니스모델에 대한 가치구성실습으로 가장 잘 활용되는 것이 The Business Model Canvas(BMC)이다. - 비즈니스모델의 개발 시 아이디어의 스케치나 기존 비즈니스모델의 분석 및 재구축 과정에 유용한 도구(Alexander Osterwalder & Yves Pigneur(2010), "Business Model Generation")

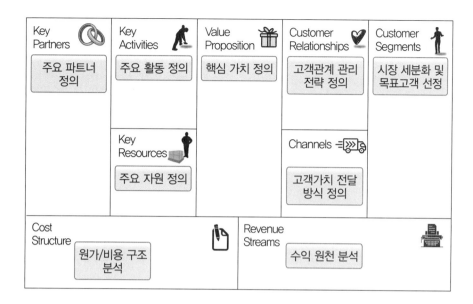

비즈니스모델을 분석하는 요령은 다음과 같다.

첫째, Customer Segments다. 이는 누가 우리 창업기업의 고객인가에 대한 명료한 답을 설정해야 하는 부분이다. 창업을 하면서 누구를 위해 가치를 창출해야 하는가를 정하는 것이다.

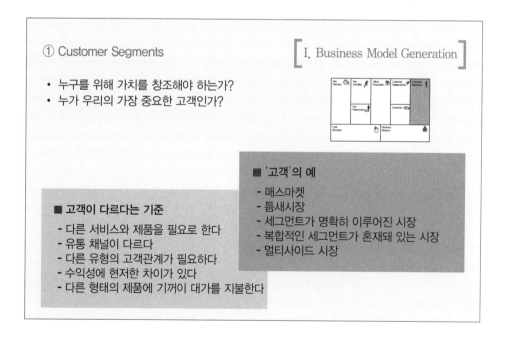

둘째, Value Proposition이다. 고객에게 도대체 우리 기업이 주는 가치가 무엇인가에 대한 설정이다. 고객이 우리가 제공하는 가치에 만족을 느끼며, 불편함이 해소되는 그 무엇인가를 명료히 정리하는 것이다. 이 부분은 창업을 실행함에 있어서 매우 중요한 부분이다. 기술창업기업이라면, 그 본원적 가치를 제공하는 것이기 때문이다.

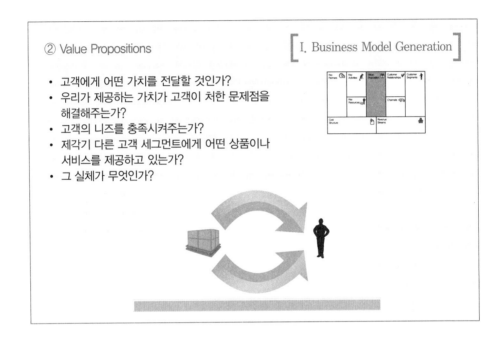

셋째, 각각의 고객들은 어떤 채널을 통하여, 고객 자신에게 가치가 최대한 전달되기를 원하는 것인지를 나타내는 것이다. 일반적인 채널 유형으로는 웹사이트, 영업매장, 직영, 도소매 등을 활용한다.

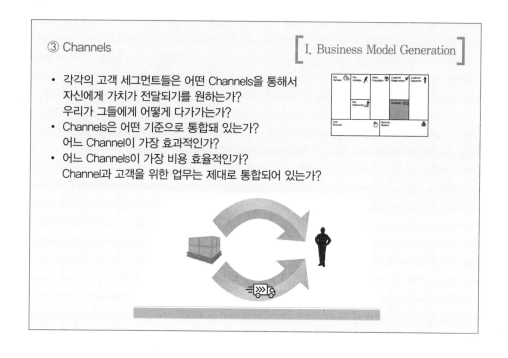

넷째, Customer Relationships 즉 고객관계다. 각각의 고객 세그먼트들에게 어떤 방식으로 관계가 유지되는 것을 원하는가를 결정하는 것이다. 이를 위한 비용은 얼마나 드는가, 또 다른 비즈니스모델상의 요소들과는 어떻게 통합·활용될 수 있는가, 비용과 고객관계를 위한 업무는 어떻게 통합·활용되고 있는지를 나타내는 것이다.

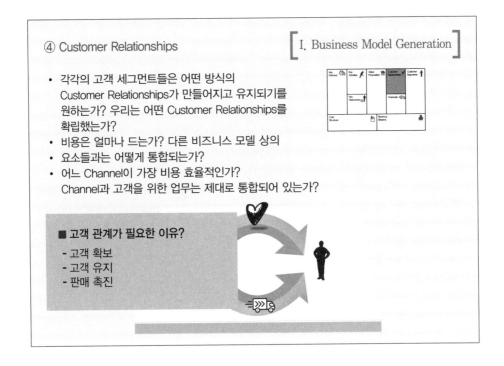

다섯째, Revenue Streams 모델이다. 이것은 앞서 살펴본 고객가치에 대한 세밀한 분석이라 할 수 있다. 진정 고객들은 어떤 가치를 위해 기꺼이 돈을 지불하는지에 대한 결과다. 무엇을 위해 고객들이 기꺼이 돈을 지불하고 있으며, 어떻게 지불하고 있는지 등에 대해 명료화하는 것이다. 판매대금, 이용료, 가입비, 대여료, 라이센싱, 중계수수료 등의 수익흐름이다.

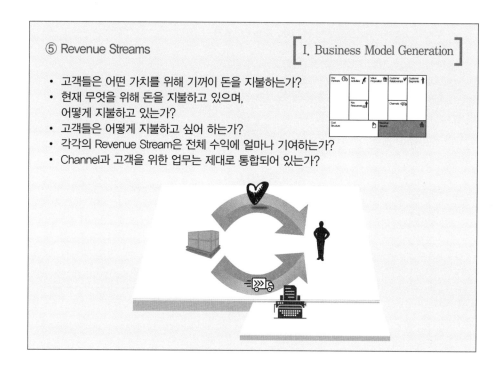

여섯째, 우리가 제공하려는 고객가치는 어떤 자원을 이용해야 하는가, 공급채널을 위해선 우리의 어떤 자원들이 제공되어야 하는가, 고객관계와 이윤흐름을 확보하기 위해 어떤 자원이 필요한가를 나타낸다.

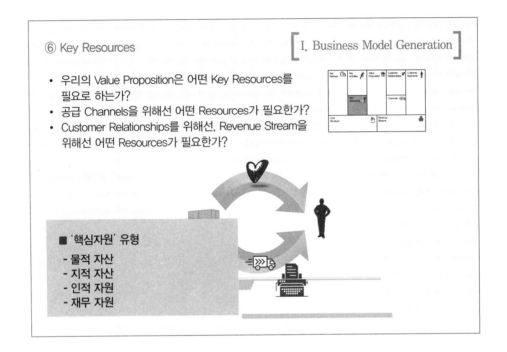

일곱 번째, 기업이 제공하는 가치제안을 위해서는 어떤 핵심활동이 필요한가, 공급채널을 확보하고 유지하기 위해서는 어떤 활동들이 필요한지, 고객관계와 수익흐름을 위해서 어떤 핵심활동이 요구되는가를 결정한다.

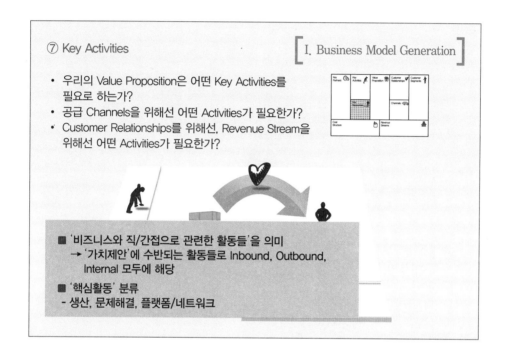

여덟 번째, 우리의 가치를 만들기 위한 핵심적인 공급자는 누구인가, 이 같은 파트너로부터 어떤 핵심적인 자원을 획득할 수 있는가, 파트너가 어떤 핵심적인 활동을 수행하는가를 결정한다.

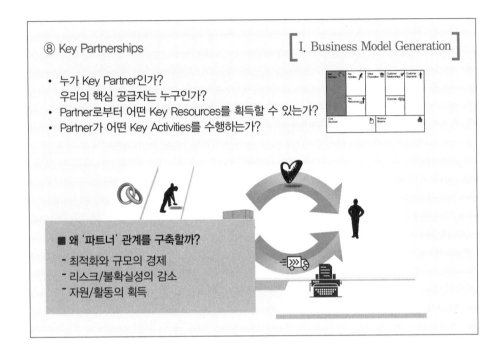

아홉 번째, 비용구조다. 우리 기업이 수행하고자 하는 비즈니스모델을 수행하기 위한 비용은 무엇이고, 어떤 Key Resources를 확보하는 데 가장 많은 비용이 드는지, 핵심적인 활동을 수행하는 데 가장 많은 비용이 소요되는지를 결정한다.

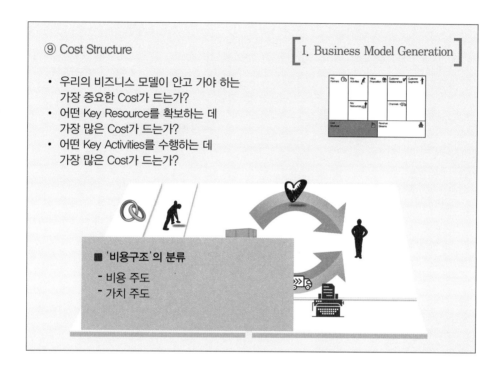

이 같은 비즈니스모델 캔버스를 활용하면, 창업 시 명료한 기업의 비즈니스에 필요한 자원활용의 최적화에 이용할 수 있다. 뿐만 아니라, 기업의 비즈니스모델은 외부환경에 민감하다는 점도 잊어서는 안 된다. 기업의 외부환경에는 사회문화의 특성, 법률적인 규제, 사회경제적인 큰 조류, 시장이슈, 마케팅 분석활용의 세그먼트, 니즈와 수요, 전환비용, 제품의 벨류체인 내의 공급자와 소비자 주체들의 관계, 경쟁자, 도전자, 대체상품과 서비스 등에 대한 영향이다.

Lean Canvas

[참고] Running Lean, Ash Maurya

Problem	Solution	Unique Value Proposition	Unfair Advantage	Customer Segments
핵심적인 3가지 문제들은 무엇인가? Alternatives	3가지 핵심적인 특징/기능들은 무엇인가? Key Metrics 측정할 주요 활동들은 무엇인가?	차별화되고 고객이 당신의 제품/서비스를 구입할 가치를 왜 느끼는지에 대한 하나의 명확하고 단호한 메시지	다른 경쟁사가 쉽게 카피하거나 얻기 힘든 점들은 무엇인가? Channels 고객에게 이르는 경로는 무엇인가?	타깃 고객들은 누구인가?

Cost Structure	Revenue Structure
고객 획득 비용들 배포 비용들 서버 호스팅, 네트워크 비용, 인력비용 등	매출 모델 라이프 타임 가치 매출 총 마진(수익)

PRODUCT   MARKET

마케팅이란 무엇인가

기업이 경쟁하에서 생존과 성장 목적을 달성하기 위하여 소비자의 필요와 욕구를 만족시키는 제품, 가격, 유통 촉진활동을 계획하고 실행하는 관리과정이며, 기업과 소비자 상호 간에 제품과 현금이 시장을 통해 교환되는 과정을 말한다. 이 같은 관리 과정을 잘 안다는 것은 매우 중요하다.

3C : 마케팅전략의 키워드는 선택과 차별화 집중임.

Q1: 많은 고객 중 어떤 고객을 선택할 것인가?

Q2: 경쟁상대와 동일해서는 인지되지 못한다. 어떻게 차별화할 것인가?

Q3: 자사의 자원(사람, 물건, 돈)에는 어디에 집중할 것인가?

Blog 확산활용

Marketing은 모든 전략, 전술 그리고 고객의 만족을 증진(제품, 서비스, 사업 그리고 장기간의 고객과의 신뢰 등)시키기 위한 기술들을 모두 포함한다. Marketing은 회사가 고객에게 제공하는 비가시적인 것들의 집합체라고 생각될 수 있다. 그리고 이러한 혜택들은 그 회사의 핵심가치를 반영한다. 전통적으로 Marketing은 5P's(사람: 고객, 제품: 고객들에게 무엇이 제공되는가, 가격: 고객들이 어떤 것을 구매하길 원하는가, 장소: 고객들이 어떠한 경로를 통해 제품에 접근할 수 있는가, 진보: 고객의 만족을 얻고 다가가기 위한 전략)로 간주되어 왔다. 대부분의 기업가들은 사업이 고객 없이 존재할 수 없음을 알고 있기 때문에 Marketing 전략(기업가들은 이미 창업 기간에 자원을 제한했기에 무감각한 정도의 값비싼 접근)을 잠재적 고객에게 맞춘다. 그보다, 그들은 고객과 관계를 맺고 또 고객들이 마음속으로 필요로 하는 제품과 서비스를 제공하기 위해 투자한다. 이러한 방법으로, 당연히 되어야 할 많은 부분의 '판매'가 그들이 어떤 것을 원하는지, 언제 그들이 원하는지, 그리고 어떻게 그들이 원하는지를 파악함으로써 자동적으로 진행되는 것이다.

세계적인 변화에서의 Marketing은 옛 전략이 오래 지속되지 않는다는 점을 의미한다. 그리고 사실상, 단기간에 제시된 독창적인 제품과 서비스가 더욱 경쟁력이 있으며, 가격의 투명성, 가격의 분산, 시장 진입, 제품의 다양성 등에 대한 인터넷 검색의 힘이 강력해진 시점에서, 회사의 목표는 타 회사보다 돋보이는 것 그리고 지속 가능한 브랜드의 회사를 만드는 것이다. 운이 나쁘게도, 너무 많은 기업가들이 자신의 경쟁 회사를 과소평가함으로써, 세계적 시장의 영향을 이용하지 못하고, 독특하고 특정한 제품의 틈새시장이 아닌 넓은 범위의 시장을 대상으로 한 제품을 만든다. 이 단원에서는 변하는 환경에서의 Marketing을 집중적으로 다룰 것이다-다른 모습을 보여주기 위한 접근, 기술적 경쟁력을 얻기 위한 방법, 인터넷을 통한 새로운 매체 기술 획득, 그리고 소비자들과 관계를 맺는 것, 전략적인 파트너, 그리고 심지어 경쟁 회사까지이다.

불과 10년 전만 해도 그 누가 대중화를 기반으로 우리가 대중을 대상으로 한 Marketing보다 혁신적이고, 한 사람 한 사람을 위한 Marketing이 필요하다고 생각했을까? 그리고 오늘날 우리는 다시 백만 명을 대상으로 하는 Marketing을 하고 있다. 왜냐하면 기업가들은 이제 인터넷을 통해 저렴한 비용으로 몇 백만여 명의 잠재적 고객들에게 접근할 수 있다. 새롭고 잠재적이고 낯선 패러다임이 출현하고 있다. – 'Long Tail' Chris Anderson은 자신의 베스트셀러에서 'Long Tail'이라는 개념을 채택하여 틈새시장이 합쳐져 몇몇의 고객 부문에서의 총합의 일부분을 계산하는 개연적이며 통계적인 현상이라고 설명했다.

제품 채택 분산 곡선(Adoption Diffusion Curve)

소비자들이 새로운 제품에 어떻게 적응하는지를 이해하는 것은 어떠한 Marketing 전략에서도 중요한 것이다. 왜냐하면, 이것은 기업가들로 하여금 어떠한 계층의 소비자를 첫 판매 대상으로 할지, 또 어떠한 시점에서 판매가 되는지 계획할 수 있도록 하기 때문이다. Adoption/Diffusion Curve는 1957년 Iowa State College에 있는 Agticultural Extension Service라는 기관에서 농부들의 잡종 옥수수 씨를 어떠한 패턴으로 고르는지 알아내기 위해 만들어졌다. 그들이 알아낸 것은 6년 후에 Evert Rogers가 저술한 'Diffusion of Innovation'에 있는 교과서적인 내용이었다. 이것은 얼마나 빨리 소비자들이 제품을 채택하는지를 기준으로 하여 소비자를 분류하였다. Rogers's model의 비평가는 이것이 단순하고 또 제품의 진화(향상)를 기준으로 일차적 소비자에서 마지막인 소비자로의 이동을 간과하고 있다고 주장한다. 또 다른 비판은 예전의 쓸모없는 곳에서의 지장을 주는 기술들이 Rogers가 언급한 패턴을 따르지 않는 제품 배포 규칙을 따르고 있다는 것이다. 이러한 비판에도 불구하고, 제품 adoption/diffusion 곡선은 아직도 소비자의 적응 양상을 설명하기 위해 이용되고 있다. Agricultural agency가 찾아낸 것은 모든 농부가 동시간대에 제품에 적응하지 않는다는 것이었다. 오직 새로운 도구를 쓰기 좋아하는 몇몇의 농부만이 과거의 단계에서 벗어나 새로운 제품을 채택했을 뿐이었다. 모든 사람이 위험을 감수하기 전에 행해진 첫 번째 시도에 대한 결과를 알고 싶어할 것이다. 혁신적인 사람들은 이 시도의 첫 번째로 채택하는 사람이라고 할 수 있다. 그들은 매우 작은 소비자로서 최신이며 큰 것을 시도하는 데 흥미가 있는 사람들이다. 전형적으로 나이가 적은 혁신적인 사람들은 gatekeeper(신제품이 대중으로부터 채택될지의 여부를 결정하는 중요한 그룹)를 배치한다. 반대로 이른 시기에 채택하는 사람들은 visionary라고 불린다. 그들은 새로운 문제를 해결하고 또 그들에게 경쟁력 있는 점을 개발하기 위해 새로운 제품을 쓰려고 한다. 낙관적 성향의 사람들은 제품을 구매할 능력이 있다, 그리고 그들은 그들의 문제를 80% 이상 해결해줄 수 있는 제품만을 찾는다. 그러나 그들은 대중적인 시장을 위해 좋은 참조 대상이 되지 않는다. 왜냐하면 그들은 제품의 필요성을 이해하려 하고, 생산성 향상을 기대하지 않으며, 또한 과거의 다수처럼 쉽게 사용할 수 있기 때문이다.

초기의 다수는 새로운 제품이 증명되고 또 많은 사람이 사용할 때까지 기다리려고 하는 소비자로 구성되어 있다. 그들은 잘못된 결정을 내리지 않기 위해 그들이 구매하기 전에 그것이 작동하는지 알고자 한다. 그들은 초기의 구매자를 지켜보고 그것이 얼마나 가치 있는지 알고자 한다. 늦게 구입하는 다수는 다소 나이가 있고 낮은 가격에 증명된 제품을 구입하려는 성향을 가진 자들이다. 이 집단은 가격이 내려가기를 기다리고, 이 현상은 기업가에게 그 제품이 상품이 되었다는 의미라고 볼 수 있다. 마지막 집단은 '느린 사람'으로서 이들은 반드시 그 제품을 구입해야 한다고 생각이 들 때 구입한다. 달리 말하면, 그들은 어떠한 가격에도 그들의 문제를 해결할 수 없다고 비관적으로 생각하는 집단이다. 기업가에게는 이 집단에서의 수익이 가장 낮다고 볼 수 있다.

마케팅계획

어떠한 회사든, 효과적인 마케팅전략은 마케팅계획으로부터 시작된다. 기업 규모의 마케팅계획은 사업계획의 목적을 달성하기 위해 평생 동안 소비자들과 관계를 다지기 위한 계획을 짜는 데 살아있는 방침이 될 것이다. 이것은 소비자들 사이에서의 인식을 만들고, 브랜드가 되게 할 것이고 또 충실한 소비자층을 만들기 위한 전략과 전술을 상세하게 보여줄 것이다. 더 나아가, 마케팅계획은 소비자들에게 지속적인 메시지를 전달하고 기업가로 하여금 수익을 얻을 수 있는 기회를 부여한다. 마케팅계획은 사업의 과정에서 어떠한 시점에서도 만들어질 수 있다. 초기의 사업계획은 회사와 신제품 그리고 서비스를 시장에 소개하는 내용을 담고 있을 것이다. 이후의 계획은 신제품 그리고 서비스 소개 또는 사업성장 혹은 새로운 방향을 제시하는 내용이 있어야 한다.

실제로 마케팅계획을 쓰기 전에 중요한 몇 가지 단계를 걸치는 것은 그 계획이 목표가 있다는 것 그리고 그 회사가 좀 더 오래 지속될 수 있을 것을 확신시킨다. 장기적인 계획을 토대로 회사를 운영하는 것은 어쩌면 유연성과 시장의 변화에 대한 적응을 필요로 하는 기업가와는 일관성 있지 않게 보일 수 도 있다. 그러나 대부분의 마케팅계획의 주요 문제는 그들이 필요로 하는 목표를 달성하기 위해 충분한 시간을 갖지 않는다는 것이다. 전형적으로, 사업가들이 그들의 마케팅에 의한 효과를 즉시 보지 못할 때에는, 그들은 이것이 필요하지 않다고 결정한다. 그리고 그들은 이를 바꾸고 그 순환을 다시 시작한다. 충동에 의한 계획 변경은 잘못된 일이다. 소비자들이 상품과 서비스를 알기 위해서는 어느 정도의 시간을 필요로 한다. 나아가, 특정한 마케팅전략에도 소비자들의 신뢰를 얻고 또 유지하기 위한 시간이 걸린다. 예를 들면, 소비자가 광고를 본 순간과 실제로 소비자가 그 제품을 사는 순간의 차이는 몇 주 또는 몇 개월일 수도 있다. 사실, 평균적으로 소비자는 실제로 제품을 사기 전까지 그 광고를 15번에서 20번까지 보게 된다. 그러므로 성공적인 주식 시장 투자가와 같이, 기업가는 마케팅계획을 미래의 사업에 대한 투자라는 생각을 가지고 이를 임해야 하며, 투자가 어느 정도의 시간을 필요로 한다는 점을 반드시 인지해야 한다. 잘 만들어진 마케팅계획에서 열매를 거두려면 지속적이어야 하며, 계획이 실행되기까지의 헌신을 필요로 한다.

회사의 임무와 핵심가치는 마케팅계획의 포인트를 만들 것이며, 계획을 짜는 것에 대한 첫걸음을 알려줄 것이다. 처음으로, 시장에 대한 접근이나 전략과 실행 사이의 단계가 명시되어야 한다. 시장에 대한 접근은 메시지, 차별화전략, 유통전략 또 활동 목표 등을 포함한다. 잘못된 접근은 소비자로 하여금 자신들이 어떠한 이익을 받았는지를 알아차리지 못하게 한다. 똑같은 접근 방법을 쓰는 것이 소비자 모두를 만족시키지는 않는다. 어떠한 접근을 할 것인지는 소비자에 대한 철저한 이해로부터 나온다. 그들이 무엇을 원하는지, 언제 원하는지 또 어디서 찾고 싶어 하는지 등 그 자료는 실행 가능성 분석단계에서 시장에 대한 조사를 할 때 얻어야 한다. 다음으로, 기업가가 지배할 수 있는 틈새를 찾는 것이 중요하다. 전형적으로, 그 틈새는 시장의 한 부분으로 제대로 제공되지 않는 곳이다. 소비자를 얻기 위해서 기업가는 가치를 창출해야 한다. 결과적으로, 가치 창출에 대한 개념은 시장 활동에 대한 중심적인 측면이라고 볼 수 있다. 기업가들이 그들 스스로를 차별화하는 것은 원칙적인 것이다. 그리고 이것은 소비자의 만족을 위해 중요한 것이다. 소비자 만족도는 어떠한 제품 기능 또는 기능의 만족도 그리고 그 제품을 사용한 후에 소비자의 목표를 특정한 곳에서 달성했는지 등에 대한 '소비자'의 인식된 기호 또는 결과로 알 수 있다. 더 간단하게, 이것은 비가시적인 혜택으로 그들이 지불한 만큼과 그 제품에 대한 품질, 가치 그리고 유용성을 비교했을 때에도 알 수 있다. 사업 개념의 발전에 대한 토의를 다시 생각해보자. 소비자들이 선호하는 비가시적인 혜택은 접근성, 돈 절약, 시간 절약, 편의성, 건강 등을 모두 포함한다.

가치의 개념이 정의되면, 이제는 소비자가 겪고 있는 문제에 대한 해결책을 제시해 가치와 혜택을 강조하기 위한 마케팅 메시지 또는 정점을 만들 차례이다. 이 과정 다음에는 마케팅 옵션 또는 소통을 위한 방법을 생각해야 한다. 어떠한 옵션을 선택하기 위해서는 다른 사업주, 소비자, 또는 공급자들과 이야기하거나 또 MarketingProfs.com 등에 있는 마케팅전략에 관한 칼럼 또는 책을 읽어야 한다. 이 과정은 몇 개의 생각해 볼 가능성을 제시해줄 것이다. 어떠한 전략이 효과적일지 또는 가능할지를 결정하는 것은, 나중에 해도 된다. 지금 중요한 것은 기업가가 소비자처럼 생각하는 것과 소비자의 관점에서 사업을 바라보는 것이다. 어떤 것이 소비자로 하여금 그 가게에 들어오게 하는지, 제품을 구입하게 하는 것인가? 기업가는 경쟁에 대해 학습해야 하며 경쟁의 양상을 바라보며 어떠한 것이 성공적이고 성공적이지 않은지를 결정해야 한다. 어떠한 마케팅전략을 경쟁자들이 쓰는지, 또 그것이 효과적인지? 어떠한 발전을 경쟁자들이 하고 있는지? 결과적으로 기업가는 마케팅 옵션에 대해 분석해야 하며 이를 통해 목표 시장에 필요하지 않은 것 또는 가능하지 않은 것을 삭제하며 순위를 정해야 한다.

소비자들에게 접근하기 위한 방법이 정해졌으면, 판매와 마케팅 목표가 정해져야 한다. 이러한 목표들은 SMART rule에 따라야 한다. 목표들은 합리적, 측정 가능, 달성 가능, 현실적이어야 하며 구체적인 시간이 언급되어야 한다. 측정 가능하다는 것은 목표와 관련된 예산 metrics가 있어야 한다. 예를 들면, 총 이윤, 판매 수익, 그리고 세일즈맨 한 사람당 판매량, 또 소비자를 얻는 데 사용된 비용과 소비자의 수 등 이러한 metrics는 나중에 다시 언급할 것이다.

경험이 많은 마케터들이 마케팅계획을 세우는 첫 단계는 마케팅전략과 관련된 모든 아이디어들을 한 문단으로 압축하는 것이라고 한다. 불가능한가? 그렇지 않다. 잘 쓴 전략 한 문단은 기업가로 하여금 전체적인 마케팅의 핵심에서 벗어나지 않도록 해준다. 이 문단은 마케팅계획의 목적을 포함해야 한다. 마케팅계획은 무엇을 달성할 것인가? 어떻게 제품과 서비스가 소비자의 욕구를 충족시킬 것인가? 누가 첫 소비자인가? 어떠한 시장에 그 개념이 맞아떨어질 것인가? 어떻게 회사를 차별화시킬 수 있을까? 어떠한 구체적인 마케팅 도구가 이용될 것인가? 소비자들은 어떻게 그 회사를 정의할까? 마케팅을 위해 몇 퍼센트의 예산이 이용될 것인가? 마케팅계획에 얼마나 예산으로 책정할 것인가?

다음은 제품 서비스 사업을 위한 마케팅 계획마케팅계획을 한 문단으로 줄여놓은 예이다.

TradePartners는 인터넷과 사업 간의 네트워크를 통해 다양한 국가의 자격이 있는 수입자와 수출자로 하여금 교역 상대를 찾도록 해준다. 마케팅계획의 목적은 소비자로 하여금 그들을 알게 하는 것과 시장 내에서 이름을 알 수 있게 하는 것이다. 표적 소비자 또는 일차적 소비자는 작은 규모의 수출자들로서 그들은 다른 나라에 초과된 저장고로 소비자들을 찾는 이들이다. 이차적 소비자는 US 소비자들을 표적으로 하여 시간을 줄이고 새로운 소비자와 공급자들을 찾는 위험을 적게 하여 이익을 볼 수 있게 하려는 제품을 위해 새로운 자원을 찾으려는 수입자들이다. TradePartners는 틈새 목표를 대기업과 같이 똑같은 기회를 얻으려는 작은 회사로 삼았다. 소비자들은 TradePartners를 전문적인, 혁신적인 그리고 소비자에 집중된 회사로 볼 것이다. 초기의 마케팅전략은 개인적으로 산업에서 판매하는 것, 보충적 회사와 전략적 동맹 맺기 그리고 수입·수출에 대한 워크숍을 무료로 제공하는 것 등이다. TradePartners는 40%의 평균 수익을 마케팅전략의 초기 단계에 쓸 것이다.

모든 마케팅계획은 마케팅의 전통적인 5P를 포함한다: 사람, 제품, 가격, 장소 또 증진, 이것들은 어떠한 마케팅 책에도 한번은 언급되는 것이다. 이 측면의 계획이 언급될 쯤, 이제는 창의적인 측면을 검토할 차례이다(광고, 증진 목표 등). 그리고 언론 계획을 시작해야 하는데, 이는 어떠한 언론을 사용할 것인가, 언제 사용될 것인가, 또 비용이 얼마나 들 것인가를 포함한다. 다음 섹션은 마케팅계획에 언급되어야 할 주요 주제들을 포함할 것이다.

목표시장과 성과 마일스톤 필요

출시 목표는 마케팅 캠페인에서의 핵심 목표이다. 어떠한 것들이 달성되어야 하고 또 회사가 어떻게 이를 해야 하는가? 초기의 사업에서는, 두 가지 중요한 목표는 (1) 회사와 그 브랜드의 인지도 높이기, 그리고 (2) 판매를 위해 표적 소비자들에게 접근하기이다. 목표들이 달성되기 위해서는 제한 시간과 맞아떨어져야 한다. 광고, 증진 이벤트 그리고 교역 등에 대한 시간 검토의 이정표는 마케팅계획에 어느 정도의 방향을 제시해준다.

브랜드 전략

브랜드 쌓기는 어떠한 마케팅전략에서도 중요한 것이다. 하지만 브랜드란 무엇인가? The American Marketing Association은 이름, 개념, 디자인, 상징, 또는 어떠한 기능으로 그 회사를 다른 회사와 구별 지어 주는 것으로 정의한다. 이 개념은 브랜드이미지와는 구별된다. 브랜드이미지란 소비자가 그 브랜드에 대해 어떻게 인식하는지를 말하는 것이다. 브랜드 전략은 '브랜드에 대한 몇몇의 결정'으로 시장에서 어떻게 배치할 것인지를 말한다. 이러한 결정은 브랜드 개념을 높이는 것, 브랜드의 범위를 확장시켜 이를 새 제품 영역에 접근시키는 것, 제3자에게 브랜드를 허가하여 기회를 높이는 것, 다른 회사와 브랜드를 함께 하는 것 등을 포함한다. 자주 사용되는 다른 개념인 '순수가치'는 시장에서 그 브랜드의 효과를 전달해준다. 예산과 관련된 metrics에서의 마케팅 비용의 반납 등을 말한다. 이러한 metrics는 기업가들이 제한된 자원으로 이를 대하고 또 그들은 그들이 지불한 것에 대한 대가를 확실히 받으려고 하기에 중요하다. 순수 가치는 소비자들로 하여금 그 브랜드에 대해 감정적인 애착을 갖도록 해야 한다. 이를 달성하기 위해서는 기업가의 회사와 관련된 모든 것(제품, 서비스, 신호, 장소 등)들이 기업가가 생각하고 있는 프로젝트에 대한 전반적인 가치를 전달할 수 있어야 한다. 만약 회사가 아동을 위한 교육적 소프트웨어에 집중하고 있다면, 그들은 전문성, 통합, 재미, 또는 모험 그리고 신뢰와 같은 브랜드이미지를 생성해야 한다. 회사의 장소, 색깔, 제품포장, 그리고 광고는 일관적인 메시지 상에 있어야 한다. 소비자들은 그 브랜드에 대해 어떠한 의심도 하지 않아야 한다. 왜냐하면 명시성과 지속성이 소비자들에게 신뢰를 주기 때문이다.

브랜드이미지를 쌓기 위한 새로운 브랜드와 브랜딩전략이 높은 수준의 브랜드가치를 달성하려면, 기업가들은 이 세 가지 질문을 테스트해 봐야 한다.

1) 브랜드가 상징하는 바에 사내의 모든 사람들이 동의하는가?

2) 회사가 목표하는 브랜드이미지와 소비자들의 인식 사이에 일관성이 있는가?

3) 소비자들은 그 브랜드에 대해 충성적으로 표현하는가?

전략적 배분

전략은 시장에서의 필요와 그 필요를 충족시키기 위해 어떠한 것이 제공되는지와 연관된다. 전략들은 언론, 유통, 그리고 배송방법 등과 같이 소비자들에게 다가가는 것과 브랜드 인지를 생성하는 것이다. 효과적이기 위해서는 목표, 전략, 그리고 전술 등이 가지런히 있어야 한다. 만약 기업가의 목표가 의존성을 강조하는 것과 소비자의 만족도라면, 예를 들어, 마케팅계획은 그 목표를 달성하기 위해 전략과 전술을 사용해야 한다. 어떠한 예시들은 소비자들의 피드백일 수도 있고 그 제품의 사용후기일 수도 있다. 왜냐하면, 브랜드는 어떠한 회사의 성공에도 중요한 부분이라서 전반적인 회사 전략은 브랜딩전략에 반영되어야 한다. 그것은 가격책정, 유통, 판매 그리고 소비자들과 관련된 어떠한 활동들을 포함한다. 회사가 하는 모든 것들은 전달되는 메시지로서 일관적이어야 한다.

평가의 효율성

마케팅에 대한 효과를 측정하는 것은 회사의 자원을 낭비하는 것을 방지하기 위해 중요하다. 예를 들면, 판매를 맞추는 것은 특정한 마케팅전술을 예상할 수 있게 하고, 결과를 측정하기 위해 특정한 사람을 배치하는 것은 마케팅계획의 효과를 평가하기 위해 중요한 일이다. 기업가가 마케팅의 성공을 측정할 수 있도록 하는 다른 방법은 소비자에게 그들이 그 회사에 대해 어떻게 듣고 알고 있는지를 묻는 것이다. 특정한 마케팅에 대한 노력, 광고, 발전, 그리고 특정 활동을 맞추는 것을 따라가는 것은 예산을 어떠한 곳에 쓸지를 알 수 있는 중요한 과정이다. 마케팅 metrics에 대한 세밀한 글은 이 텍스트에 나타나 있지 않지만, 기업가로 하여금 소비자를 얻고, 유지하고 또 브랜드가치를 쌓기 위한 몇 개의 핵심 지표를 제시한다. 기업가들이 특정한 사업에 적합한 추가적인 metrics를 고려하는 것은 중요하다.

광고와 프로모션

광고와 촉진은 회사의 제품과 서비스에 대한 인식 향상과 소비자들에게 어떠한 것을 사야 할지를 알려주기 위해 사용된다. 그러나 그 개념들은 다른 목적을 가지고 있기에 서로 바꿔 사용할 수 없다. 광고는 일반적으로 무비용 혜택과 마지막 사용자에 집중한다. 그리고 이것은 소비자가 제품이나 서비스를 찾게 하는 유통에도 영향을 준다. 그런 의미에서, 광고는 유통 경로에 제품을 끌어당기기 위해 사용된다. 이를 pull strategy라고 부른다. 이와 반대로, 촉진은 가격에 집중하고 또 동기부여에 집중한다. 그러므로 이를 주로 push strategy라고 부른다.

많은 기업가들에게, 광고와 촉진에 많은 비용을 쓰는 것은 의미가 없는 일이다. 그들은 Starbucks와 같이 많은 자원과 예산이 있지 않다. 그래서 그들의 돈은 아주 특정한 소비자에게 다가가기 위해 사용된다. 기업가들은 전통적인 마케터들과는 다른 관점에서 마케팅에 접근한다. 비록 그들이 큰 회사의 마케터처럼 같은 기술을 도입할 수도 있지만, 그들은 다른 회사 마케터들이 하지 않는 다른 마케팅기법으로부터 기회를 얻기도 한다. Jay Conrad Levinson은 guerrilla marketing이라는 기업가적인 마케팅 접근을, 전통적이고 비싼 마케팅전술에 대한 대안이라고 불렀다. 왜냐하면 기업가들은 정교하고 높은 수준의 마케팅전략을 사용하기에는 자본과 시간이 충분하지 않기 때문이다. 그들은 큰 회사가 하는 꼭 필요한 것을 따라 하려고 하지만 정작 그들은 자본이 없기에, 즉 더욱 창의적이고 단기간에 완성할 수 있는 전략을 세워야 한다. 게릴라 마케팅은 자신이 혼자 하는 마케팅이라고 할 수 있다. 회사를 발전시키고 제품과 서비스를 발전시키는 방법은 많이 있다.

전통적인 광고 'a pull strategy'는 인쇄 그리고 방송, 언론으로 이루어져 있다. 이 책의 목적은 각각의 언론에 대해 상세한 정보를 제공하려는 것이 아니라, 어떻게 그리고 언제 그것들이 쓰여야 하는지를 알려주는 것이다. 기업가들이 몇 개의 힌트를 이용해 제시된 몇 개의 전통적인 인쇄물 그리고 방송, 언론 등을 효과적으로 사용하는 방법을 보여준다. 인터넷 광고와 촉진은 후의 섹션의 주제가 될 것이다.

공개는 최고

대중성과 입소문은 효과적인 기업가적 마케팅의 중요한 두 요소이다. 왜냐하면 그것은 회사의 돈을 필요로 하지 않기 때문이다. 그들이 해야 하는 것은 그들의 관심을 끌 만한 이야기를 만드는 것이다. 만약 사업이나 제품이 소문을 탈 정도라면, 대중성을 얻기 위한 방법이 여러 가지 있다. 신문, 잡지에 게재하거나 또는 온라인 리포터나 편집자에게 아이디어를 통해 이를 광고해달라고 하면, 그다음 전화를 유도하는 것은 꽤 유용하다. 언제든지 가능하다면, 일차적으로 언론 쪽의 사람을 알아두는 것이 좋다. 시간이 맞을 때 리포터와 함께 점심을 먹는 것은 둘 사이의 관계를 쌓는 데 유용하다. 대중성을 찾을 즈음, 인맥이 있는 기업가는 자신의 사업에 대해 쉽게 신문 등에 게재할 수 있다.

그리고 사업에서 판매가 시즌과 연관이 있듯이 대중성과도 연관이 있다는 사실을 아는 것은 중요하다. 새로운 이야기 또는 제품소개는 대통령선거 또는 납세기간과 같은 어떠한 사건과 가까워질 때 많은 관심을 받는다. 여름은 많은 사건들이 일어나지 않기에 저널리스트들이 흥미진진한 이야기를 찾아다니는 기간이다. 언론사에 연락할 때의 좋은 접근은 어떠한 세트(사건, 세부 설명, 이야기 내의 사진, 필수적인 배경지식과 회사에 대해 쓴 기사 등을 포함)를 구비하는 것이 좋다. 포인트는 리포터들이 그 이야기를 쉽게 쓰거나 이야기 할 수 있도록 하는 것이다. 언론들은 항상 기삿거리를 찾고 있고, 그들에게 유용하고 잘 정리된 기삿거리를 주어야 한다. 사업에 대해 기사가 쓰일 때면, 사본들이 미래의 광고나 브로슈어에도 쓰일 수 있고, 그러므로 회사는 그 노력에 대해 더욱 큰 이득을 볼 수 있다.

언론 (인쇄 매체)	장점	단점	힌트
신문	다루는 기사가 지정된 영역에서만 다루어짐. 인쇄의 유연성, 빠른 속도, 빠른 판매유도, 적은 비용	표적 시장보다 더 넓은 범위에 효과가 미침, 독자의 관심 끌기가 어려움, 단기 생존	표적을 위해 특성화된 신문을 찾기, 쿠폰 첨부, 접는 부분의 오른손 쪽에 위치하도록 하기
잡지	특별한 관심을 표적으로 할 수 있음, 신문보다 더 신뢰성이 강함	디자인 생성, 위치시키기가 어려움	지역적 판을 찾기, 언론 구매의 서비스를 사용하기, 색깔 잘 사용하기, 빈 공간 찾기
직접마케팅 (메일, 쿠폰, 전화 등)	광고 기간에 판매 중단을 할 수 있음, 넓은 범위의 마케팅 가능, 적은 비용, 높은 응답자 비율로 정보획득	모든 제품에 적용 불가, 반복 주문을 위한 소비 제품 필요, 2%에 달하는 낮은 응답률	개인적 메일 주소 그리고 데이터베이스를 활용해야 함, 응답률 증진을 위한 반복적 메일, 메일을 열어보게 하기 위한 유혹
Yellow pages	초기의 인지도를 위해 유용, 소매와 서비스에 유용	비교적 비쌈, 지역 시장에만 표적 가능	페이지 내에서 강조되는 광고를 만들어야 함
표식	저렴함, 충동구매를 유도함	유용함을 비교적 빨리 상실함	컴퓨터 화면에 세일 표시를 너무 길게 노출시키지 않도록 함, 사람들이 더이상 보지 않을 것임

(방송 매체) 라디오	지역적 광고에 유용	한번이 아닌 반복적인 광고가 되어야 함	두 개 이상의 방송사에 광고 노출, 국가 라디오 프로그램 후원, 완성된 녹음 자료를 방송사에 제출, 음악 재생 30초 후의 광고를 목표로 함
텔레비전	두 번째로 인기가 있는 광고 수단, 사람들이 제품과 서비스에 대해 보고 들을 수 있음, 국가, 지역과 관계없는 광고 가능	광고 제작과 표출 모두 매우 비쌈, 자주 반복되어야 함	GRP 기준으로 150GRP로 세 달에 걸쳐 한 달마다 표출할 수 있을 때 구입, 매체 구입 서비스의 지원 활용
케이블 TV 쇼핑	새로운 소비자에게 좋음, 표적 소비자를 대상으로 함, 좋은 제품은 순식간에 팔림	장기간의 전략은 아님, 15달러에서 50달러 사이의 제품에만 유용함, 제품이 설득력 있어야 함	정보를 위해 vendor와 접촉, 자사의 제품군을 위해 소비자와 접촉, 첫 주문을 1000개 이상 5000개 이하로 해야 함
인포머셜	쉽게 설명될 수 없는 제품에 유용함	제작비용이 비쌈, 최대한 10%임	늦은 밤이 가장 수익이 높은 시간대이며 아침, 토요일 그리고 일요일 점심 정도이다. 효과를 위해 시장에 시험해봐야 함
다양한 것들	소비자의 관심을 잡기 좋음, 효과적이나 값이 쌈, 회사를 소개하기 위해 적합함	사업의 종류 그리고 제품과 서비스에 의해 가치가 변동됨	모든 회사가 무료 대중성을 확보하기 위해 친밀감을 유도하는 제품을 사용해야 함

언론활용법

비록 몇몇의 사람들이 새로운 매체의 시대에서 전통적인 인쇄 기사는 효과적이지 않다고 하지만, 사실상 이는 효과적이며 살아있다. 인쇄 기사는 투자자들의 관계를 위해 중요하며 회사의 진행 단계를 잘 보여준다. 효과적인 뉴스는 시간, 계약 체결을 한 사람, 전화번호, 기사날짜(속보 또는 며칠 후 작성된 것) 등을 포함해야 한다. 설명하는 기사제목, 두 배의 공간이 있는 정보전달, 누가, 무엇을, 어디서,

어떻게 그리고 왜 등을 포함해야 한다. 기사 도입 부분에 사진 그리고 적합하다면 왜 그 기사가 보내졌는지 간략하게 쓴다. 사업에 대한 정보를 모으고 퍼트리기 위해 다양한 출판 서비스 회사가 존재한다. 예를 들면 PR Newswire는 회사들의 기사를 표출하는 앞서가는 회사이다.

고객관계

가장 좋은 소비자들은 최근에 만족한 소비자들의 추천을 받고 회사에 대해 알게 된 소비자들이다. 아쉽게도, 대부분의 기업가들은 소비자들이 어떻게 다른 사람들로부터 추천받고 또 회사의 전도사가 되는지를 알지 못한다. 소비자의 구매 그리고 추천 등을 유도하는 것이 무엇인지 아는 것은 매우 중요한 일이다. 추천을 한 최근의 소비자에게 자신의 회사에 대해 어떻게 생각하는지, 회사에 대해 무엇을 좋아하는지, 어떻게 다른 이들에게 설명하는지 묻는 것이 가장 빠른 일일 것이다. 이 방법을 위한 자세한 것은 그 구매자를 적어도 일주일에 한 번 씩 점심을 사주고 말을 하게 유도하는 것이다. 다른 방법은 구글과 같은 세계적 검색 엔진을 통해 회사에 대해 어떻게 평가되는지를 검색하는 것이다. 회사들은 소비자들이 자신의 홈페이지를 만들어 특정 회사를 찬양하거나 깎아내린다는 것을 종종 모른다. 다른 방법은 제3자에게 의뢰해 소비자와 심도 있는 대화를 나누게 한다던가, 쉬운 설문지 작성 그리고 온라인 토론의 장을 마련하는 것이다. 마지막으로, 다른 좋은 방법은, 소비자의 응답 전용 게시판을 만들어 소비자들이 어떤 특정한 제품에 대해 어떻게 생각하는지를 듣고 어떠한 제품을 만들지를 생각하는 것이다.

고객과의 정립

비록 학교에서 가르치는 것과는 정반대이지만, Netscape와 Microsoft사가 사용한 전략(자신의 시장을 더욱 빠르게 성장시키기 위해 검색사이트를 양도한 것)을 사용하는 기업가들이 늘고 있다. 소비자에게 아무것도 없이 어떠한 것을 주는 것은 소비자의 관심을 끌기 힘든 환경에서 좋은 방법이 된다. 그러나 그것이 도움이 될 것인지 혹은 그저 자본 소비만을 할 것인지에 대해 생각해 볼 필요가 있다. 기업가들은 정보제공, 상담, 제품 표본 등을 제공하는 것에 대해 고려해야 한다. 증정상품이 싸고 이윤이 높을 때, 소비자들이 그 상품을 사기 위해 지불을 꺼려하지 않을 때, 특히 증명되지 않은 기술일 경우(잘 알려진 소비자에게 이를 시험해보라고 제공하는 것도 고려해봐야 함), 또는 제품이나 서비스의 표본이 큰 회의나 교역 박람회에서 제공될 수 있을 때 등이다. 반대로, 신용도에 기초하는 예산과 관련된 전문적 서비스 등은 제공하지 않는 것이 좋다. 왜냐하면 소비자들이 그에 대해 그 제품의 질을 의심할 수도 있기 때문이다. 비슷하게, 비싼 제품과 생활품(소비자가 가격에 의해 구매하는 것)은 제공되지 않아야 한다, 특히 그 제품을 소유하고 있는 사람들이 적을 경우에는 더욱 경계해야 한다.

인터넷 마케팅과 매체활용

산업 전문가들은 정보가 넘치면서 전통적인 언론의 경계는 퇴색될 것이라고 전망한다. 여러 곳에서 생성되는 정보는 어떠한 한 집단에 의해서도 지배받지 않으며, 더구나 이는 어떠한 사람이 효율적인 결정을 내리는 것도 방해한다. 더구나, 모든 사람이 틈새시장의 소비자를 대상으로 유혹할 만한 메시지를 보낼 수 있고, 경쟁력 있는 인터넷 마케팅은 없어지게 될 것이다. 비디오와 내용물 생성 기술은 개인과 작은 회사에 의해서도 제작되고, 콘텐츠 개발의 장애물은 낮아져서 어떠한 사람들도 방송사 급의 광고를 잡지나 신문을 통해 표적 소비자에게 전달할 수 있다. 표적을 위한 광고에 현혹되는 소비자들은, 그것에 싫증이 나서 이제 똑같은 기술을 다시 사용할 수 없게 된다. 소비자 자신도 언제, 어디서 어떻게 광고를 볼지를 선택할 힘이 있다. 어떠한 마케팅전략은 예측되어야 하고, 개인적이며 또 적절해야 한다. 잠재적 고객은 마케팅전술에 의해 놀라고 싶지 않아 한다. 그들은 마케팅이 자신들을 위한 것임을 원하고 그들의 관심에 관련된 것이기를 원한다. 그래서 많은 온라인 마케팅 캠페인 또한 오프라인 캠페인이 성공적이지 못한 이유는 그것들이 예측되지 않고 개인적이지 않으며 연관성이 없기 때문이다. 오늘날 기업가들은 소비자들에게 구매에 대한 힘을 줄 수 있는 방안을 찾아야 하고 또 그들이 새 매체를 사용할 수 있도록 권장해야 한다.

게다가, 광고에 상호작용하는 것을 측정하는 효과적인 방법이 있을 것이다. 소비자들이 택하도록 하는, 인터넷이 싸거나 공짜라는 잘못된 이해가 있다. 사실 인터넷 상의 새 소비자를 들여오는 것은 적지 않은 비용을 요구한다. 2001년에 AOL은 소비자 한 명을 위해 90달러를 소비했다. 그 회사가 장기 계약을 팔고 있었기에 이것이 정당화되지만, 이것이 소비자와 장기적인 관계를 맺으려는 것이다. 반대로 PayPal사는 10,000명의 사용자로부터 2000년에 10억 6천만 사용자를 보유하게 되었다. 같은 기간 안에 사용자 유도를 위한 소비를 자세히 보자. 그들은 3.29달러에 해당되는 비용을 13센트로 줄일 수 있었다. 사용자 유도 비용을 싸게 하는 것이 PayPal사가 성공할 수 있었던 비결이고 이것이 dotcom crash를 일으켰다.

소셜미디어 활용

Viral 마케팅은 인터넷의 기능인 재생산, 그리고 빠르고 효율적인 정보 확산으로 인해 떠올랐다. 이것의 오프라인 대응물은 입소문과 네트워크식 마케팅이다. 비록 VIRAL 마케팅이라는 개념이 부정적인 어감을 가지고 있지만, 이것은 소비자들 간에 널리 퍼진다는 것을 의미하며 사용되었다. 예를 들면, 핫메일의 경우, 그들은 사용자들에게 무료 이메일 주소를 제공하지만, 그들은 각각의 메시지에 핫메일에 등록하는 표어를 덧붙인다. 즉 핫메일은 사용자들이 메일을 주고받을 때 그들이 동시에 핫메일에 가입하기를 원하는 것이다. 이 전략이 잘 발달했고, 이 메시지가 널리 퍼질 것이고, 가입자가 많아질 것이다. 핫메일은 많은 기능을 담당할 것이고 높은 수익을 얻을 것이다.

다른 예는 어도비 어크로벳이다. 어도비는 성공적인 소프트웨어 회사인데, 그 회사는 소유권이 있는 소프트웨어를 사람들에게 배포하여 PDF라는 파일로 문서를 주고받을 수 있게 하였다. 어도비는 그 문서에 문구를 집어넣어 받는 사람으로 하여금 회사 사이트에 접속하여 어도비 프로그램을 받을 수 있도록 하였다. 이것이 사람들이 어도비사를 알 수 있게 하였고 또 제품을 구매하도록 유도했다. 이 전략은 유명하여 어도비 PDF는 현재 기업 문서를 전달하는 데에 표준이 되고 있다.

오늘날, 사회 매체 도구는 viral 마케팅의 형태를 띠고 있다. 소셜미디어 툴은 블로그, 팟캐스트, 보드캐스트, RSS 리더 등을 포함한다. 각각은 특정한 기능을 가지고 있고, 각각의 도구는 기업가가 하기 나름으로 장·단점을 가지고 있다.

▶ dot TV는 기업가로 하여금 개인 온라인 티비 채널 또는 네트워크를 만들 수 있게 한다.

▶ 블로그와 E 뉴스레터는 자사의 전문가나 자신의 회사와 소통할 수 있게 한다. 블로그의 경우 소통은 양쪽으로 가능하며 소비자가 그에 대해 자신의 의견을 표출할 수 있게 된다.

▶ 팟캐스트와 보드캐스트는 인간 요소를 소비자와 함께 목소리와 비디오를 첨가하여 소통할 수 있게 한다. 그들은 주로 '어떻게 하는지'와 같은 정보를 보여주는 곳에 사용된다.

▶ RSS READERS는 사람들이 회사에 대해 어떻게 생각하는지를 기업가에게 알려주며 기업가로 하여금 블로그와 팟캐스트를 구독할 수 있게 한다. RSS는 또 표적 뉴스 블로그 또는 팟케스트를 추가할 때 사용되며 주로 RSS aggregator를 통해 기업가의 관심사를 알려준다.

▶ Wikis는 수정 가능한 웹사이트로 다수의 사용자들이 콘텐츠를 개발하고 또 수정할 수 있게 한다. 전형적으로 그것은 정보를 제공하며 wiki와 wikipedia 같은 것들이 있다.

▶ MySpaced와 Youtuve와 같은 소셜네트워크 포털은 넓은 범위의 시장에 접근 할 때에 유용하며 특히 목표 연령층이 어린 소비자일 때는 전통적인 TV 광고 에서 찾을 수 없는 광고를 사용할 수 있다.

비록 viral marketing을 위한 하나의 가장 좋은 방법이 존재하는 것은 아니지만, 주로 성공적인 마케터들은 다음과 같은 특징을 가지고 있다.

▶ 무료로 제품과 서비스를 제공한다. 좋은 마케터들은 무료가 가장 강한 단어라 는 것을 알며, 온라인 마케터들은 대중들에게 주목받을 수 있다면 그들의 광 고는 수익을 낼 것이라고 확신한다.

▶ 쉽게 메시지를 전달한다. 클릭 한 번으로 상대방에게 메일을 보낼 수 있다면 이보다 좋은 방법은 없을 것이다. 예를 들면 온라인 잡지들은 단 한 번의 클릭 으로 상대방의 이메일 주소가 입력되며 이를 보낼 수 있도록 만들었다.

▶ 메일 서버가 서버 혼잡을 견딜 수 있어야 한다. 사용자들이 불편해하는 viral campaign은 가장 나쁜 것이다. viral marketing은 빠르게 퍼지므로 여유 있 는 서버 공간을 마련해야 한다.

▶ 존재하는 소셜네트워크를 이용하라. 오프라인 세계와 같이, 사람들은 온라인 상의 사람들과 관계를 맺고 그들을 궁금해한다. 흥미로운 메시지를 그 중 한 명에게 전달한 후, 그것이 빠르게 퍼지기를 기다려라.

▶ 다른 사람의 웹사이트를 이용하라. 호환 가능한 웹사이트를 찾고 그들에게 메 시지를 전달해라. 이러한 방법으로 회사는 다른 네트워크에 접근할 수 있고, 범위를 넓힐 수 있다.

검색엔진 활용법

시각성은 온라인상에서 제품과 서비스를 파는 사업가에게 중요한 것이다. 오늘날 회사의 브랜드를 온라인으로 홍보한다는 것은 기업가들이 Google의 검색 엔진에 자사의 이름이 들어가야 한다는 것이다. 비록 다양한 검색 엔진이 존재하지만, 사람들이 회사에 대해 들었을 때, 그들은 그 이름을 google을 통해 검색한다. 그러므로 기업가가 소비자로 하여금 원하는 정보를 제공할 웹사이트를 확보하는 것은 중요하다. 사이트에 접근할 수 있는 단어를 최적화하는 것은 사용자로 하여금 좀 더 빠르게 웹사이트에 접근하는 것을 가능하게 한다. 그러나 google과 같은 검색 엔진은 매우 까다로운 키워드 기준을 가지고 있음을 알아야 한다. 그 기준에 맞지 않는다면 PageRank로 지정될 수 있으며 이는 웹사이트 접근을 어렵게 한다. 그러므로 사용자의 검색에서 회사를 발견할 수 없게 된다. 이는 제3자에게 위탁하여 처리하는 것이 좋다. 왜냐하면 몇몇의 회사들은 이를 지키지 않는 경우가 있기 때문이다.

몇 개의 개념들이 검색 마케팅으로 떠올랐다. 그리고 그들은 소비자의 눈을 사로잡기 위한 광고를 선보이고 또 그것이 얼마나 효과적인지를 측정한다. 그들은 또한 기업가로 하여금 웹사이트를 통해 수익을 낼 수 있게 한다. 몇 개의 예를 살펴보자.

▶ 변환률: 회원가입, 뉴스레터 구독, 소프트웨어 다운 또는 제품구입과 같은 특정한 행위를 하는 사용자의 숫자

▶ 행위 당 지출: 판매나 회원가입 시 광고자가 지불하는 액수. 이와 같은 모델에서는 기업가, 또는 사장이 leads에 따라 수수료를 지불하기 때문에 위험이 감수된다.

▶ 클릭 당 지출: 클릭 한 번에 대한 지출

▶ 느낌에 대한 지출: 1000개의 광고 느낌, 온라인에서의 한 번에 보여지는 수. 이 형태의 광고는 클릭 유형의 광고와 다르지 않다.

▶ lead 당 지출: 허용된 lead에 따라 지출되는 모델

제휴프로그램 활용

보충적인 제품이나 서비스를 제공하는 다른 회사와 전략적인 합의를 하면 웹사이트 방문 수를 늘릴 수 있다. 배너 교환이 제휴프로그램의 좋은 예이다. 어떠한 배너 회사가 그 배너를 호환 가능한 다른 웹사이트에 표시하자. 이것에 대한 비용이 들겠지만, 어쩌면 서로 자사의 배너를 교환하여 협상으로 무상 교환이 이루어질 수도 있다. 웹사이트에 배너를 다는 것은 어쩌면 가장 쉬운 일일 수도 있다. 사람들로 하여금 구매를 유도하는 것은 조금 다른 이야기이다. 소비자를 사이트에 끌어들이는 방법은 여러 가지가 있다. 이를 위해 그들의 개인정보들이 판매되지 않을 것이라는 것을 명시해야 하며, 그들에게 어떠한 것을 무료로 제공하여 끌어들여야 한다. 그들이 더 찾고 싶게 만들고 또 사지 않을 수 없게 만들어야 한다. 또한 그들이 어떤 수단으로든 결제할 수 있게 해야 한다.

사적 이슈 활용

비록 회사들이 몇 년 동안 소비자의 정보를 모으고 또 이를 표적 소비자를 위해 또 제품과 서비스를 판매하기 위해 사용했는데, E-COMMERCE의 출현은 소비자 자신의 개인정보의 위험을 인지하게 만들었다. Jane이라는 소비자가 수제 인형을 사러 웹사이트에 들어가면, 그녀는 그녀에게 많은 광고, 선물 등에 관련된 내용의 광고가 넘친다는 것을 알게 된다. 이것이 인터넷의 힘이며 이것은 오프라인보다 더 큰 힘을 보여준다. 소매인은 그녀의 인형 구매 정보를 팔고 또 그녀의 이메일 주소 또는 신상 정보를 그녀와 같은 소비자를 표적으로 하는 다른 회사에 팔았을 것이다. Amazon.com은 FTC에 의해 단속되었으며, 회사의 그와 같은 행동은 사기라고 하였다. Amazon은 소비자들에게 그들의 신상정보를 팔고 있다고 명시하지 않았다. 사실 FTC 설문은 97%의 E-COMMERCE는 사람을 구분할 수 있을 정도의 정보를 수집한다고 답했다. 그러므로 이제 회사들은 자사의 고객

신상정보를 보호하는 데에도 신경을 써야한다. 소비자 중심의 회사는 고객의 정보가 어떻게 사용될 것인지 명시해야 한다. 가장 강력한 회사는 신상정보를 파는 것에 대해 반대 입장을 취해야 한다. 가장 좋은 방법은 개인정보 취급 방침에 대해 사용자들로부터 동의를 얻는 것이다. 어떤 효과적인 마케팅전략인지 간에, 온라인이던 오프라인이던, 적절한 소비자를 표적으로 삼아야 하며 그들의 특정한 필요를 파악하고 정보 보호를 해줘야 한다.

개인판매

과거의 판매 전략은, 질 좋은 상품을 낮은 가격에 얻기를 원하는 현대의 소비자에게는 맞지 않을 수 있다. 오늘날, 사업은 소비자의 특정한 필요를 알고 또 만족시키는 것에서 구분된다. 그러므로 기업가가 상품을 팔더라도, 제품에 가치를 부여하기 위한 방법을 찾아야 하고, 좋은 한 가지 방법은 개인적 판매라고 할 수 있다. 소비자들의 필요를 충족시키기 위해 제품을 변형하여 가치를 부여한 회사는 서비스 정신이 있고 훈련과 교육이 필요하다. 그리고 이는 판매 정신보다는 기회 정신을 필요로 한다. 이것은 장기적인 과정이다. 그러나 돌아오는 것은 잠재적으로 더 크다. 소비자들과 더욱 가까이에서 일하는 것은 판매와 마케팅 비용을 감소시키는 것이라고 할 수 있겠다.

개인적인 판매는 기업가들이 주로 가지고 있는 중요한 역할이고 또 사업하는 동안 계속 개발해 나가야 한다. 개인 판매법을 발전시키기 위해서는 기업가들은 판매 시도 전에 자사의 제품이건 회사이건 또는 그들 자신이건, 조사를 해야 한다. 소비자들이 그들로부터 무엇을 원하는지를 배우는 것은 중요하다. 다음은 몇 가지 조언들이다.

▶ 처음 만나는 소비자는 전형적으로 소비자의 필요에 대한 정보를 얻거나 신용도를 쌓는 데 이용하라.

▶ 다음으로, 기업가는 회사를 소비자로 하여금 문제를 해결해 주는 곳이라고 생

각하게 만들어야 한다. 즉 소비자의 흥미를 즉시 끌 수 있어야 한다. 가능하면, 소비자가 제품을 직접 사용할 수 있도록 하고, 소개할 때는 기업가가 소비자 앞에 서서 집중하고 소비자의 표정을 읽어야 한다. 제품에 대한 주요 장점은 빠른 의사결정을 위해 설명되어야 한다.

▶ 만약 소비자가 호의를 거절한다면, 기업가는 소비자에게 왜 그런지를 물어야하며, 그 회사의 가치를 계속 강조해야 한다.

▶ 마지막으로, 기업가는 두 명의 소비자를 만나서 기업가와 일한 것에 대해 어떻게 생각하는지를 물어야 한다.

박람회 활용법

많은 산업 분야에서 기업가에게 교역 박람회, 전시회 등은 그들의 제품 설명을 위한 일차적인 방법이라고 할 수 있다. 박람회 등을 참석하면 자신의 경쟁사가 어떤 곳인지 또 그들은 어떤 마케팅전략을 쓰는지를 알 수 있다. 교역 박람회는 판매 책임자와 만나고 협상할 수 있는 가장 좋은 장소 중 하나이며, 메일링 리스트를 위한 정보도 얻을 수 있다. 그러나 일차적인 목표는 제품을 전시하여 판매량을 늘리는 것이다. 이것을 위해서, 기업가들은 부스 자리를 마련하고 또 디스플레이 디자이너를 고용하여 소비자의 눈을 끌만한 장치를 만들어야 한다. 이러한 show 전에 몇 개의 교역 박람회에 참석한다면 무엇이 효과가 있는지 알 수 있을 것이다. 그리고 호환 가능한 제품을 가진 회사와 함께 자원을 공유하며 부스를 사용할 수도 있다. 기업가들은 실질적으로 자사의 부스에 올 고객을 위해 브로셔를 남겨두어야 한다. 많은 지식을 가지고 있는 것이 중요하며, 부스에 사람을 항상 배치하여 잠재적 소비자가 이야기를 하기 위해 기다리는 일이 없도록 하자. 다른 좋은 아이디어는 부스에서 어떠한 것을 무료로 제공하는 것이다. 마지막으로 명함을 준 방문자들에게 편지를 보내는 것과 연락하는 것은 중요한 일이다.

소비자 관리(CRM)

가장 빠르게 성장하고 있는 마케팅 중 하나는 소비자 관계 관리(CRM)이다. CRM은 기술, 훈련 그리고 사업전략의 결합이며 이는 현재 그리고 미래의 소비자에 대한 정보를 모으고 또 쓸 수 있게 해준다. 이 성공적인 마케팅의 중요한 부분은 대기업의 전유물이 되어왔다는 점인데, 그러나 이것은 몇 년 전만 해도 중소기업의 것이었다. 오늘날 값싼 database 소프트웨어가 단기간에 CRM 시스템을 만드는 것을 쉽게 하였다. 좋은 CRM 시스템은 더 나은 판매량을 만들며, 빠르게 변하는 소비자의 요구를 쉽게 적용할 수 있게 한다. 잘 만들어진 CRM 시스템은 이름, 주소, 상품을 구매한 소비자 등의 정보를 보유할 수 있다. 이는 기업가로 하여금 교환 지역, 새로운 소비자에게 접근, 특정한 표적 소비자 정하기 그리고 현재의 소비자에 대한 설문 등을 위한 결정을 내릴 수 있게 한다.

CRM은 메일을 통해 소비자에게 쉽게 다가가는 수단이 아니다. 오늘날에는 새로운 소비자를 찾는 것에 돈을 들이는 것보다는 소비자를 유지하는 것이 중요하다. 65%의 회사 사업이 현재 소비자로부터 나온다는 조사 결과가 나왔다. 사실상, 한 명의 소비자를 유지하는 것보다 새로운 소비자를 유치하는 것이 5배에서 10배 가량 더욱 비싸다. 더구나, 좋은 소비자 정보로, 기업가는 현재의 고객 연령층을 조사하여 다른 지역에 적용하여 더욱 효율적으로 표적 대상을 결정할 수 있다. Database에 있는 정보들은 광고, 판촉, 대중과의 관계 또는 직접 전달 등에 모두 이용할 수 있다.

CRM은 사업에 대한 전반적인 접근이다. 어떠한 마케팅에서와 같이, 이것에 대한 보상은 시간이 흐른 뒤에 주어진다. 많은 기업가들은 이익을 보기 전에 좌절한다. 성공을 위해서는 장기적인 소비자, 환경에 대해 아는 것이 필요하며 회사와 고객 서로가 상호작용하여 관계를 쌓아가는 것이 중요하다.

소비자와 관계를 맺는 것은 다른 장점이 있다. 만약 문제가 생기면, 회사에 신뢰가 있는 소비자는 즉시 다른 회사로 옮기지 않을 것이다. 주로 그들의 충성심은 회사의 문제를 자체로 해결했을 때에 생기기 마련이다. 그러나 소비자들이 회사로부터 문제를 해결하지 못한 것과 같은 결과를 얻었다면, 소비자들은 절대 잊지 않는다. 오늘날 소비자들은 자신의 의견을 표출할 많은 수단을 가지고 있다. TV의 경우 방송을 타면 회사의 신뢰를 회복하지도 못할 만큼 추락시키는 경우도 있다.

아마도 소비자와 관계를 맺는 것의 가장 중요한 장점은 소비자의 모든 가치가 반영되기 때문이다. 소비자들은 회사를 거래의 관계로 보지 않고 그 회사의 가치를 증진시키는 한 일원으로 자신을 생각한다. 소비자로부터 많이 배울수록, 회사는 더 좋아지고 또 다른 회사가 고객을 끌어들이는 것이 더욱 어려워질 것이다.

충성고객의 활용법과 구별법

24%의 소비자로부터 회사의 95% 이상의 수익이 나온다는 것은 주로 나오는 결과이다. 24%의 소비자들은 그 회사가 잘 알고 만족시켜야 할 대상이다. 왜냐하면 그들은 신제품을 사용하고 그것들을 다른 사람에게 추천해줄 만한 사람들이기 때문이다. 회사가 일정기간 사업을 하고 있었다면, 가장 가치 있는 소비자가 누구인지 쉽게 알 수 있을 것이다. 이것을 알기 위한 한 가지 방법은 관계를 통한 거래와 평생의 가치를 비교하는 것이다. 통계적 방법은 적합한 할인율 그리고 관계의 기간을 적용했을 때, 미래의 구매에 대한 현재의 가치를 제시한다. 소비자의 추천을 가치로서 추가하고 관계 유지를 위한 비용을 감한다. 그 결과는 소비자의 평생 가치일 것이다.

불평 마케팅

만족하지 못한 소비자는 적어도 9명의 다른 사람에게 자신이 겪었던 문제에 대해 말할 것이다. 불쾌했던 소비자가 얼마나 빠르게 회사의 이미지를 깎아내릴 수 있는지 보여준다. 결과적으로 불평들도 지속적인 발전을 위한 기회로 삼아야 한다.

소비자가 쉽게 불평을 표출할 수 있게 공간을 마련하고, 사람을 배치하여 소통할 수 있도록 해야 한다. 음성메시지로서 불평을 방치하는 것은 정말로 좋지 않은 것이다. 몇 개의 회사들은 인터넷의 게시판을 소비자의 불평을 쓰는 곳으로 만들었다. 그러나 이 방법은 효과적이었으나, 다른 방법보다 더욱 많은 불평을 쓰게 만든다. 이러한 방법을 사용하는 회사는 이 시스템이 너무 잘 활용되어 그들의 불만이 더욱 격렬하고 직접적으로 표출되기도 한다. 더구나, 어떠한 사람도 인터넷으로 접근할 수 있으므로, 강한 불평이 더 큰 문제를 일으키기도 한다.

불평을 방지하는 한 가지 방법은 계약 한 건에 설문지 조사를 실시하여 소비자들이 너무 화나기 전에 문제를 해결하는 것이다. 불평을 효과적으로 처리하기 위해서는 소비자가 사람이라는 사실(이름이나 감정이 없는 것과는 달리)을 이해할 필요가 있다. 소비자는 불평에 대해 방해 없이 완벽하게 설명할 수 있도록 허용되어야 한다. 이러한 덕목을 이해하는 것은 회사에게 중요하고 가치가 있다.

소비자들은 항상 가장 중요한 문제에 답해야 한다. "이것의 성능을 향상시키기 위해 우리는 무엇을 해야 할까요?" 소비자의 화는 그들의 입장에서 문제를 해결하여 풀어야 한다. 그러면 소비자는 '문제의 핵심'에서 '해결의 핵심'으로 눈을 돌리게 된다. 결과적으로 소비자에게 그들의 불평에 대해, 1주 후에 그 결과에 만족했는지를 알기 위해 연락해야 하며, 회사는 지속적인 관계를 유지하고 싶다는 의사를 밝혀야 한다.

회사의 마케팅 노력에 의해 소비자들에게 전달된 가장 중요한 메시지는 소비자가 단체에서 중요한 역할을 하며, 회사는 고객의 만족을 위해서라면 무엇이든 하겠다는 신뢰를 주어야 한다는 것이다. 젊고 성장하는 회사에게는 신규 고객 유치를 통해 고객을 확보해야 하지만, 그보다는 현재 존재하는 소비자들에게 투자하는 것이 더욱 큰 수확을 얻게 할 것이다.

마케팅계획 작성법

SWOT 분석을 비즈니스모델과 연결하여 분석함으로써 핵심전략방향을 최대한 도출한다. 초기 창업기업들이 사업계획서 작성 시 어려워하는 부분이 마케팅 부분이다. 그 이유 중 대부분은 비즈니스모델을 마케팅활동으로 오해하고 있어서다. 상당 부분 유사하지만, 이 책은 비즈모델과 마케팅 활동을 이해하는 데 도움을 줄 것이다. 마케팅전략을 도출하는 것은 비즈니스모델의 핵심가치를 SWOT 분석으로 최대한 객관화하여 요약하는 것이다.

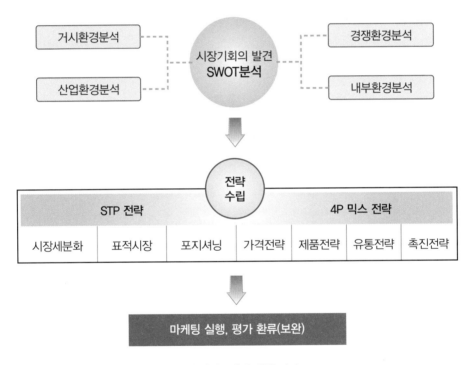

마케팅 방법 도출을 위한 과정도

Abdul(2011)의 정의에 따르면, 마케팅이란 소비자에 대한 가치를 창조하고 전달하는 조직적 기능이자 일련의 과정이며, 소비자와의 관계를 관리하여 회사와 주주에게 혜택을 가져오는 행위라고 한다. 성공하는 기업가는 자사의 상황에 적합한 마케팅 도구를 선택하고 최적화하여 적용한다. 마케팅이라면, 대부분, 시장에서 우리 상품을 광고를 통하여 판매하는 것으로 이해할 것이다. 틀린 말은 아니다. 사업계획서를 작성하는 초보자라도, STP(Segment, Targeting, Positioning), 4P(Product, Price, Place, Promotion)란 용어를 한 번쯤 들어봤을 것으로 생각한다. 만약 그렇다면, 사업계획에서 마케팅의 중요성을 알고 있다는 반증이다. 필자가 컨설팅한 경험을 토대로 보면, 초기 창업기업의 주요 관심사는 재무계획이나 투자계획 등이 아니었다. 마케팅이었다. 그렇다면 왜 마케팅이 중요한가. 사실 시장이 없이는 어떤 기업활동도 성립되지 않고 성장도 기대할 수 없다. 마케팅의 핵심은 소비자를 확보하고 유지하는 것이다. 회사가 제품(재화나 용역, 가치)을 만들어 시장에 내놓고 이를 적극적으로 알려야 한다. 4P(products, price, place, promotions)에 대해 알아야 할 필요성이 여기에 이다. 쉽게 말해, 우리 제품의 브랜드를 알리고, 제공되는 가치의 유용성을 알 수 있게 하는 것이 마케팅인 것이다. 필자가 초기 창업자들에게 받은 많은 질문 중 하나가 비즈니스모델과 마케팅에 관한 것이다. 비즈니스모델이란 용어의 출현은 아마존이나 e-베이 등 인터넷의 등장과 확장에 따른, 기존 기업과는 다른 새로운 형태의 온라인 기업의 출현이후다.

SWOT 분석 작성

사람이란 본래 제한된 합리성의 동물이다. 따라서 9가지 요인을 완벽하게 알 수가 없다. 다만, 핵심 성공요인에 영향을 미칠 수 있는 환경적 요소를 찾을 수 있다면, 사업전략과 사업성공률은 당연히 높아진다. 다시 강조하지만, 사업계획서는 어떤(what) 사업을, 왜(why) 추진하고자 하는가를 더욱 구체화하여 사업목표를 세우고, 이를 언제(when), 어디서(where), 누구를 통해 (by whom) 실행할 것인가에 대한 구체적인 계획을 구체적으로 작성하는 것이다.

기업의 생존을 위한 내 · 외부 환경을 통해 기업내부역량의 강점(Strength)과 약점(Weakness) 및 기업외부환경의 기회(Opportunity)와 위협 (Threat) 요인을 규정하고 이를 토대로 마케팅전략을 도출한다.

외부환경＼내부환경	강점요소(S) 나열	약점요소(W) 나열
기회요소(O) 나열	SO 전략 기회의 이익을 얻기 위해 강점이 이용되는 전략 (시장기회선점전략)	WO 전략 약점을 극복함으로써 기회를 활용하는 전략 (핵심역량강화전략, 전략적 제휴)
위험요소(T) 나열	ST 전략 위협을 회피하기 위해 강점을 이용하는 전략 (시장침투전략, 제품확충전략)	WT 전략 위협을 회피하고 약점을 최소화하기 위한 전략 (철수전략, 집중화전략)

이같이 회사를 둘러싼 시장기회를 선점하고, 약점을 극복하기 위한 전략을 도출하며, 위협요인에 대해서는 이를 극복하기 위한 전략적 선택을 위한 결정에 활용할 수 있다. 이를 위해서는 자유스러운 개별 의견과 주변의 객관적인 자료를 근거로 한 미래의 변화에 대한 직관과 정보도 중요하다.

STP 활용 작성

사업계획서 작성에 초보적 지식으로, 광고가 마케팅의 전부로 알고 있다. 광고는 마케팅의 요소 중 하나이다.

지금 작성하고 있는 마케팅 분야는 특히, 시장조사를 기초로 해야 한다. 아직, 시장에 없었던 상품에 대해 시장의 반응을 철저히 분석해야만 한다. 고객이 무엇을 필요로 하는지와 고객의 특성과 행동양식 등을 통하여 우리 제품을 구매할 잠재적 구매자 군을 선정하는 것이 시장 세그먼테이션(Segmentation)이다. 대부분 이 부분은 인구통계학적 특성이다. 예를 들면 19세에서 30세까지의 여성으로 중산층이라는 식이다. 또한 소비자가 어디에 사는지, 얼마나 자주 매장에 들릴 것인지, 그리고 제품의 어떤 가치를 가장 중요시하는지에 따라 구분하고 이를 계획서에 작성하면 된다.

표적시장 선정을 통해 정의된 소비자 세분화를 비교·분석하여 가장 매력적인 그룹을 목표그룹으로 정한다. 표적시장의 명확한 정의는 창업기업의 소비자 선택 전략의 기초가 된다. 특정시장세분화의 매력도는 그 그룹의 크기, 성장률, 그리고 수익창출 가능성과 밀접한 관련이 있다. 시장 포지셔닝은 경쟁사와 소비자가 제품에 대해 갖는 인식에 관련이 있다. 소비자가 가장 중요시하는 제품의 특성이 주요 전략요소로 작용한다. 이를 반영하여 제품의 가격, 품질 편리성 등이 있고, 높고 낮음으로 평가한다.

시장세분화 (Segmentation)	표적시장 선정 (Targeting)	포지셔닝 (Positioning)
* 잠재적 고객을 소비행동의 동질적 특성(Homogeneous)의 집단으로 분리하는 것 * 고객특성에 맞게 시장을 세밀하게 나누는 과정	* 세분화된 시장 중 어떤 시장을 목표로 할 것인가를 결정하는 것 * 표적시장은 시장크기, 성장성, 시장수익성, 경쟁 정도 등을 고려하여 결정	* 경쟁제품과는 다른 자사제품의 차별적 요소를 목표고객의 머릿속에 인지시키는 것

4P 활용법 작성

마케팅은 4P 전략이다(McCarthy, 1960). 바로 사업계획서에 대한 각각의 구체적
실행방법을 작성하면 된다. 첫째 제품(Product)이다. 회사가 기존상품과 차별화
를 하고자 했을 때 반영된 고객의 요구가 있었을 것이다. 이 요구를 만족시키는
지 설명해야 한다. 또한 제품이 향후 고객의 수요를 충족시키는 방향으로 이루어
지고 있는지를 설명한다. 둘째, 가격이다.

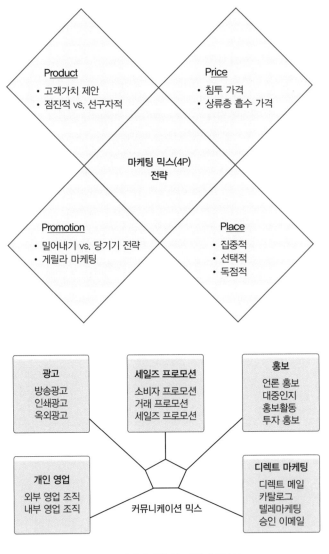

마케팅전략 및 커뮤니케이션

왜 우리는 이 가격으로 결정했는가. 가격에 따른 소비자의 행동양식인 탄력성은 어떠한지, 사업계획기간 동안, 시장동향 즉 인플레이션 등 외부요인을 반영하였는지를 작성한다. 여기서 잠깐 가격책정방법을 소개하고자 한다. 기업가는 사업을 하기 위해 비용을 발생한다. 어떤 비용은 고정비로, 또 어떤 비용은 가변비용으로 지출된다. 두 가지 비용을 합하면 명목상 총비용이 된다. 제품가격은 당연히 총비용보다는 높아야 한다. 소위 마진을 통해 수익을 내야 한다. 많은 기업가들이 가격을 책정할 때 투입된 비용 위에 일정 마진을 더하는 비용을 기반으로 하는 가격책정을 한다. 그런데 중요한 것은 소비자가 제품에 대해 즉 제품이 주는 가치에 대해 지불할 용의가 있는 금액인, 인식적 가격을 찾아내는 것이다. 이는 혁신적인 새로운 제품이나 서비스에 적합한 가격책정법이다. 이를 찾아내는 것은 기업가의 몫이다. 꼼꼼한 시장수요패턴과 다른 가격지점을 놓고 구매 욕구를 파악하여 통계적으로 활용하는 기법 등도 있을 수 있다. 그렇게 파악된 가격지점에서 최고가격을 결정해도 되고, 최저가격을 결정해도 된다. 통상 신제품이라면 최고가격을 결정하는 것이 보통이다. 최저가격으로 한다면 유통채널이 확보되지 않으면 어려운 가격책정전략이기 때문이다.

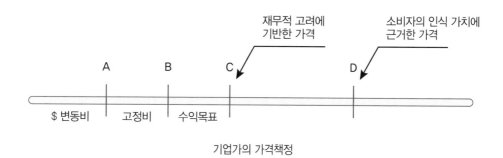

기업가의 가격책정

셋째 유통(promotion)이다. 초기 창업기업에게 가장 어려운 부분일 수 있다. 효과적인 유통은 목표소비자에게 서비스가 신속하고 효과적으로 전해지는 것이다. 신생기업이라면 입지선정이 바로 그것이다. 따라서 사업계획서 작성에, 회사의 위치선정의 이유를 설명하라. 현재와 향후 수년간 기존회사의 유통망의 특성과 경로를 계획서에 언급하고 이를 활용하는 방법을 기술하면 된다. 아니면 가상(virture place)을 이용하는 것을 기술하면 된다. 또한 기존 유통회사와 협력을 구했다면 이를 기술하면 된다. 조금만 발로 뛰면 가능하다. 통상 독점적 유통망은 사치품 매장이다. 이들을 제외하면 유통회사와의 연계확보는 사업성공에 한발 다가간 것이다. 즉 기업가에게 유통채널 파트너십은 중요하다. 기업이 성장하는 것, 자원을 절약하고 리스크를 분산할 수 있는 것은 물론, 소비자들과의 접촉점을 지속적으로 유지하고 있다는 점에서 그렇다. 유통회사와의 파트너십을 통하여 발전시켰다면, 앞서 말한 다양한 유통채널을 활용하여 시장을 나눌 수 있어 시너지효과를 낼 수 있고, 소비자들에게는 다양한 선택의 기회를 주며, 시장발굴 비용의 절감 등 회사성장에 매우 중요하다. 넷째, 판촉 전략이다. 최근 수년간 적용된 제품 판매를 위한 주요 커뮤니케이션 활동의 종류는 어떤 것이 있는지 작성하면 된다. 광고라면 구체적으로 어떤 것으로 할 것인지, 그리고 그 이유를 기술하면 된다. 이와 같이 4를 토대로 작성하고, 고객들의 반응도를 요약하여 작성하면 좋은 사업계획서가 된다.

이제 사업의 시장조사를 모두 마쳤다. 다음으로는 사업계획서에 담아낼 경제적 분석이 있어야 한다.

경제성분석 및 세부활동 작성

사실, 경제성 분석은 다른 부분보다 어렵다. 초기 창업기업에는 과거의 자료가 없기 때문이다. 그럼에도 시장성 조사를 잘 했다면 여기에 기초를 두고 해야 한다. 자 이제 여러분이 시장에 진입했다고 가정해보자. 시장의 규모는 어떠한가. 3년 후에 시장점유율 또 어떻게 될까. 그에 따른 수익률은 어떻게 될까?

경제적 분석은 사업계획이 사업으로써의 정당성을 입증하는 부분이다. 예를 들어, 틈새시장을 찾아서 또는 새로운 기술로 사업화의 비즈니스모델이 논리적으로 문제가 없다는 것이 판명되었다고 가정하자. 그런데 제품생산비용이 너무 비싸다거나, 물류비, 운영비, 고급기술자 채용에 대한 인건비가 높다면 수익을 낼 수 있을까.

투자계획과 생산계획 작성법

기존기업 또는 기술사업화를 추구한다면, 기존생산설비를 활용하되, 추가 요구되는 것을 투자와 연계하면 된다. 다시 말해 상품을 생산함에 있어 필요한 설비 중 기존 설비 및 신규설비의 활용 가능, 범위, 대상기술을 활용함에 있어 원부자재 조달 및 수급의 안정성에 대해서 평가해야 한다. 생산 용이성이 높을수록 연관 사업의 생산 위험은 상대적으로 낮아진다.

하지만 초기 창업기업과 성장기업은 투자계획과 생산계획 등 차이가 있다. 하지만 기업이 성장함에 인력, 재무, 설비, 사업장 및 시설, 공정생산계획, 구매계획 등 일련의 계획들을 세워 이를 챙겨야 하는 것에는 다를 바 없다. 투자계획은 연도별로 작성한다. 기업이 성장함에 따라, 투자와 더불어 인력확대가 필수적이다. 따라서 사업계획서에는 이러한 부분을 세부내역에서 상세하게 스펙을 작성하고, 추정손익계산서 작성을 위하여 인력계획에 반영되는 인건비, 경비 등 관련 비용명세를 작성하여 첨부해야 한다.

투자액은 상세한 구성내역과 산출근거를 제시한다. 추정손익계산서 작성을 위하여 투자액에 따른 감가상각 등 기타비용을 추정하여 작성하면 된다. William Bygrave and Andrew Zacharkis(2011)의 주장에 따르면, 재무분야 전문가들이 주장하는 초기 창업자들의 6가지 위험신호를 제시하고 있다.

첫째, 매출요인을 이해하지 못한다는 점이다. 얼마나 많은 고객들이 자사제품을 접할 것이고, 접한 고객 중에서 실제 평균적인 구매로 이어지는 고객에 대해서 기업가들은 보수적으로 잡았다고 하지만, 사실은 그렇지 않다는 점이다.

둘째, 비용을 과소평가한다. 일반적으로 매출의 과대 비용을 과소 추정한다는 점이다. 특히 비용에는 매출을 위해 보이지 않는 기회적 요소, 물리적 투자 이외의 비용들이 수반된다는 점이다.

셋째, 매출 발생에 필요한 시간을 과소평가한다. 초기 창업기업에 있어, 추정 재무제표를 보면 매출이 바로 발생할 것으로 예상하고 작성하지만, 대부분은 매출 발생까지는 최소 수개월 많게는 1~3년까지 그 편차는 크다는 점을 간과한다는 것이다.

넷째, 비교대상 부족이다. 신생기업들이 제시하는 사업계획서를 ,투자자들은 유사한 사업군의 모델과 비교한다는 점이다. 매출 총이익이나 순이익률 등을 동종 업계 표준치를 활용하여 판단한다는 점이다.

다섯째, Top-down과 Bottom-up 예측이다. 창업자의 자신감보다는 실제 비교 회사의 자료를 더 신뢰한다는 점이다.

여섯째, 자금조달에 걸리는 시간을 과소평가한다는 점이다. 초기 창업자들은 자금조달이 신속하게 이루어 질 것이라 가정하고 있다. 만약 한 달 안에 조달될 것으로 예상했다가 6개월 걸리면 현금흐름에 마이너스가 발생하고 이는 곧 망하는 것이다. 이 같은 지적사항을 유념하여, 재무예측에 신중을 기해야 한다.

매출 · 재무 · 인력조직 및 인력계획

이 장은 측정이 가능한 변수들을 가지고, 전략에서 논의했던 가시적인 결과를 실현하는 방법이다. 사업을 진행하면서 항상 체크 앤 밸런스를 확인하는 것도, 투자자를 설득하는 것도 경제성분석의 매력이다.

사업계획서를 작성하다 보면 어느 단계에선가 무척 고민에 빠질 때가 있다. 그리고 숫자에 약하다는 핑계로 기업재무와 회계에 대해 두려움까지 갖게 된다. 만약 창업자라면 이 단계에서 창업을 포기하는 편이 낫다. 기업재무와 회계는 기업이 지금 어떤 상태로 성장하는지에 관한 정보를 주는 바로미터이다. 그래서 창업가나 대표자는 매일 재무 관련 보고를 받는 것이다. 다시 본론으로 오면, 자신이 하려는 사업에 대한 개념을 잘 잡고, 사업모델에 대한 파악도 되어 있다면, 재무제표나 손익계산서를 읽고 이해하는 역량을 갖추어야 한다. 재무에 관해서 회계사나 세무사의 도움을 받는 것은 맞지만, 사업자 본인이 이해하고 있는 것과는 다른 얘기다. 따라서 사업계획서 작성자는 이 같은 역량을 미리 갖추어야 한다.

본서에서는 이 모두에 대해 구체적으로 다루지 않는다. 사업계획서를 작성하려면 당연히 공부해야 한다. 신규 창업기업은 아무것도 없는 상태에서 계획을 만들어 내야 하, 어려움이 많이 따른다.

추정매출계획

창업자는 매출에 대해 후한 기대를 하게 된다. 예상매출액 작성은 사무실 책상에서 하지만, 실은 계획서 내 숫자들은 매일 만났던 고객, 방문자 수, 대화를 나눴던 잠재고객에 달려 있는 것이다. 이 같은 과정을 거쳐 추정치에 어느 정도 신빙성이 생긴다면 일일 수치에 연간 영업일 수를 곱하여 연간수치를 산출한다. 이 때, 휴가, 계절적 요인 등을 모두 반영하여야 한다. 손익계산서에는 매출에서 운영비용 두 가지가 들어간다. 매출원가는 판매될 제품에 들어간 직접비용이다. 추정매출액은 하루 방문객 중 구매예상자와 단가를 곱하면 된다. 예를 들어, 만약 방문고객이 하루 80명이고, 그 중 70%가 단가 5,000원짜리 제품을 구매한다고 하면, 하루 추정매출은 80×0.7×5,000원 즉 28만원이 된다. 이것이 하루 추정매출액이다. 이에 한 달 영업일 수를 곱하면 한 달 추정매출액이고, 연간 영업일 수를 곱하면 1년간 추정매출계획이 된다.

다음으로 매출원가이다. 앞서 말했듯이 매출원가는 팔린 제품에 들어간 직접비용이다. 판매된 상품의 생산원가 혹은 구입원가를 말한다. '기초 재고액＋당기 순매입액－기말재고액＝매출원가'로 계산된다. 매출원가는 매출된 상품의 가격을 원래의 가격인 원가로 표시해 주는 것이라 보면 된다. 예를 들어, 상품을 달랑 하나 사서 팔았다고 가정해 보자. 1,000원 주고 사와서 1,200원에 판 것으로 하면 1,200원에 매출한 물건의 원가(=매출원가)는 1,000원이다. 마찬가지로 기초에 100원 추가 매입 900원, 기말에 없다고 가정하고, 이것을 총 1,200원에 매출했다면 매출원가는 기초 100원+추가 매입 900원 =1,000원인 것이다. 만약에 기말재고가 200원이 있다고 하면 기말재고인 200원에 산 물건은 팔리지 않았으므로 애초 100원+추가 매입 900원−기말재고 200원=800원이 팔린 물건의 원가(원래가격)이다. 쉽게, 매출원가는 매출된 물건의 가격을 원가로 표시해 준 것이다.

구분	시장규모	시장수요 성장률(%)/년	시장규모 예측	시장점유율 예측(%)/년	수익 예측	회사의 경쟁률
연도	최근연도	향후 3년	3년 이내	3년 이내	3년 이내	향후 3년
고려사항		시장규모 시장성장	창업기업경쟁력			

추정재무계획

먼저, 재무계획을 어렵게 생각하지 말기 바란다. 초보자에게 있어 재무계획은 손해가 발생하는지, 이익이 발생하는지에 대한 손익을 계산하는 것으로 이해하자. 추정재무계획은 알고 나면 재미있기도 하다. 창업가에 있어 사업계획서를 작성하는 동안 벌써 부자가 된 것 같은 희망을 갖게 해준다. 통상 추정재무계획은 3년으로 산정한다. 매출과 비용에 대한 예측이 완성되었다면 이를 손익계산서상에 나타내면 된다. 제시한 예시의 항목들은 이미 설명한 것이다. 다만, 손익계산서를 작성할 때, 시급인건비나, 이자비용 등도 반드시 고려해야 한다. 이렇게 되면 처음부터 얼마의 자금이 필요한지, 얼마를 빌릴지 모른다면 일단 모르는 부분은 비워두고 확실한 데이터가 나올 때까지 기다릴 수도 있다. 손익계산서가 완료되었다면 다음 단계는 향후 일정기간 동안의 손익계산서와 현금흐름표 그리고 재무상태표를 작성하는 것이다. 신생기업의 경우, 매출과 운영이 일정 수준에 도달하기까지 상당한 시간이 필요하다. 이를 감안하여 3년에서 5년 정도를 기준으로 삼는다. 심지어 제약산업 분야의 경우 10년 아니, 그 이상 수입이 전무할 수도 있다. 손익계산서, 현금흐름표, 재무상태표는 어떤 사업에서든 회사운영의 기본이되는 재무문서임을 명심하기 바란다. 눈치 있는 독자라면, 이들 세 가지 문서 중어느 하나에 문제가 생기면 그 영향을 모두 받는다는 점을 알 수 있을 것이다.

추정현금흐름표를 작성하고 본 사업의 순현재가치(NPV)와 내부수익률(IRR)을 산출한다. 추정현금흐름표는 추정손익계산서를 기준으로 간접법으로 작성하되, 재무활동으로 인한 현금 흐름은 제외한다. 예를 들어, 3년차의 현금흐름에 사용하는 Terminal Value는 장부가치를 기준으로 한다. NPV 산출에 사용하는 할인율은 CNI의 가중평균자본비용(WACC)을 사용한다. 손익계산서에는 크게 매출(매출원가)과 비용(운영비용)의 두 가지가 핵심이다.

추정인력계획

사업계획서란 결국 기업성장계획서이다. 이런 계획에 인력확보계획은 필요하다. 그리고 이 작성은 크게 어렵지 않다. 다만 전문가의 영입 등 기술을 기반으로 하는 사업계획일 경우에는 차별적인 인력채용계획은 실현의지, 기업가정신을 엿볼수 있는 대목으로 중요하다.

창업팀 구성원칙

창업팀의 구성원칙은 철저한 보완재 역할을 할 수 있어야 한다. 이스라엘에서 창업에 성공하고 기업을 미국에 거액으로 넘기고, 한국에서 일하고 있는 전문가 멘토를 만났다. 그는 우리나라 창업환경에서 선진국에 비해 취약한 것이, 나만 성공하고 이를 공유하려 하지 않는다는 것이다. 이런 공유를 함께할 수 있는 사람이 멘토로든, 창업팀으로든 있다면 창업성공에 매우 근접해 있는 것이다.

함께 창업할 사람이라면 그 사람에 대해 어느 정도 안다고 생각할 것이다. 그 사람의 업무 스타일이나 업무 역량이 아니라 그 사람의 삶의 방식에 대해서도 많은 이야기를 해 보아야 한다. 상대방이 인생에서 중요하게 생각하는 것, 그 사람이 가지고 있는 취미, 은퇴하고 하고 싶은 것, 어렸을 때 꿈꾸어 왔던 것, 학창 시절 어떻게 생활했는지, 어떤 사람을 존경하는지, 따르고 싶은 롤모델은 누구인지, 아침에 몇 시에 일어나서 주로 몇 시에 잠자리에 드는지 등등 그 사람의 삶의 방식, 삶의 가치관에 대해 최대한 많이 공유해야 한다. 당신은 그러한 삶의 방식을 좋아하는지, 당신이 생각하는 삶의 방식과 얼마나 일치하는지 생각해 보자.

만약 상대방이 생각하는 삶의 가치나 방식이 나와 다르다면, 그 사람이 아무리 능력이 있다 하더라도 함께 해야 할 창업팀으로서는 부적합하다. 창업을 하고 나면 창업팀은 거의 24시간, 일에 대해 연구하며 생각을 공유하면서 함께 고민하며 지낼 텐데, 삶의 가치가 다르면 결국 중간에 갈등이 생기고 오래가지 못하게 될 것이다. 비즈니스에서 가장 큰 문제는 창업할 때 생기는 것이 아니다. 창업을 할 때는 적절히 준비하면 된다. 하지만 사업이 시작되면 여러 가지 문제와 의사결정을 해야 할 상황에 봉착하게 되는데, 결국 서로 갈등이 커지게 될 것이다.

삶의 방식이 같은 사람인지 아는 데 시간이 많이 걸리지 않느냐는 의문이 있을 수 있다. 그동안 전혀 모르던 사이였다면 시간이 많이 걸리는 게 사실일 것이다. 그러다 보니 학창 시절 동기 혹은 선후배들과 시작하여 일을 꾸려나가는 스타트업이 많은 것이라고 할 수 있겠다. 실제 오랫동안 봐왔던 사람들 중에서 괜찮은 사람들을 불러모으는 방식이 무난할 수도 있다.

보완적인 역할

삶의 가치를 함께 할 수 있는 사람이라는 기준을 통과했다면, 그 사람은 내가 가지고 있지 않은 나와 보완적인 역할을 해야 하는 사람이다. 보완적이란 우선 핵심역량이 보완적이어야 한다. 내가 디자이너라면 상대방은 기획자이거나 프로그래머여야 할 것이다. 웹 서비스 사업을 창업한다고 하면서 창업팀 세 명이 모두 기획자로 이루어진 팀을 아주 적합하다고 할 수 없는 이유다. 한 사람은 기획, 한 사람은 개발, 한 사람은 디자이너라고 하면 훨씬 더 잘 될 것 같지 않은가? 뿐만 아니라, 서로 가지고 있는 핵심역량을 믿고 신뢰할 수 있어야 한다. 기획자나 프로그래머는 디자인을 할 줄 모른다고 해도 디자인을 보는 눈은 있다. 디자이너가 단지 디자인을 맡은 역할로서가 아니라, 기획자나 프로그래머가 보기에도 괜찮은 디자인을 할 수 있는 사람이어야 할 것이다. 그래야 서로를 신뢰하면서 일을 해 나갈 수 있다. 이것은 서로 친하고 안 친하고의 문제가 아니다. 서로 삶의 가치가 일치하여 친해야 하는 것을 전제로 업무에 대한 역할을 제대로 할 수 있어야 한다는 것이다.

비전공유

창업팀이 구성되면 각자가 가지고 있는 비전을 함께 공유해 보자. 1년 후 어느 정도의 매출을 해야 할까? 직원은 몇 명까지 두는 것이 좋을까? 회사를 M&A 하는 쪽으로 갈 것인가, 주식 시장에 상장하는 형태로 갈 것인가? 언제까지 상품을 만들어야 할까? 필요한 자금은 얼마일까? 필요한 자금을 어떻게 확보할까? 향후 1~2년 내 발생 가능한 일들에 대해 함께 이야기하며 비전을 공유해 보자. 사업계획서를 작성하면서 혹은 작성된 사업 계획사업계획서를 보며 비전을 공유할 수 있게 된다. 창업을 하고 나서도 분기별 한 번씩은 사업계획서를 꺼내놓고 서로의 비전을 다시 한번 점검해 보는 시간을 가질 필요가 있다. 창업팀의 비전이 명확해야 향후 직원들에게도 명확한 비전이 공유될 수 있기 때문이다. 또 그렇게 해야 다 같은 생각을 갖고 업무에 임할 수 있다. 다 같이 북쪽으로 진격하고 있는데, 한 명이 혼자 동쪽으로 가면 어떻게 되겠는가? 힘이 모자라서 북쪽으로 간 돌격대가 전멸할 수도 있고, 동쪽으로 간 혼자만 사살될 수도 있다. 물론 둘 다 성공할 수도 있으려나?

문서화 결정

대부분 창업팀이 창업을 할 때는 큰 문제가 없다. 그런데 사업이 시작되고 나면 문제가 생기기 시작한다. 여러 명이 공동 창업을 하게 된 경우 몇 달 만에 회사를 그만두는 사람이 꼭 생긴다. 처음 기대했던 대로 사업 진도가 나가지 못했다는 이유이거나 개발을 하는 과정에서 의견 충돌이 생겨 그만두는 경우가 생긴다. 이런 경우 여러 가지 문제가 생긴다. 당장 보유한 지분을 어떻게 할 것인가? 서로 끝까지 가기로 하고 애초에 지분을 구성한 것인데, 먼저 나가다니. 그러면 지분을 다 포기하고 나가라고 해야 할 것인가? 하지만 먼저 나가는 사람은 먼저 나가는 사람대로의 입장이 있다.

"지금까지도 급여 안 받고 최선을 다해 일했다. 내가 나가게 된 것이 다 나 때문은 아니지 않은가?"

계약서는 바로 '아름다운 헤어짐'을 위해 필요하다. 중간에 누군가가 그만두고 나가는 경우 어떻게 처리할 것인가를 계약서에 적어두는 것이다. 다시 한번 말하지만 모든 창업팀은 언젠가는 헤어지게 되어있다. 그렇기 때문에 헤어질 때를 대비해야 한다. 현재 창업팀 개개인의 상황에 따라 미래에 있을 수 있는 헤어짐의 경우에 대하여 계약서로서, 최소한 문서로서 남겨놓을 필요가 있다. 그렇게 되면 헤어지더라도 서로 웃으며 헤어질 수 있고, 또 언젠가 다시 만나서 함께 할 수 있게 된다.

회사를 설립할 때 창업팀 멤버들끼리 지분을 1/n로 정하는 경우들이 종종 있다. 법인 설립에 대한 개념이 별로 없기 때문에 초기 필요자금은 주도자(?)가 주머니 돈으로 마련하는 경우가 있고, 설립자본금도 각자의 상황에 맞추어 내기도 한다. 회사가 설립된 후에도 창업팀 멤버들의 개별적인 사정에 따라 풀타임으로 근무하는 사람도 있고, 파트타임으로 근무하는 사람도 생길 수 있다. 그런데 지분은 모두 1/n로 하는 곳들이 있다.

설립자본금을 출자한 금액만큼 가져가는 것을 원칙으로 한다. 출자금은 이 사업에 대해 가장 적극적으로 참여할 사람-주로 CEO를 맡을 사람일 텐데-이 많이 내는 것이 좋을 것이다. 그리고 나서 창업팀원들의 급여를 정한다. 아마 최소한의 금액이 정해질 가능성이 높다. 급여가 시장 급여보다 적게 정해지는 경우 이들에 대한 추후 보상을 위해 스톡옵션(stock option)제도를 이용할 수 있다. 스톡옵션이란 '회사의 주식을 추후 정해진 가격으로 살 수 있는 권리'로서 보상 방식의 하나라고 할 수 있다. 물론 창업팀원들에 대한 보상은 스톡옵션 외에도 급여 정상화, 인센티브 등으로도 할 수 있다. 다만 여기서는 지분 구조를 가져가는 원칙이 투자한 만큼이라는 것이고, 1/n이 아닌 책임과 권한에 따라 나눌 수 있도록 한다는 것을 합의하는 것이다.

소통의 중요성

성공적인 팀은 마치 하나의 뇌와 여러 부분으로 이루어진 인간의 신체와도 같다. 팀원들끼리 서로를 신뢰하고 돌봐준다. 팀원 간 내 것과 네 것이 구분되지 않는 팀원정신이다. 팀원들 간의 소통이 잘 이뤄져야한다.

소통은 공식적인 것은 물론, 비공식적 창구에서도 열린 소통을 통한 긍정적 기류가 전파되어야 한다. 좋은 소통이란 팀장, 사장, 팀원 간의 소통뿐 아니라 팀원들 간의 소통이 비로소 힘을 발휘한다. 위기의 순간에만, 업무가 진행될 때만 소통하는 것이 아니라 지속적으로 추진해야 한다.

팀워크를 만드는 방법

* 적절한 특성을 가진 구성원을 선택한다.
* 적절한 역할을 제시한다.

* 서로를 이해할 수 있고 보완할 수 있도록 노력한다.
* 적절한 보상시스템을 통해서 구성원이 아닌 팀 자체를 스타로 키운다.
* 배움의 문화를 만든다.
* 자신만의 영역을 구분 짓기보다 공유를 장려한다. 거시적 관점, 현실, 분위기, 업무량, 이익과 손실에 대한 모든 것뿐만 아니라 조직구성, 과정, 승인 등을 공유한다.
* 소통하고, 소통하고 소통한다.
* 팀원들을 성장시키고 피드백을 공유하도록 격려한다.

사업계획서의 정의

사업계획서는 어떤(what) 사업을, 왜(why) 추진하고자 하는가를 더욱 구체화하여 사업목표를 세우고, 이를 언제(when), 어디서(where), 누구를 통해 (by whom) 실행할 것인가에 대한 구체적인 계획을 각 항목별로 세밀히 작성하는 실행계획서이다. 따라서 사업계획서는 본인에게는 사업의 진로와 미래의 길을 안내하는 나침판이지만, 투자자에게는 투자를 결정하는 최종 상품이다.

사업계획서의 목적은 무엇인가. 사업계획서가 필요한 이유는 무엇인가. 사업계획서는 누구를 위한 것인가를 항상 생각하자. 어떤 경우든 투자가 필요할 때에는 사업계획서는 아주 중요한 역할을 한다. 계획이 반드시 투자자를 위한 것은 아닐 수 있다. 그렇더라도 다음에 제시한 목적에서 크게 벗어나지 않는다. 첫째, 창업을 위한 사업계획서 둘째, 정부지원금 신청을 위한 사업계획서 셋째, 신상품개발을 위한 사업계획서 넷째, 자기자본조달을 위한 사업계획서 다섯째, 이사회승인을 위한 사업계획서 여섯째, 합작투자파트너를 위한 사업계획서 일곱째, 사업매각을 위한 사업계획서 등 큰 범주에서 사업계획서 종류는 대략 모두 포함되어 있다. 본서에서는 창업을 위한 사업계획서와 공공사업계획서 작성에 집중한다.

창업을 위한 사업계획서 활용 및 중요성

창업을 위한 사업계획서는 본질적으로 투자자금을 얻기 위한 것이다. 그렇다고 하여, 투자자금 확보가 전부는 아니다. 사업계획서를 잘 작성하면 우선 사업기회와 그 실행에 대한 상세한 내용을 포함하게 된다. 기업가들이 파워포인트 몇 장과 좋은 사업아이디어만 있으면 투자를 하던 시대는 지났다. 많은 창업가들은 자신의 사업아이디나 모델로는 수익을 낼 가능성이 희박함에도 고집을 피우는 경우가 많다. 노력과 시간을 들여 제대로 된 사업계획서를 만들어 보면 수천만 원의 돈과 인생의 귀중한 시간을 낭비하는 것을 막을 수 있다. 다시 말해, 창업가는 사업계획서를 통하여 최초의 비전에 대한 질문을 자주 던지며, 전문가의 자문을 통하여 이를 세밀히 검토할 필요가 있다. 모든 사업은 소비자, 즉 고객의 피드백을 통하여 원하는 가치(니즈)가 수렴된다. 이를 통하여 제품을 수정하는 데 사업계획과정을 잘 거치면 어느 정도 잘 수행할 수 있다. 이는 시장 반응에 맞추어 조정하는 것보다 훨씬 시간과 돈이 절약된다. 사업계획서는 처음 사업에 대해 생각을 떠올린 바로 그때부터 시작된다. 나의 생각을 위해 가볍게 얘기한 그 속에서 사업계획서는 시작된다. 이렇게 시작되는 사업계획서는 아주 간단하게 요약될 수 있도록 해야 한다. 어느 정도 머릿속에 있던 생각들을 정리했다면 향후 진행될 사업계획과정과 비전을 정리하여 가장 믿을 만한 멘토에게 보여주고 그들의 의견을 구하면 그들은 또 많은 질문을 던질 것이다. 사업계획서에 들어가는 내용은 비즈니스모델의 중요한 것으로서 전형적인 내용을 가지게 된다. 사업계획서에는 당연히 한 번으로 끝나지 않는다. 따라서 사업계획서를 곁에 두고 이를 하나하나 세밀화할 필요가 있다.

이러한 과정을 거듭하다 보면 그 과정에서 중요한 것들이 걸러지고, 또 필요한 사항들에 대한 학습의 효과를 얻기도 한다. 연습은 매우 중요하다. 올림픽 경기에 나가기 전, 선수들은 4년이라는 긴 시간을 연습에 투자한다. 이들 연습에는 동일한 조건에서만 하는 것이 아니다. 어떻게 나타날지 모르는 경기의 예상 요소를 고려해야 한다. 이를 위해 과학적 분석법은 기본이고, 개인적인 특성 등을 상황별로 정리하며, 그 연습을 지속해 나간다. 창업을 위한 계획서도 마찬가지다. 비즈니스환경은 그 변화 자체가 특성이기에 꼼꼼히 챙기고, 내적 및 외적 변화에 대한 고려 요소를 반드시 고민해야 하고, 사업계획서는 진화되어야 한다. 이렇게 하여, 사업계획서가 하나의 스토리모델이 될 수 있어야 한다.

앞서 강조했듯이 사업계획서는 다양한 이해관계자를 끌어들이고, 해당 사업의 잠재력에 대해 설득하고, 이해 관계자들이 사업계획을 어떻게 해석할지를 염두에 두고 있어야 한다. 멋진 스토리를 이끌어가는 주인공과 그 주인공을 중점에 두고 각종 사건들이 명료하고 일관되게 구성되었을 때 좋은 소설이 된다. 사업계획서도 마찬가지다. 이와 같은 사업계획서가 되기 위해서는 어떻게 구성되어야 하는지 살펴보자.

사업계획서의 준비단계

두말할 것도 없이, 좋은 사업계획서가 되기 위해서 기본적으로 먼저 해야 될 것은 철저한 조사와 사업화 팀을 구성하는 것이다. 먼저, 조사부분에서 창업자가 자신의 사업을 잘 알고 있다고 할지 모르지만, 고객들에 대해, 자신의 이익을 극대화하기 위한 행동, 합리적일 것 같지만 그렇지 않은 소비자들의 구매나 소비의 특성을 얼마나 알고 있는지 꼼꼼히 질문하고 찾아내야 한다. 시장을 조사하는 것은 꼼꼼히 그리고 자주 해야 한다. 시장조사의 중요성은 아무리 강조해도 지나치지 않다. 예를 들면, 시장수요패턴, 수요의 크기, 성장추세, 고객의 반응도, 경쟁상대에 대한 구체적이고 체계적인 자료, 잠재고객에 대한 현재와 미래에 기대하는 것이 무엇인지를 알기 위한 조사가 바로 그것이다. 사업계획서 작성에서 이 같은 시장조사에 시간이 많이 소비되는 것이 특징이다.

둘째, 사업화 팀을 구성하는 것이다. 어느 정도 규모가 큰 기업에서는 괜찮겠지만, 초기의 창업기업에서는 창업자가 전적인 책임을 지고 있다. 하지만 중요한 것은 사업계획서 자체 못지않게 창업자 자신의 단점을 보완해 줄 팀원과 팀을 구성하는 것이다. 경영학의 대가 피터 드러커(Peter Drucker)는 피드백 분석을 통해 스스로에 대한 인식을 더 잘 할 수 있다고 하였다. 사실, 기업가가 되기 위한 적합하고 통일된 원칙의 성격과 패턴은 없다. 다시 말해서 기업가는 모험심이 많다든지, 대부분의 창업은 창업자의 단점들을 보완할 수 있는 사람들과 함께 팀을 구성하여 창업을 시작한 경우가 대부분이다. 사업계획서가 기업성장과정에 따라 다르게 작성되듯이, 창업조직도 성장단계별로 팀을 구축해야 한다. 초기 창업자들은 팀원을 연결하고 구성하는 데 자연스러운 것이 가족과 동료, 친구다. 장점은 우선 창업자가 그 사람들을 비교적 잘 알고 있다는 것이다. 하지만 가족이나 친구 사이라면 업무상 필요한 지시나 명령을 전달하는 것이 어려울 수 있다. 이것이 창업자들의 딜레마이기도 하다. 사업화 팀 멤버를 찾았어도 기회비용의 장애를 뛰어넘어야 한다. 좋은 인재라면 이미 어딘가에서 역할을 하고 있을 가능성이 높다. 만약 현재 다니는 직장을 떠나 창업하는 신생기업에 참여한다고 한다면, 창업자 입장에서는 이들의 기회비용이 부담이 된다. 이런 것까지 성공 후의 열매를 기꺼이 나눌 의사가 있는 사람을 얻으면 금상첨화다. 이것이 여의치 못하다면, 모든 것은 창업자의 몫이다.

사업계획서가 갖추고 있어야 할 기본 원칙

사업계획서 작성을 다룬 많은 책에서 사업계획서 작성에 꼭 들어야 가야 하는 것으로 주장하는 내용은 거의 비슷하다. 간단하게 요약하면 사업계획서는 흔히, 하나의 프로젝트나 제안서나 연구계획 차원이 아니다. 다시 말해 단순한 특정상품이나 기술의 개발을 위한 계획이 아니라 이를 통하여 조직이 어떻게 이익을 실현할 것인가가 중요하다. 하나의 기술의 타당성뿐만 아니라 이런 아이디어가 시장에서 어떻게 상품으로 구현되고 어떻게 시장을 만들며, 얼마만큼의 가치를 만들어 낼 수 있는지 자세하게 설명할 수 있어야 한다. 이렇게 중요한 작업을 일주일

만에, 단 몇 일 만에 마칠 수 있다고 생각하면 안 된다. 그래서 초기 창업기업들은 전략전문컨설턴트를 고용하거나 사업팀에서 이를 집중 작성하기도 한다. 사업계획서 (Business Plan)는 살아있는 문서라는 것을 명심하기 바란다. 따라서 한번 작성되었다고 끝난 것이 아니며, 지속적으로 시장과 기술동향, 내 · 외부의 변화에 대해 상황을 주시하고 구성원들이 학습해 나가는 것이다. 이런 사업계획서는 작성에서 기본적으로 중요한 원칙이 있다. 누구나가 쉽게 이해할 수 있어야 한다는 명확성과 간결성, 이를 읽고 감명을 줄 수 있는 스토리텔링, 사업계획서 주체의 진솔한 사업에 대한 신념을 나타내는 비전성, 철저한 조사 · 분석에 기초를 둔 객관성 등이 필자가 생각하는 사업계획서의 기본원칙이다. 전문가의 조언과 자문을 통해 도출되는 재무와 마케팅계획 등은 특히 객관성이 핵심이다. 마지막으로 한계점의 명시이다.

1) 사업계획서 기본 1: 명확성과 간결성

사업계획서를 포함하여 어떤 보고서도 작성자는 큰 유혹에 빠지기 쉽다. 필자 역시 그런 경험을 가지고 있다. 자세히 기록하고 그에 대한 세밀한 설명을 포함해야 읽는 사람이 쉽게 이해할 수 있을 것이란 생각이다. 명확한 전달내용을 구체적으로 표현하다 보면 많은 분량의 보고서가 된다. 그런데 중요한 사실이 있다. 기업 CEO들이 각 부서에서 올라오는 보고를 받는다. 대부분은 한 페이지 내외이다. 그 많은 정보를 어떻게 담을까. 바로 그림과 그래프 등을 통하여 명확하게 반드시 보고되어야 할 내용을 담아낸다. 사업계획서에서 아무리 사업계획서에 있는 내용을 전문적으로 말한다고 하더라도, 여러분의 사업 분야에 있지 않은 사람들에게는 이해가 쉽지 않을 수 있다. 그러므로 최대한 간결하고 쉽게 내용을 이해할 수 있도록 만드는 것이 중요하다. 누구나 이해할 수 있는 쉬운 단어를 사용해야 한다. 형용사와 추상명사를 많이 쓰지 않아야 한다. 기술적인 속성분야에서는 특히 더 쉽게 설명해야 한다.

2) 사업계획서 기본 2: 스토리텔링 감정 어필

사업계획서는 두말할 것 없이 다양한 이해관계자들을 끌어들이고, 해당 사업의 성공에 대해 설득을 구하는 목적을 가진다. 그렇다면, 많은 이해관계자들이 사업계획을 어떻게 이해하고 해석할지 모르지만, 정답은 마음에 감동과 어필이 있어야 한다는 점이다. 최근 기업들은 감성마케팅이란 기법을 활용한 광고에 열을 올린다. 좋은 소설에서는 잘 짜여진 각본과 배경, 인물, 사건 등등이 물 흐르듯 자연스러움을 볼 수 있다. 사업계획서도 그렇게 작성되도록 해야 한다. 그렇게 되면 비즈니스에 있어서, 구성원들이 어떤 중요한 역할을 담당하고 있는지 어필하게 되며, 구성원의 역량에 따라 비즈니스가 어떻게 진행될지 예측이 가능하여, 사업계획서에 대해 더 좋은 인상을 갖게 마련이다.

3) 사업계획서 기본 3: 회사의 명확한 비전

창업하는 CEO들이 흔히 빠지기 쉬운 것이 조직을 왜 만드는지에 대한 비전을 중요하게 여기지 않는 경향이 있다는 점이다. 사업계획서를 통하여 투자유치에 중요한 것은 어떻게 하면 성공할 것인가에 대한 내용이 핵심일 수 있다. 경영학자 짐 콜린스와 제리 포라스(Jim Collins & Jerry Porras)는 '오랫동안 해당 업계에서 경쟁자들을 앞질러 온 미국 대기업들의 공통점은 강한 가치관을 공유한 것'이라고 말한다. '포춘' 지에서 선정하는 500대 기업의 공통점도 수익뿐 아니라 가치관 경영을 기업성공의 척도로 삼고 있다는 점이었다. 가치관으로 결속된 회사는 그렇지 못한 회사에 비해 15배 이상의 성과를 내며, 가치관이 명료히 정립된 기업의 주가는 비교 대상 기업에 비해 6배 이상 올랐다는 연구결과를 보면 '가치관이 얼마나 중요한 것'임을 실감할 수 있다.

비전이 같아야 지향점을 향해 능력과 열정을 공유하고 신뢰할 수 있게 된다. 비전을 수립하고 그 가치관에 걸맞은 인재를 선발하고 그에 맞춰 육성해 한마음, 한 비전으로 뭉쳐야 비로소 성과를 낼 수 있다는 것으로 풀이할 수 있다. 창업자의 딜레마를 쓴 노암 와서먼도 창업자와 비전을 함께할 수 있도록 미리 준비하고 미리 공유하는 것이 얼마나 중요한지를 설명하고 있다. 이렇듯, 기업의 비전은 회사의 방향을 알기 쉽게 해준다. 단순히 현재의 성과 및 계획으로 기업 미래를 투영하기는 불가능하다. 그래서 비전은 어떤 회사로 성장할 것인지를 주는 열쇠이기에 매우 중요하다.

4) 사업계획서 기본 4: 객관성

비전을 명확히 하기 위해서는 실은 상당한 노력이 있어야 한다. 사업계획서에서는 시장수요, 경쟁관계, 전략, 자원, 금융 및 예측, 위험 및 민감성 등에 대해 철저한 조사가 있어야 한다. 사업의 타당성 분석(Feasibilities)에는 기업가 개인의 요인, 기획 및 위험, 자원 요인 등 모든 것들의 객관적 기록이 핵심이다. 기업가로의 경영능력 분석으로는 적성과 자질, 사업기회와 창업자의 적합도, 창업자와 관련된 과거의 경험, 시장성분석에서도 마찬가지다. 뒤에 작성방법에 대해 구체적으로 설명하겠지만 시장환경, 경쟁기업의 상태, 시장진입시기 및 가능성, 초기와 중기의 사업성장성이 모두 팀원과 CEO 입장에서 기술되어서는 안 된다. 사업계획서에 가장 객관성이 요구되는 부분이 기술성과 경영분석이다. 사업계획서는 어찌 보면 미래의 일을 현재의 시점에서 그려내는 것이기에 정확할 수는 없다. 특히 현실적 재정계획 없이 무리한 마케팅전략 등으로 만들어진 사업계획서는 제3자의 입장에서 당황스럽다. 객관적으로 재정상황을 파악하고 현실적으로 얼마 후에 어떤 식으로 수익을 예상하는지, 기타 제반 비용 등을 고려하여 어떻게 비즈니스를 이끌어 갈지 제시하는 것이 중요하다. 요약하면 기업환경분석 등에서는 객관적인 기술이 생명이다. 또 그렇게 작성되어야 사업계획서가 성공으로 이끌어주는 바이블이 된다는 것을 명심하기 바란다.

5) 사업계획서 기본 5: 한계성

사업계획서에 100% 만족하는 CEO가 있다면 스스로 그 계획에 의심해 봐야 한다. 작성자의 입장에서는 완벽할 것으로 판단하고 있을지도 모른다. 초기 비즈니스의 경우 현실적인 신뢰감을 주는 것이 중요하다. 그렇다면, 초기에 비즈니스 모델이 완벽할 수 없는 것은 인지상정이다. 그렇다면, 사업계획서에는 현재 어떤 점이 미비하고 또 이를 향후에 어떻게 극복하고 발전시킬지에 대하여 그 방법까지 명시한다면, 신뢰성 있는 사업계획서로 발전할 것이다. 이와 같이 한계점을 구체적으로 밝히고 이를 극복하려는 것은 제3자 입장에서 스토리텔링의 클라이맥스로서 현실적인 강한 인상을 준다는 점을 명시하기 바란다.

요약하면, 사업계획서의 잠재적 문제점을 무시하지 말고, 작성자의 입장이 아닌 평가자, 제3자의 입장에서 점검해야 한다. 또다시 강조하지만, 사업계획서는 한 번 작성을 마쳤다고 끝이 아니다. 늘 변할 수 있어야 하고 또 변해야 한다. 사업계획서는 이를 읽는 제3자에게 감성을 느낄 수 있어야 한다. 이를 위해서는 개인적 구상에 대한 큰 포부를 멋지게 포장하는 것이 아니다. 충분한 조사와 분석을 통한 객관성의 확보가 그 무엇보다 중요하다. 제3자를 설득할 수 있는 살아있는 사업계획서는 반드시 성공할 수 있으니까 사업계획서를 믿으라는 강력하고 감성 어린 외침이 담겨져야 한다. 특히, 삼가야 할 것은 잠시, 투자와 선정을 위하여 과대 포장을 해서는 안 된다는 점이다. 핵심내용은 부각하되, 보편적으로 설득력 있게 작정하여, 누가 읽어도 사업계획서를 알아야 하고 부족한 점을 솔직히 고백하는 스토리 구성을 해야 한다.

사업계획서는 앞서 언급한 바와 같이 사업을 위한 설계도면이다. 따라서 한눈에 사업의 전반적인 모습을 읽을 수 있어야 한다. 초기 창업자나 기술사업화를 추진하려는 그 의지가 명확해야 한다. 또한 사업계획서는 본인에게도 중요하지만 이해관련자들에게도 매우 중요하다. 사업계획서는 사업의 현재가치보다 나은 미래가치를 나타내는 것이다. 미래가치는 어디까지나 추정치이기 때문에 바로 이 사안에 사업계획서가 민감하게 반응하는 것이다. 즉, 미래가치에 대해 납득을 시킨다는 것이 바로 사업계획서가 갖는 커다란 기능 중 하나이다. 사업계획서는 일반적으로 창업에 필요한 자금 확보에 필요한 핵심자료다. 따라서 창업이나 기술사업화의 타당성을 판단하는 기준이 된다. 사실, 사업계획서는 투자자가 투자에 관한 의사결정을 하는 데 사용하는 가장 기본적인 자료이다. 사업계획서는 초기 창업자나 기술사업화 제안자가 투자자와 직접적으로 접촉하게 하는 중요한 매개체이다. 사업계획은 구체적인 실현가능성을 분명히 제시해야 한다. 그래서 사업계획서는 경쟁사와의 차별성과 차별화를 이루기 위한 실현가능성에서의 객관성을 동시에 갖추고 있어야 한다.

세부 사업계획서 작성요령

사업계획서는 사업의 정확한 목적을 체계적으로 잘 작성한 문서이다. 따라서 사업계획서 작성은 성공의 첫걸음이 된다. 사업계획서를 작성하기까지 먼저 전체 목차를 구성한다. 즉, 사업내용에 맞는 전체적인 목차를 구성하여 나열하고, 사업모델 등에 관한 관련 자료를 점검하고 양식이 정해진 경우에는 작성에 필요한 내용을 확인한다. 둘째 단계로는 시장분석 및 계획수립단계이다. 사업내용에 대해 핵심적인 시장, 기술, 경쟁사 등의 동향 및 특징을 조사하고, 조사된 내용을 분석하고 사업의 방향 및 실행계획을 수립하며, 사업내용과 유사한 참조할 수 있는 사업계획서를 미리 확보하는 것도 필요하다.

다음으로 사업에 관한 계량적인 분석이다. 사업투자계획, 매출 및 비용계획과 손익분석 등의 분석과 내용상 문제점 점검 및 피드백을 실시하여 최대한 정확한 수치가 나올 때까지 반복하여 분석을 실시한다. 이와 같은 사업계획서 작성에 필요한 절차를 통하여 충분히 그 자료를 객관화한다.

1) 사업계획서 구성요소 및 내용

계획을 담아내는 그릇의 크기와 모양이 고정되어 있을 필요는 없다. 다만, 그 속에 담겨야 할 항목들은 있다. 일반적으로 사업계획서가 갖추고 있어야 할 주요 구성내용은 다음과 같다.

구 성	주 요 내 용
사업개요	- 사업배경 - 사업목표 - 비즈니스모델 - 기대효과 등
시장성분석	- 경쟁력, 시장규모, 진입전략 등 기타
경제성분석	- 예상매출추정 - 지출비용추정 - 대차대조표 및 손익분기점 등
세부활동계획	- 자금투자계획 - 인력계획 - 기술계획 - 생산계획 - 마케팅계획 - 재무계획 등 기타
추진일정	- 구체적인 상세일정
평가	사업결과와 성과

사업계획서 주요 구성요소

구 분	주 요 내 용
사업계획서 정의	사업을 시작하기 전, 혹은 사업의 진행과정에서 이해관계자에게 사업목적과 내용을 일목요연하게 정리한 문서
사업계획서 내용	사업의 개요 사업계획에 대한 설명(개요, 시장성, 차별성 등) 제품(재화, 용역) 생산 및 생산능력 투입자원(인력, 설비 등) 마케팅전략 및 판매목표(기간별 수량 및 금액) 투입원가 및 비용 수익성, 재무상태(추정재무제표 등) 단기 및 장기 성장량 및 연도별 추이
사업계획서 용도	사업착수 및 진행을 위한 내부관리 지표 마케팅 영업을 위한 영업망 구축(대리점 등) 연구개발 및 신기술 확보, 상품화 일정 투자자 유치 및 대출 등 재무상태

사업계획서 주요내용

2) 사업계획서 작성항목

사업계획서의 주요항목은 사업계획서 양식마다 다를 수 있지만 회사개요, 사업개요, 제품 및 기술현황, 시장환경, 개발계획, 투자계획, 마케팅계획, 생산계획, 인원계획, 재무계획, 투자제안으로 나눌 수 있다. 사업계획서에 포함되어야 할 내용을 요약한 표는 초기 창업기업이나 사업계획에 관한 유익한 정보를 준다.

	항 목	작성항목 및 주요내용
1	회사개요	항목 : 비전, 경영이념, 조직, 일반현황, 지적재산권, 주주현황, 재무현황 등 - 사실에 근거하여 최대한 성실히 작성 - 경영조직의 핵심역량 부각 - 회사의 비전 및 목표에 대한 최대한 정량화된 수치 기재
2	사업요약	항목 : 사업비전, 사업모델, 시장전망, 적용기술, 투자금액 등 - 사업목표와 목적시장, 시장추세 및 성장성 등에 대한 핵심사항 - 제품과 서비스에 대한 독창성과 경쟁우위성 부각 - 사업과 무관한 사람도 쉽게 이해할 수 있게 작성
	사업개요	항목 : 사업필요성, 사업배경 및 사업방향, 사업전략 등 - 사업의 핵심역량 및 사업목표 (정량, 정성)를 강조 - 사업의 목적, 필요성 및 효과, 사업분야 및 영역 부각 - 단계별 사업방향 및 전략 기재
3	제품 및 기술현황	항목 : 제품개요, 제품구성, 제품특징 및 효과, 제품관련기술, 기술우위성 등 - 경쟁제품과의 비교·분석을 통한 경쟁 우위점 강조 - 특징 및 차별성 기재 - 핵심기술 내용을 타 업체와 비교하여 작성
	시장환경	항목 : 시장현황, 시장규모, 시장전망, 경쟁현황, 고객동향, SWOT 분석 등 - 환경분석 결과 사업성공 가능성이 높음을 강조 - 제시된 시장분석 자료에는 반드시 출처 및 근거를 기재 - 경쟁현황은 반드시 자사와 경쟁사를 비교 분석하여 작성
	개발계획	항목 : 개발현황 및 방향, 개발인력 및 비용, 개발 일정 등 - 사업포트폴리오와 연계된 기술개발로드맵 강조 - 현재까지의 연구개발 성과와 향후 연구방향 부각 - 향후 연구개발에 소요되는 비용 및 일정 기재

4	투자계획	항목 : 사업장 및 시설공사, 설비 및 비품계획, 기타 투자계획 등 - 투자금액에 대한 명확한 산출 내역(근거) 제시 - 시설 및 설비의 상세 내역 및 구매처 기재 - 무형자산(특허권 등)에 대한 계획기재
	생산계획	항목 : 생산공정, 레이아웃, 생산계획, 구매계획, 자재계획, 품질계획 등 - 가능한 한 상세하게 단계별 실행계획 및 예산기재 - 연도별 생산계획(규모) 및 산출 근거 제시 - 구체적인 품질목표 및 관리방안 제시
5	마케팅 계획	항목 : 마케팅컨셉, STP 전략, 4P 전략(제품/가격/유통/판매) 등 - 마케팅계획의 실현 가능성에 초점을 맞추어 작성 - 구체적인 마케팅 예산 책정 및 기재 - 경쟁사와의 차별화된 전략 부각
6	조직 및 인력계획	항목 : 조직계획, 인력계획, 인건비계획 등 - 사업규모 및 경영환경에 적합한 조직구성이 핵심 - 핵심인재구성 내역 및 확보방안 기재 - 사업 단계별 조직, 인력계획을 상세하게 작성
7	매출 및 이익계획	항목 : 매출계획, 제조원가계획, 비용계획, 추정손익계산서, 추정대차대조표 등 - 재무 관련 수치는 반드시 산출 근거를 명시 - 손익계산서 및 대차대조표의 연계성 확보 - 연도별 매출액 및 순이익의 추세 부각
8	투자제안	항목 : 투자포인트, 주식가치산출, 투자제안 등 - 투자자가 얻을 수 있는 이익에 대한 내용 강조 - 투자가의 관심을 유도할 수 있는 내용 부각 - 투자조건 및 투자회수방안 제시
	평가	항목 : 투자포인트, 주식가치산출, 투자제안 등 - 투자자가 얻을 수 있는 이익에 대한 내용 강조 - 투자가의 관심을 유도할 수 있는 내용 부각 - 투자조건 및 투자회수방안 제시

사업계획서 작성항목 및 작성요령

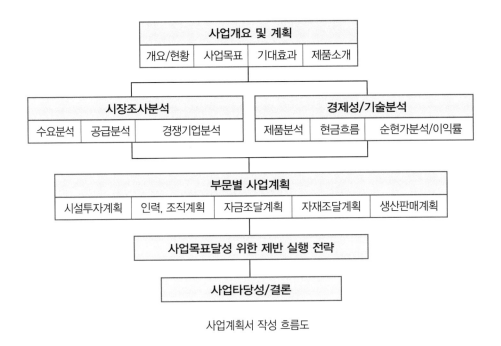

사업계획서 작성 흐름도

심사자의 관점에서 사업계획서가 어떤 모습이어야 할지를 잊지 말고 작성해야 한다.

사업계획서작성 도전 및 응용

이 장에서는 사업계획서 작성을 실제 도전해 보고 보다 나은 사업계획서를 고민해 보는 장이다. 초기 창업자나, 기술사업화 제안자는 머릿속에 있던 것을 구체적으로 내보이는 것이다. 하지만, 실제 사업계획서를 작성하려면 막막하기도 하다. 이때 본서를 활용하기 바란다.

1) 회사 및 사업개요 작성요령

사업요약은 사업내용 전체가 일목요연하게 조망될 수 있도록 작성한다. 많은 양의 정보를 요약하는 데는 그림이나 도표를 사용하는 것이 효과적이다. 사업개요, 사업목표, 추진전략 및 체계, 사업추진의 필요성 및 기대효과, 제품개요 등을 기술한다. 사업계획서 작성에 기업비전, 미션, 목적, 목표 등이 있다. 학술적으로 그 의미는 다를 수 있지만, 사업계획서를 한 줄기로 보면 된다. 회사가 도대체 어떤 미래(목표)를 갖고, 무엇(목표)을 하려 하며, 어떻게 실천하려 하는지(행동전략)를 간략하게 작성하면 된다. 필자가 이와 같이 설명하는 이유는 사업계획서는 '무엇(what to do)'이 핵심이기 때문이다. 그래도 초보 사업계획서 작성자를 위하여 간단하게 설명하면, 비전(Vision)은 미래에 달성하고자 하는 의도된 목적(목표)을 나타낼 수 있도록 작성하면 된다. 따라서 비전은 추상적인 문장이 아닌, 기업의 존재 이유를 명확히 하고, 사업 방향을 확립케 하며, 기업운영과 행동의 기준을 제공하는 지침이다. 미션 (Mission)은 기업의 비전을 이루기 위해 당장 실행 가능한 목표 또는 임무작성을 하면 된다.

필자의 컨설팅 경험으로 보면, 계획서의 서론 부분 작성인 회사개요에서 독자들이 어려워하는 것이 기업의 비전, 사명, 목적, 목표, 가치 등에 대한 기술이다. 이론적으로 비전(Vision) 부분은 사업(기업)이 다른 경쟁자와 차별화되는 부분을 의미한다. 비전(vision)이나 사명(Mission)을 작성하다 보면 기업의 목적으로 취급되어 작성됨을 깨닫게 된다. 그렇다면 목적은 무엇인가. 목적은 사업으로 이루고자 하는 바를 기술한 것이다. 목적이 방향성을 타나내고 있는 반면, 목표는 구체성을 띄고 있다고 보면 된다. 목표(Goal) 설정에 유용한 원칙으로 SMART가 있다. SMART는 구체성(Specific), 측정가능성(Measurable), 달성가능(Attainable), 관련성(Relevant), 시간제한(Time-limited)을 의미한다.

기업이 달성하는 방향, 기업이 추구하는 방향성에 대해, 이를 달성할 구체적이며 달성 여부를 측정 가능한 언어로, 일정 시간 내에 성취하고자 하는 것을 목표라 할 수 있다. 따라서 사실에 근거하여, 핵심역량을 투입하여 기업이 달성하려는 비전의 구체적인 목표를 최대한 정량화의 간명한 용어를 사용하여 작성한다. 가치(value) 역시, 사업계획서 작성에서는 기업이 추구하는 목적으로 이해하고 기술하면 된다. 창업이나, 기술사업화를 추진할 때, '시작할 때의 목적과 목표는 무엇이었는가.' 특히, 창업계획서의 경우 목적은 무엇이고 이러한 목적을 이루기 위한 목표가 SMART한지 사업요약 부분이 채워져야 한다.

시장추세 및 성장성에 대한 내용도 핵심이다. 시장추세 작성에서 중요한 것은 주관적인 관점이 객관적인 자료보다 앞서면 절대 안 된다. 가끔 보면, 수려한 사업계획서라 말하는 계획서에서 시장추세를 분석자의 개인적 주관에 의한 기술이 많음을 볼 수 있다. 시장추세에 대한 객관적인 출처와 특히 전문기관에서 발간하는 시장동향 등이 첨부되어야 한다. 성장성부분은 시장확대전략이다. 사실, 필자가 심사한 계획서를 보면, 사업요약 및 개요부분의 다섯에서 여섯 개의 일목요연하게 정리된 내용에서 결정되는 경우가 많다. 사업의 목적과 필요성 그리고 효과부분 등은 명확한 조사를 구사하여 사업계획서의 내용이 보다 선명하게 만들져야 한다. 이 부분에서는 형용사나 부사 등을 최대한 자제해야 한다. 시장을 어떻게 만들어가고 확대해 나갈 것인가에 대해서 상당 부분 제품의 우수성을 작성하는 경우가 많다. 목표고객에 대한 정확한 타겟과 공급사슬상에서의 고객에게 충분한 가치(제품)를 제공하고 있는 범위 혹은 크기가 정답이다. 사업목표를 정량적 표현 또는 정성적 표현으로 명확하게 할 필요가 있다.

예를 들어, 정량적 표현의 경우 부록이나 참고자료에 근거를 제시하면 그 효과는 두 배가 된다. 이때 경쟁사 부분도 있다면 금상첨화다. 창업초기의 사업계획서에서 간과하는 부분이 경쟁사 부분이다. 후술하겠지만, 세상에 경쟁사가 없는 경우는 거의 없다. 만약 없다면 만들어서라도 제시하기 바란다. 이와 같이 경쟁사의 존재를 강조하는 이유는 사업계획서 실행에 유아독존(唯我獨尊)의 세상은 없다. 단계별 사업방향 및 전략 부분에서는 연도별, 또는 분기별 발전전략서라 생각하고 작성하여야 한다. 여기에 이 부분에 주로 매출 등 수입구조만 고려하지 말고 비고를 만들어 우발적인 상황에 대한 대처가 되었다는 것도 제시해야 한다. 왜냐하면, 창업기업이나 혹은 성장단계기업들이 미래를 예견하고 예상하는 추세로, 시장과 세장과 고객이 변해주지 않는다. 만약, 특별한 양식이 정해져 있다면 그 밑단에 참고표시(※) 등을 활용하면 된다.

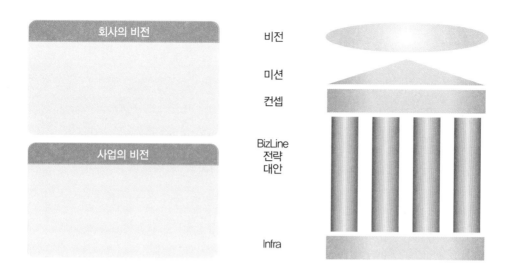

시장성 조사 분석

시장을 분석한다는 것은, 창업자이든 기술사업화를 목표로 하든, 바로 당사자가 진입하려는 곳을 최대한 객관적으로 알아보려는 작업이다. 이 부분은 경영학에서 상당 부분 발전되어 있는 이론들이 있다. 본서의 특성상, 관련 이론 등을 되도록 생략도록 할 것이다. 하지만, 소개된 내용만큼은 반드시 철저히 연습하기 바란다.

비즈니스모델 분석법의 핵심은 바로 이 부분이다. 다시 말해, 사업기회가 무엇인지를 정의하고 그 기회를 찾아서, 기회가 이런 것임을 설명하는 부분이다. 어떻게 그 기회를 잡을 것인지에 대한 사업계획서 내용 부분의 핵심인 것이다. 창업초기 기업이라면, 창업을 통하여 사업을 하겠다는 사업계획서에 고객가치 부분의 특화와 차별성, 경쟁우위성을 최초로 구체적으로 제시하는 부분이다.

부연해 설명하자면, 우리 기업에서는 이렇게 차별된 기술과 서비스로, 바로 '이런 제품(가치제안, Value Propositions)을 생산·제공하며, 경쟁사의 제품과 비교분석했더니 고객이 원하는 제품(가치, value propositions)이 바로 이것이다.'라는 것을 글로 쓰면 된다. 가치제안(Value propositions)이란 경영학을 배우지 않는 독자에게는 다소 생소한 용어다. Aaker(2001)의 정의에 따르면, '가치제안(Value Propositions)은 기업이 제품이나 서비스(재화와 용역)를 통해 고객에게 제공하고자 하는 기능적, 감성적, 사회적, 자기 표현적 편익'이라고 설명한다. 뭐 어려울 것 없다. 좋은 가격, 탁월한 성능, 최고의 품질, 다양한 제품라인, 열정의 공유, 혁신적 제품, 글로벌 연계와 품격 등을 가진 재화와 서비스라고 제시하면 그것이 고객 가치제안이다. 예를 들어보자. 만약 새로운 청소기를 제조했다면, '미세 먼지 100% 흡입되는 혁신적인 제품으로, 경쟁사의 85% 제거보다 15% 성능을 개선시켰음에도 가격 면에서는 경쟁사보다 20% 저렴하고 매력적인 디자인 제품 개발…' 이렇게 작성했다면, 이 회사의 사업계획 속의 가치(재화나 용역)를 제시한 것이다. 사업계획서를 작성함에 있어서, 고객들이 느끼는 효용과 편익을 가장 크게 했다는 점을 집중적으로 표현해야 한다. 예를 들어 핵심기술 부분을 글로 쓴다면, 미세 먼지 100% 제거를 위해, Quack 통계법을 알고리즘으로 하여 먼지의 분산 방향을 미리 계산해 내는 지능형 기술과 먼지 크기에 따라 자동으로 변하는 필터개발이 핵심기술이다…' 이렇게 기술하면 된다. 이런 기술 개발의 know-How와 경쟁제품과의 구체적인 비교·분석을 구체적인 실험결과로 보이는 데이터를 제시하여 경쟁우위를 강조하면 된다.

시장을 조사한다는 것은 내가 진출하려는 시장을 찾는 것이다. 즉, 고객을 찾는 것이다. 고객을 왜 찾나. 고객들이 시장에서 상품을 구매하기 때문이다. 새로운 상품을 구매하려는 잠재적 고객들은 왜 그 상품을 기꺼이 구매하려 할까를 사업계획서 작성 전 과정에서 끊임없이 고민하기 바란다. 시장조사, 즉 시장분석은 사업 성패의 첫째 요소다. 신기술로 개발된 상품이 아무리 뛰어나도 이를 필요로 하는 고객이 없거나, 원하는 수익이 발생하기까지 시간이 너무 오래 걸린다면, 그 사업은 실패한다. 물론 첨단 제약산업의 신약개발과 시장의 특성 등을 가진 몇몇 산업은 예외다. 사실, 시장성 분석 즉, 시장조사의 요소들이 매우 많아서, 이를 철저히 모두 분석한다는 것은 쉽지 않다. 물론 많은 노력으로 철저히 모두 조사할 수는 있다. 우리나라 속담에, '망건 쓰다 장 파한다.'는 것이 있다. 준비와 조사에 너무 오래 걸리면 시작도 하기 전에 기회를 잃어버린다는 뜻이다.

구분	분석요소	세부분석내용	조사방법
시장 규모	시장규모와 성장성 소비자의 행동	목표시장 시장규모, 잠재시장 및 대체 상품 출현 시 시장규모, 시장성장전망, 소비자의 선호도 변화	각종협회 발간자료 민간경제경영연구소 컨설팅회사의 발간자료 산업동향분석 투자회사의 투자동향보고서 시장 직접조사, 설문
시장 식별	틈새시장	소비자의 불만내용, 신규진출이 아직 없는 이유	고객불만족 센터 방문 고객불만 듣기(직접) 신문 및 인터넷 매체 학교도서관의 주간, 월간 최신자료 활용 시장 직접조사, 설문 정부정책요소 파악
시장 구조	산업구조	산업의 과거, 현재, 미래의 성장 속도 및 현재 추세 경쟁자 신규진입장벽 경쟁구조 및 경쟁강도 상품의 가격구조 및 변화패턴 유통 및 key 파트너의 구조 등의 변화	각종협회 발간자료 민간경제경영연구소 컨설팅회사의 발간자료 산업동향분석 주간산업동향 최근 발간된 관련 학술지 및 서적
	고객변화	고객들의 소비패턴 조사 구매동기, 제품에 대한 만족도, 가격 민감도 및 경쟁사 전략	시장 직접조사, 설문 인터뷰 직접조사
	경쟁자 비교	시장점유율 추이	산업동향분석, 관련사업협회 및 동 우회 발간자료 동우회 회의 참석
시장 환경	인구, 문화, 정책	인구통계학(지역, 나이, 성별) 문화적 특성 정부정책환경	각종 정부 통계자료 중앙정부 통계청, 지자체 및 관련기 관 홈페이지 외국시장동향

시장조사 고려항목 및 요소

시장조사는 목표시장, 시장세분화, 수용자특성, 시장규모, 시장성장성, 경쟁정도, 경쟁력, 예상시장점유율 및 매출액 등은 주 항목이다. 시장현황, 시장규모, 시장전망, 고객동향 부분은 먼저, 관련 산업분야의 국내 연구소에서 발간하는 동향 분석자료는 중요한 객관적 자료다. 시장의 정의는 창업기업이라면 기회에서 찾은 부분을 기록하면 된다. 시장규모는 최근 3년간의 자료를 주로 사용한다.

뿐만 아니라, 한국은행을 비롯 시중은행의 산업분석자료, 국책연구소의 발간자료, 이슈페이퍼, 경영자를 위한 자료 등 관심을 넓게 가지면 정보를 충분히 얻을 수 있다. 특히, 관련 분야 산업의 협회나 상공회의소 등에서 월간, 주간 단위로 발간되는 자료집, 내부회원에게 배포되는 공유정보지 등, 그리고 시간을 가지고 외국의 컨설팅기관에서 발간하는 여러 가지 관련 자료를 활용하면 보다 보고서가 수월성을 가지게 된다. 세계적인 컨설팅 기관 못지않게 산업분야의 분석을 비교하여 정리해 놓은 OECD나 World Bank, EU 등 관심의 영역을 넓이면 얼마든지 자료를 구하여 활용할 수 있다. 중요한 것은 사실 발로 뛰어 확보하는 1차 자료가 최고다. 시장동향, 소비자의 소비행태, 규모, 제품에 대한 반응, 시장수요 등에 대해 2달간 또는 1년간 또는 3년간 직접 확인 분석하였다면 이것보다 정확한 자료는 없다. 사실, 사업계획서 작성에서 개요부분의 핵심적인 내용으로 투자자나 이해자들에게 관심을 끌고, 제품차별화와 시장에 대한 객관성을 최대한 보이면 멋진 사업계획서가 된다.

많은 투자자들이 사업계획서에서 매우 관심이 있는 부분이 바로 시장부분이다. 앞서 언급했듯이, 시장동향, 시장의 성장성 등에 대한 부분이 충분치 않은 것이 대부분이다. 사업계획서에서 시장수요 부분이 설득력 있다면 잘된 것이다. 시장은 어떤 종류든 수요와 공급으로 이루어진다. 수요가 공급을 초과한다면 공급자에게 유리하겠지만, 이런 현상은 사업초기 공급자가 소수일 경우까지가 대부분이다. 따라서 사업계획서에서 특히 시장 관련 분야(현황, 규모, 전망)의 수요량의 산출이 사업계획서의 핵심인 것이다. 실은 창업초기 기업들이 작성에 가장 어려움을 겪는 부문이 바로 여기다. 예전에는 없었던 고객이익부분에 대해 어떻게 시장

수요량을 산출해 내는가는 골머리를 썩게 만들었다.

만약, 상품을 구매할 고객이 충분히 존재한다는 것을 보여주면 된다. 그렇기 위해서는 증거가 요구된다. 이렇게 요구되는 것이 현장테스트마케팅 결과를 시계열 (time series)로 해석을 확대하는 것이다. 이를 위해서는 시장시험 결과와 관련 자료를 보유하고 있어야 한다. 또한 조사결과를 분석해야 한다. 논의의 결론을 도출하는 과정에 대한 증거자료를 유지하며, 만약 인터뷰에 참석한 고객이라면, 또는 제품에 대한 의견을 실명으로 기록했다면, 이러한 자료를 토대로 미래를 제시해야 한다. 부록으로 처리된 이와 같은 자료는 객관성을 확보하는 데 필요하다. 이런 소비자들의 반응을 토대로 잠재시장 규모를 평가한다. 시장수요 추세를 추정하려면, 우선 과거성장평가로 시장수요가 어떻게 성장했는지 점검한다. 여기서 중요한 것은 단정적인 평가는 위험하다는 것이다. 예를 들어, 만약 최근 2년간 성장률이 10%였다고 해서 과거에도 그렇게 되었다고 평가하면 안 된다는 점이다. 상승과 하강이 있었다면 변화 비율을 계산하기 전에 그 편차를 3년 정도의 자료를 활용하여 고민하기 바란다. 앞서도 언급했지만 이러한 자료를 찾아볼 수 있는 자료가 거의 없거나, 전혀 없는 틈새시장인 경우에는 그런 방법은 도움이 안 된다. 이럴 경우 산정법은 우리나라의 전체 경제성장률을 기준으로 활용하는 것이다.

예를 들어 2% 성장했다면, 국내총생산의 성장률과 성장속도와 인플레이션을 적절히 고려한 값을 찾아내는 것도 하나의 방법이다. 반대로 최근 자료가 없다면 어떻게 할까. 대개 시장수요에 영향을 미치는 요인은 당연히 소득성장률, 일반적인 인구분포, 정부정책의 효과, 산업변화와 기상, 계절변화요인, 기술변화 등의 자료를 최대한 활용하는 것이다. 미래의 성장 즉, 시장규모와 시장수요예측은 지금까지의 내용을 토대로 독자 스스로 충분히 이해할 수 있을 것이다. 지금까지 모았던 정보의 추세를 조립하고 가공하며, 지속적으로 평가하여 이를 활용한다. 예를 들어, 독자들이 미래실버산업을 위한 사업계획서를 작성하고 있다고 가정하자.

지난 수년 동안 실버산업 시장의 연평균 성장률을 찾는다. 다음 단계로 1인당 소득성장률을 찾는다. 셋째 노년 인구의 증가 및 노년층의 서비스 인식 상승으로 이 값들을 활용한다. 다음 단계에서는 노년 인구의 지속적인 성장이 예견될 것이다. 미래에는 그 속도가 더 빨라진다는 것을 각종 자료를 통하여 얻는다. 다음 단계로 시장의 성장이 가속화될 것이며 향후 수년 동안 연 15% 이상 성장할 것이라 결론을 내린다. 요약하면 수요예측, 즉 시장예측은 과거에는 어떻게 성장하였고 그러한 성장이 현재에 영향을 미치고, 미래에도 그 추이는 계속될 것이란 점을 찾아내면 된다. 이렇게 작성된 수요예측은 사업계획서 작성에서 어렵기도 하지만, 가장 시간과 정성을 쏟아야 될 부분임을 명심하기 바란다.

1) 차별화전략

사업전략과 계획은 어떤(what) 사업을 왜(how) 추진하고자 하는 것을 구체화하여 사업목표를 세우고 이를 구체적으로 작성하는 것이다. 여기서, 전략이 무엇인지 잠시 언급하고자 한다. Porter(1996)에 의하면 '전략이란 경쟁자가 하는 것과 다른 방법을 선택하는 것'이라 정의하였다. Magretta(2002)는 '경쟁자보다 얼마나 더 잘 할 수 있느냐를 설명하는 것'이라 정의한다. 결국, 차별화전략은 경쟁사보다 뛰어난 성과를 낼 수 있게 하는 방법이다. 사업계획서에서 전략도출과 차별화를 작성한다면, 거기엔 우리의 장점이 기술되어 있어야 하는 것이다. 상대와 비교하여 어떻게 다른가, 또 이를 위해 무엇을 해야 하는가, 하지 말아야 하는가를 선택하여 그 수준을 결정하는 것이다. 결국 전략이란 기업의 경쟁우위를 유지하게 하는 방법론이 되는 것이다. 이와 같은 차별화전략을 찾아내기 위한 방법은 경쟁관계 파악하기에서 구체적으로 설명하겠다.

2) 경쟁관계 파악하기

창업기업들은 자신들의 창업아이디어가 완전히 새로운 개념이라는 생각이 깔려 있다. 하지만 경쟁은 존재한다. 경쟁분석방법으로 대표적인 것이 마이클 포터의 '5 Forces 분석법'이 있다. 사실, 투자자가 알고 싶어 하는 것은 제품에 대한 시장에서의 경쟁이 얼마나 치열하고, 만약 투자했을 때 무슨 일이 일어날지에 대하여 관심이 있다.

마이클 포터의 다섯 가지 영향력 분석법은 해당 기업이 속해 있는 산업분야의 경쟁강도를 잘 설명해주고 있다. 마이클 포터의 산업구조분석기법인 5 forces 이론의 구성은 1) 잠재적 진입자의 위협과 진입장벽, 2) 기존 경쟁자들 간의 경쟁강도, 3) 구매자의 협상력, 4) 공급자의 협상력, 5) 대체재의 위협 등의 외부환경요소 중에서 사업의 성패와 경쟁력에 핵심적인 요인을 찾아내는 것이다. 좀 더 구체적으로 설명하면, 첫째, 내부경쟁이다. 즉, 기존경쟁자와의 경쟁인데 이들은 기업체 수, 시장수요성장 그리고 외부압력에 의하여 경쟁이 결정된다. 해당 분야에 진입해 있는 기업체 수가 많으면 경쟁은 치열하고, 시장수요의 성장이 줄어들면, 또 예기치 않은 외부의 정책변화, 노동조합 등의 활동으로 인해 시장수요와 경쟁구도를 바꿀 수도 있다. 둘째, 신규 진입자들이다. 시장진입장벽이 낮을수록 경쟁은 대개 더 힘들어진다. 진입장벽을 이기는 데는 여러 가지 요인이 있다. 기술력, 숙련된 사람, 비용 등이 될 수도 있다. 셋째, 대체재의 위협이다. 고객이 대체제품이나 서비스를 이용하기 쉬울수록 경쟁은 대게 더 힘들어진다. 대체제품이 많다는 것은 당연히 경쟁시장의 속성이다. 우리 기술은 세상에 유일하여 우리밖에 상품을 생산할 수 없고, 우리 기술은 모방도 쉽지 않아서 새로운 대체상품이 나올 경우가 거의 없다고 사업계획서에 쓴다면, 그 사업계획서는 투자자의 관심을 얻지 못한다. 오히려, 경쟁업체가 2년 안에 출현할 것이고, 대체품이 생산되기 전까지 시장은 우리가 만들어 간다고 작성하는 편이 더 좋다.

창업자금

창업자금은 매우 중요한 특성을 가지고 있다. 대표적인 것이 투자를 받는 것이다. 투자를 받았다는 것은, 창업기업이 객관적인 차원으로 시장의 성장 가능성을 인정받았다는 점이다. '사업 시작을 위한 자금을 어떻게 마련할까?' 아마도 이 질문은 기업가에게 중요한 문제일 것이다. 돈은 정말 사람들을 웅성이게 만드는 주제인 것 같다. 만약 이게 대학의 벤처교육코스이거나 사업강좌이든지 말이다. 새로운 기업가들은 그들이 자금만 충분하다면 어떤 사업이든 성공시킬 수 있다고 확신한다.

불행히도 그에 대한 이유는 합리적이지 않다. 사실, 나쁜 아이디어에 돈을 쏟아붓는다고 해도 그것이 좋게 변하지는 않는다. 필연적인 실패의 시기만 늦출 뿐이다. 서투른 팀에게 투자하는 것은 돈을 버리는 것과 마찬가지이다. 더욱이, 필요 이상으로 자금이 풍부한 팀은 종종 어리석은 결정을 내린다. 실수를 돈으로 메꿀 수 있기 때문이다. 외부의 도움 없이 자금을 모으는 것이 가장 도전적이고 성취적이다. 자금에 너무 의미를 둔 나머지, 기업가들은 사업을 시작할 때 자금이 최고로 중요한 요소라고 생각한다, 그러나 이런 생각은 옳지 않다. 일반적으로, 벤처사업이 초기에 진행될 때는 한계점을 만나지 않는다. 벤처캐피탈리스트들은 고성장하는 기업을 찾는다. 돈이라는 것은 그저 사업을 시작할 때 필요한 자원이지만, 가장 중요하진 않을 수도 있다는 것을 명심해야 한다.

벤처 및 창업자금을 모으는 것은 시간 소모적이고 정보의 불균형도 있으므로 굉장히 어려운 작업이다. 기업가들은 투자자들보다 자신들의 사업을 더 잘 안다. 다시 말하면, 기업가가 가치 있는 문제를 발견해 내는 것은 쉽지만, 투자자들로부터 자금을 받지 못하면 그 가치는 사라진다. 기업가들은 어떻게 벤처자금을 얻는 기회를 만들어 낼까? 기업가들의 사회적 인맥과 평판의 중요성은 점점 올라가고 있다. 그러나 이것은 초기에 중요한 것이다. 이 챕터에서는 회사 설립에 있어 재정의 소스를 살펴볼 것이다. 기업가들이 올바른 소스에서 올바른 자금을, 올바른 시기에 받아내고 보호하는 법을 알 수 있을 것이다. 여기서 다루는 소스와 전략 모두가 실제 상황에 쓰이진 않는다. 그러나 더 현명한 선택을 위해 이 챕터를 이해하는 것이 좋을 것이다.

자원확보 전략

새로운 창업 및 벤처 사업을 위해 필요한 것은 4개의 카테고리로 분류할 수 있다. 바로 인적 자본, 사회적 자본, 신체적 자본 그리고 재정적 자본이다. 여기서는 재정확보에 집중한다. 위와 같은 네 개의 자본 간의 상호관계를 이해하는 것은 매우 중요하다. 이 자본들은 모두 벤처의 성장과 생존을 위해 상당히 중요한 역할을 한다. 어떤 활동이 어떤 자원을 필요로 할지 결정하는 것은 중요하다. 재정적 계획에서 어떤 파트에 얼마만큼의 양이 들어가야 하는지 결정하는 것은 신중히 다뤄야 할 문제이다. 희귀하며 가치가 있고 독창적인 자원의 꾸러미를 만드는 것은 경쟁에 있어 유리할 뿐만 아니라 사업에 핵심이 될 수도 있다. 첫 번째 자원은 기업가 자신이다. 기업가는 경험이 있고 진취적이며, 인적 자본임과 동시에 새로운 벤처에 대한 비전을 세워 사업의 발전을 돕는다. 이것은 5단계를 거쳐야 한다.

1. 필요한 자원을 확인하고 분류한다: 사람, 사회, 재정, 신체, 기술, 조직
2. 자원을 제공해줄 잠재적 공급자를 확인해야 한다: 최상의 자원을 확보하는 것은 긴 시간이 필요한 작업이다. 사업을 시작하기 전에 이 작업을 마쳐놓는 것은 매우 중요하다.
3. 자원의 확보를 위해 기업가의 능력을 access한다: 좋은 자원을 확보하기 위해 기업가들은 산업과 시장에 뛰어들어 사람들과 대화하며 관계를 쌓아야 한다. 이를 통해 특정한 자원이 필요할 때, 이 관계를 통해 자원을 확보할 수 있다.
4. 자원을 통합하여 새롭고 더 독특한 자원을 만들어 낸다. 예를 들어, 재정적 자원과 기술적 자원을 동시에 이용하여 최고의 인적 자원을 얻을 수 있다.
5. 개인적인 자원을 조직적인 자원으로 변형한다. 대부분의 자원은 일차적으로 개인적인 자원이다. 기업가가 이 개인적 자원을 조직적 자원으로 변형시킬 수 있다면 경쟁력을 얻을 수 있고, 핵심을 발전시킬 수 있다.

자본을 획득하기 위한 계획

누구에게서 자본을 뽑아낼지 정하는 것은 사업에 있어서 절반밖에 해당하지 않는다. 나머지 반은 깨끗한 출처를 통한, 깨끗한 돈을 확보하기 위한 전략을 세우는 것이다. 기업가는 기업이 잘 나가고 있는 상황에서도 꼭 필요한 것만을 확보하기 위해 노력해야 한다. 동시에, 계획을 철저히 세우는 것은 자본을 확보하기 위한 번거로움을 최소한의 빈도로 줄일 수 있고, 시간과 돈의 낭비를 줄일 수 있다. 정확한 정보를 알 수 있는 출처의 자본을 확보하는 것은 굉장히 중요한 일이다. 회사를 창업할 때 친구, 가족, 멍청이들의 투자를 제외한 자본은 생각보다 찾기 힘들다.

계획은 단계적으로 할 것

계획을 세울 때는 우선 이 사업이 경험하게 될 성장단계를 확인해야 한다. 모든 사업은 일반적으로 다음 단계로 넘어가기 위한 중요한 단계에 직면한다. 첫 번째로, 창업자본이 필요하다. 이것은 설립자와 '친근한 자본'을 통해 얻을 수 있다. 이후 회사가 작은 시장에서 성공을 거두게 되면, 더 큰 시장에 나가 더 큰 고객을 상대하게 된다. 둘째로, 사업에 있어 기초적인 컨셉을 실현시키는 데는 또 자금이 필요하다. 사실 고객들은 어떤 회사가 성장하기를 기대한다. 그러나 내부의 자금만 갖고는 급속한 성장은 할 수 없다. 회사는 외부로부터의 개인, 벤처캐피탈리스트나 혹은 제2금융권을 통한 자금이 필요할 때가 있다. 외부 투자를 받기 위해서 기업가는 투자자가 자본을 뺄 수도 있고, 환급받을 수도 있도록 유동적인 장치를 만들어야 한다. 이러한 유동성은 IPO와 습득의 형식일 수도 있다. 세 번째로, 메자닌자본, 혹은 브릿지자금이 필요하다. 자금을 얻기 위해 회사는 수백만 달러를 얻을 수 있는 공적 요구를 일차적으로 통과해야 한다. 이러한 빠른 성장은 상대적으로 빠를 수도 있고, 사업의 종류나 산업의 종류에 따라 늦을 수도 있다. 어떤 사업에서는, 빠른 성장이 절대로 오지 않는 경우도 있다. 그들은 아마 느리지만 꾸준한 성장을 선호할지도 모른다. 사업이 오랜 기간 살아 남았다면, 아마 단골고객을 확보할 것이고 따라서 꾸준한 매출을 올리게 될 것이다. 그러나 오늘날의 다이나믹한 환경에서는 이런 현상이 나타나는 것은 매우 힘들다. 이익을 계속 창출해내기 위해서, 회사는 계속 새로운 상품과 서비스로 시장에서 균형을 잡아야 하고, 이를 통해 회사는 계속 경쟁해 나갈 수 있다. 이 설명에서 가장 중요한 것은 바로 다른 사업에서의 다른 자금이다. 일반적으로, 각각의 마일스톤에서 그 사업은 더 많은 이익을 창출해 낼 수 있고 더 많은 자금을 가져올 수 있게 된다.

기술창업에서는 차별화된 계획이 필수

초기자본투자는 장기적으로 상품의 발전에 도움을 준다. 가끔 이 초기자본은 정부나 기금에서 나오는 경우도 있다. 벤처캐피탈회사가 이런 초기자본을 투자하는 경우는 거의 없다. 리스크가 너무 크기 때문이다. 시장탐색과 상품발달을 통해 아이디어를 생성하는 시기는 '죽음의 계곡'으로 불린다. 시장에 대한 부족한 정보와 상품 발달 정도가 미흡하여 실패하는 경우가 많기 때문이다. 이 현상은 '정체기'와 비슷하다. 무어는 새로운 기술이 실제적인 사용처를 발견하지 못했을 때 힘을 잃게 되는 것을 이에 비유했다. 그러나 새로운 기술이 시장에 뛰어들 준비가 되면, 얼마 지나지 않아서 얼리어답터는 이를 발견해낸다. 그들은 신기술을 가장 먼저 구매하여 사용한다. 이 지점에서, 회사는 상품을 잠재적 고객에게 널리 알리고 틈새시장을 파고들기 위한 자금이 필요하다. 틈새시장 속의 잠재적 고객들은 무어에 따르면 '토네이도'이다. 대중의 엄청난 구매는 회사의 잠재적 성장을 현실로 만들어 줄 수 있을 만한 힘을 가지고 있다. 하이테크벤처 및 창업은 기나긴 발전기를 거치지만 상품과 사업의 진화기를 넘어가는 속도는 다른 산업과 비교할 수 없을 만큼 빠르다.

창업기업의 자금 확보

대부분의 신생기업은 신용카드, 저축, 친구 돈, 가족 돈, 빌린 돈 혹은 서비스나 물건을 교환하여 얻은 돈으로 시작한다. 부트스트래핑(bootstrapping)이라는 용어는 한정된 자원과 남의 자원을 필요할 때마다 얻을 수 있는 기술을 말한다. 구걸, 빌리기, 임대 등의 방법을 포함하고, 이것은 많은 사람들이 신봉하는 'Big Money model'에 정반대되는 이야기이다. 많은 경우에 bootstrapping은 자금이 없거나 기업가 개인의 최소 자본으로 시작하는 사업의 모델이라 할 수 있다. 벤처설립의 자본구조는 기업가 자신의 자원에 큰 영향을 받는다. 저축, 신용카드, 주식시장계좌, 소매적 신용, 대출 등의 요소가 자원이라 할 수 있다. 전형적으로 인적 자원이 제일 중요하고 어떤 때는 유일한 자원이 될 수도 있다. 그들은 기록 정보가 없기 때문에 그들이 사업을 예상하는 수치는 그저 추측일 뿐이다. 엄청난 수의 신생기업이 망한다. 때문에 외부투자자들의 위험도는 매우 크다. 많은 신생기업들은 시장에서 발휘할 수 있는 힘이 없다. 설립자들은 대부분 성공을 어떻게 하는 건지 잘 모른다. 시장엔 너무 비슷한 아이디어가 많아서 웬만하면 경쟁력을 가지기 힘들다. 결과적으로, 분석과 계획을 통한 시장 미리보기 준비는 회사가 시장에 들어갈 준비를 할 때 매우 중요하다. 형편없는 계획은 투자한 것의 반도 못 건질 준비를 하고 있는 것이다. 기업가가 bootstrap을 할 수 있는 방법에는 수천 가지가 있다.

가장 쉬운 것부터 빨리 하라

매력, 이것은 사업을 시작하기 전의 기업가들이 간과하는 것 중의 하나이다. 그러나 이것은 매우 중요한 요소이면서 외부의 자본가에게 신용을 얻을 수 있는 중요한 무기이다. 매력을 얻는 것은 어쩌면 사업이 최대한 빨리 런칭되고 고객으로부터 피드백을 얻을 수 있는 가장 중요한 요소일지도 모른다. 웹사이트를 만들고 상품을 진열해 놓는 것을 통해 새 상품을 향한 고객의 관심을 끌 수 있다. 잠재적인 투자자들은 그들이 실제적인 사업의 작동과 고객들을 볼 수 있다면 자본을 투자하고 싶어질 것이다.

최대한 적은 종업원을 고용해라

최소한의 직원을 고용하는 것은 일자리를 창출해내는 공헌과 회사의 빠른 발전을 위해 필요한 것이다. 전형적으로, 회사가 지출해야 하는 제일 큰 것은 세금이다. 다른 회사와 계약을 하거나 임시직을 요청하는 것, 그리고 프리랜서를 최소한으로 고용하는 것은 직원의 임금이나 회사의 이익을 동시에 추구하게 된다. 그러나 IRS 규정을 따르는 것은 굉장히 중요하다. 한 캘리포니아의 회사는 심장 삽입 부품을 만드는데, 이 규정을 따르지 않는 것이 회사에 엄청난 손해를 끼친다는 것을 발견했다. 몇몇의 프리랜서들은 하이테크 회사를 위해서만 일주일에 40시간을 일하고 시급을 받는데, 그들은 IRS에 자기들을 정식 직원으로 인정하라는 요청을 했다.

어떤 관점에서, 외관적으로 회사는 장비나 가구 등의 시설을 갖추어야 한다. 이러한 것들을 구매하기보다는 임대하는 것이 기업가가 초기 벤처자금 조달의 어려움을 해결하는 방법 중의 하나이다. 임대를 하면 세금이 없거나, 있어도 오랜 기간에 걸쳐 나눠 낼 수 있다. 그러나 조심해야 할 것은, 새로운 기술 같이 빨리 빨리 변하는 것들을 오랜 기간 임대하고 있으면 안 된다. 어떤 기업가들은 이미 지어진 회사의 건물을 공유하는데, 돈을 아낄 뿐만 아니라 성공한 회사의 분위기 등을 느낄 수 있어 좋다고 한다.

자산에 대한 투자

투자자가 투자를 할 때, 그들은 보통 오너십을 공유한다. 오너십을 공유하는 것을 형평법이라고 부른다. 위기에 처했을 때 자본을 투자하는 것과는 구별된다. 보통, 손해를 보는 것에 대한 보상이나 보호의 보장은 없다. 이런 이유로, 신생 벤처를 시작하는 기업가는 그들을 믿는 누군가로부터 돈을 빌리려고 한다. 주식 금융(equity financing)에는 여러 방법이 있다. 인적 자원과 같은 비공식적 자금조달, angels, 개인자금, 그리고 벤처캐피탈 같은 공식적 자금을 포함한다. 이 챕터에서는 비공식적 자금을 다루겠다.

친구와 가족

기업가는 가족이나 친구로부터 돈을 빌릴 때 신중히 생각해야 한다. 이런 돈은 실패하더라도 평생 동안 갚아야만 하는 돈이기 때문이다. Chris Baggott은 이런 것을 잘 알고 있었다. 1992년에 그는 회사를 그만두고 작은 세탁소를 열었다. 7개의 체인점이 생길 정도로 꽤 성공적이었다. 그는 자금을 구하기 위해 아버지로부터 4만 5천 달러를, 은행에서 6십만 달러를 빌렸다. 경기가 침체되기 전까지 사업은 잘 굴러갔다. 경기 침체 이후 사람들은 비싼 드라이클리닝을 해야 하는 옷을 입지 않았다. 결국 그는 사업을 접고, 빚을 갚아야 했다. 아버지에게 손실을 입혔다는 사실이 무엇보다 힘들었다. 이렇게 지인으로부터 빌린 돈은 다루기가 힘들기 때문에 많은 기업가들은 금융권의 돈을 선호한다. 그러나 때때로, 지인의 돈밖에는 빌릴 수 없는 경우가 있다. 이럴 때는 계약서를 확실히 명시해 놓아 나중에 서로 다른 말이 안 나오도록 하는 것이 옳다.

개인투자가 – 엔젤투자

가장 인기 있는 투자자는 개인 자본가들이다. 특히 기업가가 일을 통해 만난 사람들이 그렇다. 이런 투자자들은 Angels라고 불리는데, 대출 시장의 한 부분을 차지하고, 미국에서 인기가 높다. 그들은 스스로를 광고하지 않는다. 사실 그들은 기업가를 잘 알기 전까지는 투자 의도를 숨긴다. Angels는 보통 1만 달러에서 50만 달러에 이르는 돈을 기업의 초기단계에 투자한다. 그들은 일반적으로 교육받았고, 가끔 자신이 기업가일 경우도 있고, 집에서 가까운 회사에 투자하기를 선호한다. 투자 회사와의 관계를 활발히 하기 위해서이다. 그들은 기술, 제조, 에너지와 자원, 서비스업의 기업을 선호한다. 소매상은 실패 위험도가 매우 높기 때문에 선호하지 않는다. 그들은 3~7년 안에 투자에 대한 결과를 거두길 원한다. Angels는 투자금의 10배 이상을 거두길 바란다. 그리고 몇 년 안에 최소 5배 이상 거두길 원한다. 그들의 투자는 기업에 대한 후원이며 다른 투자 업체보다 허가가 빨리 떨어진다. 그들이 제시하는 문서, 사업계획, 근면함은 벤처캐피탈리스트들보다는 낮지만, 여전히 까다롭다. 오늘날, 많은 Angels는 자본의 투자에 더 참여하도록 장려받는다. Angels의 엄격한 규칙은 멤버들이 일 년에 얼마를 투자하고, 얼마나 많이 참여해야 하는지 명시한다. 어떤 경우에는, Angels의 그룹은 프로벤처캐피탈리스트처럼 행동한다. 미국에서 가장 큰 angelAngels 조직은 신생기업에게 주로 투자하고, 하이테크분야에 주로 투자한다. 그러나 최근, 그들은 가능성이 높아 보이는 소매상에도 투자를 하고 있다. 2000년에 조직된 이후, 그들은 128개 회사에 8천 5백만 달러를 투자했다. 게다가, 그들은 벤처캐피탈회사와 제휴를 맺어 이 128개 회사에 8억 5천만 달러를 투자했다. 일반적으로, Angels는 신생기업이 선호하는 자금이다. 이들을 찾아내는 방법은 바로 네트워크이다. 사업커뮤니티에 참여하고 개인 자본가와 계약을 맺은 기업가와 대화를 나눠보는 것이 좋다. 변호사나 은행가 혹은 다른 경제인들을 포함한다. 이 과정은 시간이 좀 걸린다. 따라서 사업 전부터 미리 관계를 형성해 놓는 것이 좋다. 미리 계획을 세우는 것이 신용을 얻는 데도 좋다. Angels 투자의 근본은 기업가에게 투자하는 것이고, 이것은 매우 개인적인 일이다. Angels는 사업을 시작하는 짜릿함을 맛보고 싶어 한다. 그러나 그들은 기업가가 대신 이 일을 하기를 바란다. 이것이 그들이 신생기업에게 열정과 아이디어, 에너지를 주는 등 활발하게 투자하는 이유이다. 그들은 사업에 연관되어 기업가를 멘토해주고 싶어 한다. 벤처캐피탈리스트처럼 그들은 돈을 벌고 싶어 하지만, 돈보다는 기업가를 후원하는 사실을 더 좋아한다.

개인적 거래

사설 자본은 개인 투자자들로부터 돈을 구하는 방법인데, 협력과 파트너십을 맺고 보안을 팔면 얻을 수 있다. 보안은 주식, 노트, 본드, 담보, 신용증명서, 예금증명서, 옵션 등을 포함한다. 이것은 벤처캐피탈 이상의 도움이 된다. 전형적으로 투자자들은 투자를 좀 더 오래 하고 그리 큰 수익을 바라지 않는다. 공공은행이나 벤처캐피탈보다 싸고, 더 빨리 구할 수 있다. 사업가들이 가장 선호하는 private placement는 성장 펀드이다. 고객에게 호감을 얻고 있는 신생기업도 해당한다. 투자자들은 각서를 통하여 보안과 자금을 교환한다는 규칙 D를 청한다. 규칙 D는 자금 제공 과정을 단순화하기 위해 만들어졌고, 기업가가 이 규칙에 맞는 투자자를 더 쉽게 찾을 수 있도록 고안되었다. 각서를 쓰는 것은 완성된 사업계획서와 리스크의 가능성을 확인한 후 해야 한다. 다른 문서들을 작성할 때처럼, 투자자와 기업가는 서로에 대해 잘 알고 있어야 한다. 사업이 잘 굴러가고 있을 때는 문제가 제기되지 않는다. 그러나 사업이 침체되기 시작하면 투자자들이 기업가의 보안 정보를 퍼뜨릴 것이고 그렇게 되면 기업가는 큰 타격을 입게 된다. 보안적인 폭력은 법정에서 다루어질 문제이며, 좋지 못한 결과이다. private placement는 비용과 시간 모두 절약할 수 있지만, 문서가 공문화되어 있고, 법적 효력을 지닌다. 그러나 기업가는 자격이 있는 대행을 통하지 않고 private placement와 거래를 하면 안 된다. private placement에서 얻을 수 있는 이점은 많다. 신생기업은 신용이나 자산이 크지 않고 은행 대출을 필요로 한다. 기업가들은 SEC와 함께할 필요가 없다. 그러나 그들은 규칙 D를 준수해야 한다. 모든 주가 규칙 D를 인정하지는 않는다. 요즘에는 규칙에서 공제를 요구하는 것이 문제이다. 그러므로, 자금을 제공받는 이들은 이 이론을 공부해야 한다. 투자자들은 최소 2백 5십만 달러의 단위로, 한 해에 25만 달러를 번다. 각서는 자격 있는 상대를 포함해야 하고 다른 기업가에게 동봉되거나 복사되면 안 된다. 투자자가 되면 이슈어는 언제 어디서 기업가와 계약을 맺었는지 기록해야 한다. 반면 보통 주식의 경우에는, 투표권리가 동봉되고 회사의 지위를 유지할 수 있는 보호가 적용된다. 변화하는 채무증서는 다른 성질로 변할 수 있는 빚을 특정한 방법으로 보호하거나 보호하지 않는다. 그러나 이 채무증서 형식을 보면, 이것은 고정된 비율을 보여준다. 빚은 홀더에게 주식을 살 수 있는 권리를 신용자의 권리로서 제공한다.

전략적 동맹

다른 회사와의 파트너십은 공식적이든 그렇지 않든 전략적 동맹이다. 전략적 동맹을 통해 기업가는 공급자와 수요자와 딜을 할 수 있는 구조를 세우게 되고, 그것은 마케팅, 자원, R&D에의 지출을 감소시켜 준다. 지출의 감소는 현금의 흐름을 자극한다. 전략적 동맹의 한 타입은 R&D 파트너십이다. 이것은 기업가가 사용하기 좋은 도구인데, 실행하기에 큰 리스크가 따른다. 파트너십 계약은 서로에게 엄청난 이득이 될 수 있다. 이것을 통해 양측이 모두 이익을 얻을 수 있다. 그들은 파트너십을 통해 세금을 줄일 수 있고, 나중엔 세금을 환급받을 수도 있게 된다. 파트너십을 통해 양측은 서로의 기술을 사용할 수 있는 라이센스를 공유한다. 가끔 파트너십의 이자는 새로운 상품을 소개하기 위한 회사를 만드는 데 쓰이기도 한다. 하나의 대안적인 방법은 파트너십에게 로열티를 지불하는 것이다. 그러나 다른 하나의 도구는 조인트벤처인데, 이것은 기업가가 조인트벤처의 이자를 특정 기간 동안 사용할 수 있게 한다. 사설 자본을 통해서는 대리를 통해서 일하는 것이 중요하다. 새로운 벤처는 파트너십을 만들기 위해 많은 시간과 돈을 써야 한다. 게다가 한 기술의 오너십을 포기하는 것은, 파트너십이 생존하지 않는다면 너무 높은 가격이 될 수 있다.

작은 회사 투자전문

작은 사업에의 투자 회사는 개인이 운영하는 벤처캐피탈이다. 그들은 연방정부와 제휴를 맺어 저렴한 비율로 투자를 하고, 작은 신생기업에 장기 투자를 한다. 회사는 최소 1천 8백만 달러를 가지고 움직이며 시급 수입으로 6백만 달러를 최근 2년간 벌었다. 게다가 최소 51%의 직원과 자산이 미국에 있다. 전형적인 거래는 형평법을 대출하는 방법으로 이루어진다. 주식을 선호하고, 때때로 직접적인 투자를 하기도 한다.

그랜트 돈

그랜트머니는 말 그대로 창업에 필요한 자원을 순수하게 활용할 수 있는 자금을 말한다. 우리나라에는 아직 충분히 발전되어 있지 않다. 정부에서 지원하는 지원 프로그램의 활용이 대표적인 그랜트자금이라 할 수 있다.

벤처캐피털과 네트워크 활용

많은 지역의 회사들은 대학에 설치된 벤처캐피탈 기관에 협력을 청한다. 대학은 기업가와 투자자 사이의 통로 역할을 한다. 기업가는 보통 금액을 지불하고 기관에 사업계획서를 제출한다. 그러면 기관은 이 계획을 원하는 투자자를 찾아준다. 투자자가 계획서에 흥미를 보이면 기관을 통해 기업가와 계약한다. 일반적으로 벤처캐피탈은 기업가가 투자자와 네트워크를 형성할 수 있는 하나의 방법이다. 게다가 투자자들은 데이터베이스를 통해서 좋은 계획서를 찾기 위해 분주하다.

금융회사 활용

기업가가 초기자본을 위해 빚을 졌다면, 그는 시장 수입을 빚의 이자를 위해 사용해야 할 것이다. 자산은 하나의 장비, 인벤토리, 혹은 기업가 자신의 부나 자동차, 집이 될 수 있다. 물론 빚을 지지 않는 것이 가장 좋지만, 때때로 그럴 수밖에 없는 경우가 있다. 세 종류의 빚을 통한 자본을 살펴보자.

일반시중은행 활용

은행은 신생기업가가 곧바로 이용할 수 있는 벤처캐피탈이 아니다. 은행의 규정은 매우 까다롭다. 그들이 요구하는 포트폴리오와 위험도의 정도를 맞추는 일은 매우 어렵다. 그러므로 은행은 현금이 잘 굴러가는 긍정적인 상황을 원한다. 그래야 돈을 잘 갚을 것이기 때문이다. 일반적으로 은행은 5가지를 요구한다. 성격, 수용성, 자본, 평행성, 상태이다. 기업가라면 성격과 수용성은 매우 중요하다. 새로운 사업의 전망은 이 두 가지에 달리기 때문이다. 그러므로 은행은 기업가의 인간성을 면밀히 살필 것이다. 그러나 이것은 어렵다. 기업가는 은행가와 좋은 관계를 형성해 놓으면 아주 좋다. 작은 기업에서 출발할 때, 돈을 더 쉽게 빌리고 더 늦게 갚아도 되기 때문이다. 은행가들은 기업가 자신의 자산규모를 살피기도 한다.

투자은행 및 투자회사

은행이 대출 요구사항을 꽉 조여 어렵게 한다면, 상업적 자본회사는 조금 다르다. 하드에셋이라 불리는 대출업자들은 규제를 그리 심하게 적용하지는 않는다. 그들은 회사 자산의 질을 보고 투자를 결정한다. 그러나 그들은 가끔 은행보다 더 심하게, 5퍼센트 이상의 금리로 신용카드 회사와 합작하여 규제를 심하게 적용한다. 그러므로 기업가는 은행대출과 비교하여 어느 것이 더 효율적인지 잘 판단해야 한다. 팩터링은 가장 오래된 은행의 형식 중 하나로서, 연간 10조 원이 움직이는 규모이다. 팩터링은 팩터라 불리는 사람들이 할인을 받으면서 오너십을 받는다. 미군이 아프가니스탄 침공 후 인프라 구축에 대한 기계가 필요했을 때, 그들은 주된 계약자로 IAP를 선택했다. 그러나 IAP는 정부가 팔고 싶어하는 상품을 모두 사야 했다. 그들은 고객에 대한 서비스를 위해 팩터로 변신했다. 팩터링은 자본 관리에서 인기 있는 형식이 되었다. 대기업을 상대하는 중소기업들에게 특히 인기를 얻었다. 대기업들은 중소기업에 대한 지불을 독단적으로 너무 늦게 했고, 이것은 중소기업가들에게는 힘든 일이었다. 하지만 중소기업들은 거대기업에게 굴복해야 했다. 거래가 일단 중요했기 때문이다. 팩터들은 월마트가 언젠가는 지불을 완료할 것이고 따라서 그들이 가질 위험은 거의 없다고 판단했다. 월마트는 사실 팩터시장을 크게 활성화시켰다. 기업가들은 그들의 멤버가 CFA의 일원인지 확인해야 했다. 그들은 팩터의 후방에서 대리인을 구해야 했다. 일반적으로 은행이 팩터보다 싸다.

중소기업 정부지원 자금

전통적인 대출은행을 이용할 수 없을 때, 기업가는 SBA 보증대출을 원할 것이다. 기업가가 은행에서 2백만 달러를 대출받으면, SBA 보증대출을 통해서 75퍼센트는 막을 수 있다. 이 보증은 기업가가 대출을 받을 수 있는 확률을 높여준다. 은행에의 인센티브는 다른 신생기업의 생존률보다 높은 펀드가 주어진다. 물론 정부가 이 대출을 뒷받침한다. 문서는 확장적이다. 이자율은 여타 대출과 다르지 않다. 기업가들은 이것의 어려움을 알아야 한다. SBA는 그들이 시장에 뛰어들기 몇년 전의 기록을 요구한다. SBA는 마이크로론이라는 프로그램을 가지고 있는데, 기업가들은 이를 통해 쉬운 대출을 할 수 있다. 은행 대신 이 보증 프로그램을 통해 SBA는 비영리적 단체를 사용한다. 돈에 더불어, 그들은 기술 조교와 사업 트레이닝을 받는다.

지방에서 지원해 주는 벤처창업기금 활용

지방정부에서도 신생벤처를 돕기 위해 다양한 서비스를 한다. 메사추세츠, 뉴욕, 오리건 같이 벤처캐피탈펀드에 세금 인센티브를 제공하는 주들은 사업 프로그램의 발전을 설계하고 있다. 신생기업들은 주 정부로부터 자금을 받고 이를 통해 더 큰 규모의 투자자를 구할 수 있다. 형평 펀드가 불법인 주에서는 전형적으로 신생벤처를 겨냥한 대출 프로그램이 있다.

인큐베인터 활용

기술 주식에서 닷컴의 거품이 빠진 후, 인큐베이터가 인터넷 시장에서 인기를 끈 것은 사실이다. 그러나 오늘날 인큐베이터는 이자를 만드는 것을 즐기고 있다. 인큐베이터는 신생기업이 장소와 지원을 받을 수 있는 곳이다. 그들은 신생기업들이 시장에 나가기 전까지 보호해주는 역할을 한다.

제품개발 프로세스

기업가들은 아이디어를 발전시키는 내내 그것을 공식적으로 평가하는 것에 관심을 가질 필요가 있다. 제품이 새로운 투자를 위한 기초가 될 수 있다는 것에 주의를 기울여야 한다. 제품기획 및 개발프로세스의 각 단계에서 다음 단계로의 이동·비이동에 대한 결정은 신중하게 평가되어야 한다. 아이디어창출 단계, 컨셉도출 단계, 제품개발단계, 테스트마케팅 단계 등등.

아이디어창출 단계

> – 아이디어창출 단계: 제품기획 및 개발프로세스의 가장 첫 단계

신제품·서비스에 대한 아이디어들이 전도유망한 것인지 확인해야 하며, 기업이 보유한 자원들을 최대한 활용할 수 있도록 비현실적인 아이디어들은 아이디어창출 단계에서 제거되어야 한다. 이 단계에서 성공적으로 사용할 수 있는 평가방법 중에 하나는 체계적인 시장평가 체크리스트인데, 체계적인 시장평가 체크리스트는 각각의 새로운 아이디어에 대한 최고 가치, 장점, 이익들의 관점을 고려한다. 소비자들은 신제품·서비스가 어떤 가치들을 제공하는지 결정하고 만약에 신제품·서비스에 대한 대안들이 있다면 그것을 추구하고 기존의 것들은 버린다. 많은 잠재적이고 새로운 아이디어 대안들은 유망한 아이디어들을 더 개발하기 위해

이러한 방법으로 평가될 수 있다. 자원들은 시장의 가치와 호환되지 않는 아이디어들을 낭비하지 않는다.

또한 기업과 기업가들에 대한 가치뿐만 아니라 새로운 아이디어에 대한 수요를 결정하는 것도 중요하다. 제안된 제품에 대한 수요가 없는 경우, 제품개발이 계속되면 안 된다. 마찬가지로 만약 신제품·서비스 아이디어가 기업가나 기업에게 있어서 어떤 이익이나 가치도 줄 수 없다면 아이디어는 개발될 수 없다. 새로운 아이디어에 대한 수요를 정확하게 결정하기 위해서, 타이밍, 만족도, 대체재, 이익, 위험, 미래에 대한 기대, 제품성능 대비 가격, 시장 구조와 크기, 경제적 조건의 관점에서 시장의 잠재적 수요들을 정의하는 것은 도움이 된다. 다음 표에 이러한 수요결정프로세스에 관한 포맷이 있다. 이 표에 있는 요소들은 잠재적인 신제품·서비스의 특성에 대한 관점에서가 아니라 각 요소들에 대한 신제품의 경쟁 강도의 관점에서 평가되어야 한다. 이러한 경쟁제품·서비스들의 비교는 제안된 아이디어의 강점과 약점들을 나타낸다.

요소	측면들	경쟁력 있는 기능	신제품 아이디어 역량
수요의 유형 지속적인 수요 감소하는 수요 발생하는 수요 미래 수요			
수요의 타이밍 수요의 지속(기간) 수요의 빈도 수요의 주기 수명주기에서의 위치			
수요 충족을 위한 경쟁방법 아무 것도 하지 않음 현재 방법 사용 현재 방법 수정			

감지된 이익/위험 고객 효용 매력적인 특성 고객의 취향과 선호 구매 동기 소비 습관			
성능 특성 대비 가격 가격-품질 관계 수요 탄력성 가격 안정성 시장 안정성			
시장 크기 및 잠재력 시장 성장 시장 동향 시장개발 요구사항 시장에 대한 위협			
고객 자금의 가용성 일반 경제 상황 경제 동향 고객의 소득 자금 조달 기회			

수요결정은 수요의 유형, 타이밍, 제품·서비스 사용자, 통제 가능한 마케팅 변수들의 중요성, 전체 시장구조와 특성에 주목해야 한다. 이 각각의 요소들은 새로운 아이디어의 특성을 고려하는 관점과 특정 수요를 만족하기 위한 기존 역량과 측면의 관점에서 평가되어야 한다. 이러한 분석들은 이용 가능한 기회의 범위를 나타낸다.

기업이 신제품·서비스의 가치를 결정함에 있어서 재무적 상태는 – 현금유출, 현금유입, 공헌이익, 투자수익과 같은 – 투자 대안들뿐만 아니라 다른 제품·서비스 아이디어의 관점에서 평가될 필요가 있다. 다음 표에 있는 방식을 사용하여, 새로운 아이디어를 위한 중요한 고려사항들의 각각의 액수는, 가능한 정확하게 결정하여야 한다. 결과 수치들은 더 나은 정보를 사용하고 제품·서비스를 계속해서 개발하면서 수정될 수 있다.

가치고려사항	비용($)
현금 유출 R&D 비용 마케팅 비용 자본설비 비용 기타 비용	
현금 유입 신상품 판매 기존 제품의 추가 매출의 영향 잔존가치	
순현금흐름 최대 노출 최대 노출 시간 노출 기간 총 투자 1년간 최대 순 현금	
수익 신제품 수익 기존 제품들의 추가 판매에 영향을 미치는 수익 전체 기업 수익의 비율	
상대수익률 주주자본이익률(ROE) 투자수익률(ROI) 자본비용 현재가치(PV) 현금흐름할인법(DCF) 총자산이익률(ROA) 판매수익률	
다른 투자들과의 비교 다른 제품 기회와 비교 다른 투자 기회와 비교	

컨셉도출 단계

신제품·서비스 아이디어가 아이디어창출 단계에서의 평가기준을 통과한 후, 더 개발되고 소비자와의 상호작용을 통해 정제되어야 한다. 컨셉도출 단계에서 정제된 아이디어는 소비자 수용을 확인하기 위해 테스트 된다. 컨셉에 대한 초기 반응은 잠재적 고객이나 유통채널의 구성원들에게서 얻을 수 있다. 소비자 수용을 측정하는 방법 중 하나로 선정된 응답자들이 제품·서비스 아이디어의 속성과 물리적인 특성에 대해 진술을 하고 그것을 반영하는 대화 면접이 있다. 경쟁제품(또는 서비스)이 존재하는 경우, 이 진술들은 주요 기능들도 비교할 수 있다. 비판적인 제품 기능뿐만 아니라 호의적인 기능도 소비자들의 반응을 분석함으로써 발견할 수 있으며, 호의적인 기능이 신제품·서비스에 추가된다. 기능, 가격, 홍보는 아래 나와 있는 질문들을 참고하여 연구되고 있는 컨셉과 주요 경쟁제품들 모두에 대해 평가되어야 한다.

– 경쟁제품·서비스들과 비교해 새로운 컨셉은 품질과 신뢰성의 측면에서 어떤가?
– 컨셉이 시장에 있는 기존 제품·서비스들과 비교하여 우수한가? 결함이 있는가?
– 기업에게 좋은 시장기회인가?

이러한 평가는 마케팅전략의 모든 측면에서 수행되어야 한다.

제품 개발단계

제품개발단계에서, 제품·서비스에 대한 소비자들의 반응이 결정된다. 이 단계에서 자주 사용하는 방식은 잠재적 소비자 그룹에게 제품 샘플을 주는 소비자 패널이다. 참가자들은 제품 샘플 사용에 대해 계속해서 기록하고 제품의 장점과 단점에 대해 언급한다. 이 방법은 제품 아이디어에 더 적용되며 일부의 서비스 아이디어에 적용된다.

잠재적 소비자 패널은 제품 샘플과 동시에 하나 또는 그 이상의 경쟁제품 샘플도 받는다. 그런 다음 몇 가지 방법 중 하나 – 여러 브랜드 비교, 위험분석, 반복구매의 수준, 선호도분석 – 를 사용하여 소비자들의 선호도를 결정하는 데 사용한다.

테스트 마케팅 단계

제품계발 단계의 결과들이 최종 마케팅계획에 반영되긴 하지만, 시장 테스트는 성공적인 상업화의 확실성을 증가시키기 위해 사용될 수 있다. 평가프로세스의 가장 마지막 단계인 테스트마케팅 단계는 소비자의 수용 수준인 실제 판매 결과를 제공한다. 긍정적인 테스트 결과는 성공적인 제품출시 및 기업형성 가능성의 정도를 나타낸다.

제품기획 및 개발프로세스

> − 제품수명주기: 각각의 제품이 도입단계부터 쇠퇴단계까지 겪는 단계
> − 제품기획 및 개발프로세스: 신상품을 개발하는 단계적 과정

아이디어 자원이나 창의적인 해결방안으로부터 나온 아이디어들은 더 개발되고 재정립될 필요가 있다. 이 재정립 과정 − 제품기획 및 개발프로세스 − 는 아이디어 창출, 컨셉도출, 제품 개발, 테스트, 마케팅, 상업화의 5가지 주요 단계로 나누어지며, 그 이후에 제품수명주기가 시작된다.

평가기준의 설립

제품기획 및 개발프로세스의 각 단계에서 평가를 위한 기준의 설립은 반드시 필요하다. 평가기준은 특정한 개발단계에서 제품을 신중하게 선별할 수 있도록 모든 것을 포함해야 하고 양적으로 충분해야 한다. 평가기준은 시장기회, 경쟁, 마케팅시스템, 재무요소, 생산요소의 관점에서 새로운 아이디어를 평가하기 위해 설정된다.

제품 아이디어에 대한 현재 또는 미래의 수요의 측면에서 시장기회는 존재해야 한다. 시장수요에 대한 결정은 지금까지 신제품 아이디어에 관해 제안된 것 중에 가장 중요한 기준이다. 시장기회와 시장크기의 평가는 소비자들의 태도 및 특성과 제품을 구매하는 산업들, 잠재적 시장의 크기, 시장이 성장하는지 감소하는지 수명 주기에 대한 특성, 제품을 합리적으로 획득할 수 있는 시장점유율을 고려할 필요가 있다.

현재 경쟁업체들, 가격, 마케팅활동과 특히 제안된 아이디어가 시장점유율에 영향을 미치는 관점도 평가해야 한다. 새로운 아이디어는 기존이나 미래에 예상되는 경쟁을 극복하는 기능을 함으로써 이미 기존에 있는 제품 · 서비스와 성공적으로 경쟁할 수 있어야 한다. 그리고 새로운 아이디어는 같은 소비자수요를 충족시

키는 모든 경쟁 제품·서비스와 비교하여 몇 가지 독특한 차별화된 장점을 가져야 한다.

새로운 아이디어는 현재의 경영능력, 마케팅전략과도 시너지 효과를 가져야 한다. 기업들은 신제품에 대한 노력으로 마케팅경험과 다른 전문지식을 사용할 수 있어야 한다. 예를 들면, General Electric은 제품라인에 새로운 조명장치를 추가하는데 Procter & Gamble보다 어려움을 조금 겪었다. 몇 가지 요인들은 적합한 지를 평가하는 데 고려되어야 한다: 신제품에 현재의 판매 능력과 시간을 사용할 수 있는 정도; 회사의 기존 유통채널을 통해 신제품을 판매할 수 있는 능력; 신상품을 소개하는 데 필요한 광고 및 프로모션을 '피기백(piggyback)' 할 수 있는 능력(현재 광고 및 프로모션기법에 신상품을 소개할 수 있는 능력).

제품기획 및 개발프로세스

제안된 제품·서비스 아이디어는 기업에게 재정적으로 지원받을 수 있어야 하며 또한 기업의 재정이 풍요롭도록 공헌해야 한다. 단위 당 제조비용, 마케팅비용, 자본의 양은 손익분기점과 제품의 장기적 이익 전망에 따라 결정되어야 한다.

또한 기존의 공장, 기계, 인력과 신제품의 생산 요구사항에 대한 적합성도 평가되어야 한다. 만약 신제품 아이디어가 기존 제조공정에 적합하지 않다면, 공장, 장비와 같은 더 많은 비용이 고려될 필요가 있다. 제품의 생산을 위해 필요한 모든 자원은 사용 가능해야 하며 충분한 양이 충족되어야 한다.

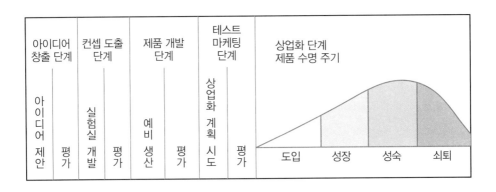

NEW ENTRY(새로운 엔트리)

기업가정신의 가장 필수적인 활동 중 하나는 New entry이다. New entry는 다음을 의미한다. ① 기존 혹은 새로운 시장에 새로운 제품을 공급하는 것 ② 기존 제품을 새로운 시장에 공급하는 것 ③ 새로운 조직을 만들어 내는 것(경쟁자 혹은 고객들에게 제품 혹은 시장이 새로운 느낌을 주는 것과 관계없이).

새로운 시장 그리고 새로운 조직과 관련된 것이라면, 새로움은 항상 양날의 검과 같다. 반면, 새로움은 경쟁회사로부터 차별화할 수 있는 기회를 제공한다. 새로움은 기업가들에게 몇몇 도전을 만들어 낸다. 예를 들어, 새로움은 새로운 제품의 가치를 높이기 위해 기업가들의 불확실성을 증가시킬 수 있으며, 성공적인 시장개척을 위해 필요자원의 더 큰 집중을 만들어 낼 수 있다.

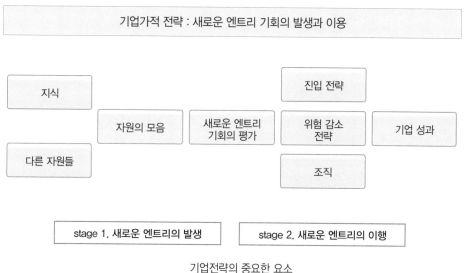

기업전략의 중요한 요소

기업 전략은 처음 만들어진 결정, 행동, 반응의 집합 그리고 개척, 새로움의 이익을 극대화하는 동시에 비용을 최소화하는 새로운 방법의 엔트리를 말한다.

위의 그림은 기업전략의 중요한 요소들을 묘사한다. 기업 전략은 3가지 중요 단

계들을 포함한다 : ① 새로운 Entry 생성을 위한 기회 ② 새로운 Entry 기회의 개척 ③ 새로운 Entry 생성과 개척이라는 순환 단계로의 루프백과 피드백 제시. 새로운 Entry의 생성은 지식과 다른 자원의 결합의 결과로서 나타나는데, 생성자는 결합의 결과물이 가치 있고, 희소성 있으며, 경쟁자가 모방하기 힘들기를 희망한다.

만약 새로운 Entry가 충분히 매력적이라는 결정이 섰다면, 이 결정은 시장 개척을 보증하며, 회사의 성과는 Entry 전략(위험 최소화 전략, 회사 조직 구성 방법, 기업의 역량, 팀 그리고 회사의 경영)에 따라 결정된다.

비록, 본 챕터의 나머지 내용이 1, 2단계에 집중되어 있다 하더라도, 우리는 3단계의 피드백 루프의 중요성에 대해 과소평가하지 말아야 한다. 왜냐하면 기업가는 오직 하나의 새로운 Entry의 생성과 개척에만 의존할 수는 없기 때문이다. 오히려, 장기성과는 수많은 새로운 Entry들의 생성과 개척에 대한 능력에 달려있다.

만약 회사가 오직 하나의 새로운 entry에만 의존한다면, 제품의 라이프사이클이 성숙기에 접어들고 쇠퇴함에 따라, 조직의 라이프사이클 또한 쇠퇴기에 접어들것이기 때문이다.

새로운 Entry 기회의 생성

경쟁 우위의 원천으로서의 자원

회사가 새로운 진입을 시도할 때, 회사는 새로운 엔트리가 회사에게 지속적인 경쟁 우위를 제공하길 소망한다. 지속적 경쟁 우위가 어디서부터 오는지 이해하는 것은 오랜 기간 동안 기업이 높은 성과를 창출 할 수 있게 하는 기초 엔트리를 어떻게 생성하는지에 대한 통찰력을 제공해 줄 것이다. 자원[1]은 회사의 기능과 성과를 위한 가장 기초적인 요소이다. 회사의 자원(생산설비, 금융자본, 숙련된 직원)은 생산 과정에 투입된다. 이러한 자원들은 다양한 방법을 통해 결합될 수 있다. 그

---

1) 자원 : 생산과정에서 투입되는 요소

리고 회사가 우수한 성과를 달성할 수 있는 역량은 자원의 번들이다. 진정한 자원의 영향을 이해하기 위해서, 단순히 번들을 구성하는 자원을 살펴보는 것이 아닌, 번들에 대한 고려가 필요하다.

자원의 번들이 오랜 기간 동안 경쟁업체보다 월등한 성과를 내기 위한 기초 요소가 되기 위해서는 그 자원들은 반드시 높은 가치와 희소성, 그리고 모방의 어려움(대체 불가능성을 포함)을 가지고 있어야 한다.

자원의 번들은 다음과 같다

- 높은 가치: 회사가 기회를 추구하고 위험을 무력화시키며 제품과 서비스를 제공할 때 소비자가 이러한 활동에 대해 매기는 가치.
- 희소성: 소수에 의해 점유되는 것, 또는 적은 (잠재적) 경쟁자에 의해 점유 되는 것.
- 모방의 어려움: (잠재적) 경쟁자의 자원 결합에 대한 모방이 어렵거나, 모방을 위한 비용이 높은 것.

예를 들어, Breeze Technology 사는 가치가 높고 희귀하며 모방 불가능한 자원의 번들을 가지고 있는 것으로 나타났다. Breeze Technology 사는 운동화 통풍에 적용될 수 있는 것으로서 발 온도를 감소시키는 기술을 발명하였다. 사람들의 현재 운동화는 그들의 발을 뜨겁게 하고 땀을 차게 하여 물집, 무좀 그리고 악취가 발생하는 등 많은 문제점을 가지고 있었기 때문에 본 기술은 고객들로부터 매우 높은 평가를 받을 가능성이 높았다. 본 제품은 Breeze Technology 사에 새로 형성된 경영팀에게 매우 가치 있었다. 왜냐하면 이것은 매우 수익성이 높은 거대 시장에 침투할 수 있는 수단을 제공하였기 때문이다. 전술한 바와 같이 본 기술은 가치 있을 뿐만 아니라 희소성 있고 모방 불가능한 것으로 나타났다. 본 기술은 매우 희소성 있는 기술이며, 이는 경쟁업체들이 발의 온도를 낮추는 데 실패했기 때문 이었다. 몇몇 경쟁 업체는 신발 안으로 공기를 불어넣으려는 시도를 했지만, 결국 이러한 시도는 발의 온도를 더욱 올려버렸다. 기존의 신발은 수동적으로 발을 환기하려고 시도하였다. 환기를 위해 작은 구멍들을 뚫어놓았고 이는 상대적으로 효과가 좋았다. 그러나 이는 방수성에 대한 취약점을 만들어 냈다. 구멍이 있는 신발을 신고 웅덩이에 빠지면 바로 신발이 젖게 되는 것이다. Breeze Technology 사는 공기를 신발 밖으로 빼냈다. 이 방법은 신발 통풍에서 새롭고 독창적 기술이었다. 본 기술은 특허를 받을 수 있었는데, 이는 고객들에게 가치를 제공할 수 있고, 새로우며 독창적이었기 때문이었다. 특허의 목적은 다른 사람들의 기술 모방에서 기술의 원 소유주의 권리를 지키기 위함이다. 저작권, 상표권과 같은 지적재산권의 보호와 함께, Breeze Technology는 신제품을 경쟁으로부터 보호받을 수 있었다(적어도 어느 정도의 기간 동안). 그러므로, Breeze Technology는 가치 있고, 희소하며, 모방 불가능한 자원의 번들을 가졌다고 할 수 있다. 그렇다면 중요한 질문은 다음과 같다. (1) 가치 있고 희소하며 모방이 어려운 자원의 번들은 어디로부터 오는가? (2) 자원의 번들이 어떻게 최고로 잘 이용될 수 있는가?

모방불가능한 자원의 모음(Bundle)

가치 있고 희소하며 모방 불가능한 번들에 들어가는 자원을 얻고, 조합하는 능력은 중요한 기업 자원을 나타낸다. 지식은 기업 자원의 기초이며 그 자체로 가치가 있다. 이러한 유형의 지식은 시간의 흐름과 그에 따라 축적된 경험에서 구축된다. 그리고 이것은 경영자, 관리자 집단, 직원의 마음속에 있다. 넓은 의미에서의 경험은 특이하고 고유한 개인의 삶이며 이로써 경험은 희귀하다고 간주될 수 있다. 게다가, 경험적 지식을 다른 이에게 전수하는 것은 일반적으로 어려우며, (잠재적) 경쟁자는 경험적 지식을 모방하는 것에 대해 어려움을 겪는다. 그러므로, 지식은 긴 번영을 누리는 새로운 벤처기업의 창조를 이끄는 자원의 번들을 생성하는 데 매우 중요하다. 이것이 오직 경험 많은 관리자 또는 새로운 엔트리를 위한 기회를 생성하려는 회사에게만 중요한 것인가?

이것은 '상자 바깥에서의 생각'에 어려움을 겪거나 그렇게 할 이유가 별로 없는 기존 자전거 제조업체에서 나타난다. 산악자전거를 처음 발명한 사람은 자전거 애호가였음을 상기해보자. 그들은 기존 기술에 대한 지식을 갖고 있었고, 특정 상황 아래에서 고객들이 기존 기술을 사용함으로써 겪는 문제점을 알고 있었다. 이러한 지식은 유니크하였으며 개인의 경험에 기반을 두었다. 그것은 혁신의 기반을 제공하는 지식이었다.

혁신을 창출하고자 하는 사람들은 그들 스스로 혹은 그들 팀의 독특한 경험과 지식을 바라볼 필요가 있다. 이러한 종류의 지식은 책이나 수업에서 배운 것과 같지 않다. 왜냐하면 수업과 책은 모두가 가질 수 있으며, 희소하지 않기 때문이다. 새로운 엔트리의 생성과 특히 관련된 지식은 시장과 기술에 관련된 지식이다.

시장 지식

시장 지식은 기업이 소유한 정보, 기술, 노하우 그리고 시장과 고객들에 대한 통찰력을 제공하는 스킬을 의미한다. 시장과 고객에 대해 더 잘 알게 되는 것은 고객들이 시장에 존재하는 제품에 대해 느끼는 문제점에 대해 깊이 있는 이해를 가능케 한다. 본질적으로 기업은 고객이 제품의 사용 및 성능에 대해 가지고 있는 지식들을 고객과 공유한다. 이렇게 공유된 지식으로부터, 기업은 고객불만에 대한 해결책을 제공하는 방식으로 자원을 같이 가져갈 수 있다.

이 경우, 기업이 시장조사를 수행하여 얻는 지식보다 더 깊은 지식의 획득이 가능하다. 설문조사와 같은 시장조사는 효율성이 제한적인데, 이는 고객들이 제품 또는 서비스가 가지는 근본적인 문제점을 명확하게 인지하기 어렵기 때문이다. 이와 같은 시장, 고객 태도 및 행동에 대한 친밀한 지식이 결여된 기업은 새로운 제품 및 시장의 매력적인 기회를 인지하거나 창조하는 데 불리하다.

새로운 엔트리를 생성하기 위한 지식의 중요성을 알아보기 위해서 지식의 중요성이 가장 잘 묘사된 산악자전거의 발명 예제로 돌아가 보자. 이들은 자전거 애호가였기 때문에 그들과 그들의 친구들이 기존 기술이 적용된 자전거를 사용하면서 겪고 있는 문제점에 대해 잘 인지하였다. 그것은 오프로드 같은 거친 지형에서의 자전거 탑승과 같은 자전거 제조업자들이 예상치 못한 상황에서의 이용 때문에 발생하였다고 할 수 있다.

시장조사는 이러한 정보와 기존 기술의 결함에 대한 정보를 공개하지 않았을 것이다. 사람들은 존재하지 않는 것에 대한 필요를 명확히 하는 것에 대해 어려움을 겪는다. 또한, 제조업체가 그들이 획득한 정보를 일축했을 수도 있다. 예를 들어, '어떤 멍청이가 돌로 된 하이킹 트랙을 시속 30마일(49km/h)로 이동하면 자전거 프레임이 부서지는 건 당연하지.'라고 말할 수 있다. 자전거 애호가들이 고객들의 불만을 해소할 해결책(산악자전거)을 제시하는 방식으로 자원을 가져오고 새로운 시장을 열수 있었던 것은 그들이 시장과 고객들의 제품 태도 및 행동에 대해 친밀한 지식을 가지고 있었기 때문이다.

기술적 지식

기술적 지식 또한 새로운 엔트리(신규시장참가) 기회를 발생시키기 위한 기초이다. 기술적 지식은 기업이 가지고 있는 과학기술지식, 노하우, 새로운 지식 생성을 위한 통찰력을 제공하는 스킬들을 의미한다. 이러한 기술적 지식은 비록 시장의 불확실성이 높다 하더라도, 새로운 엔트리를 위한 기초로서의 기술로 이어질 수 있다.

예를 들어, 발명된 지 30년이 넘은 레이저는 수많은 새로운 시장참가 기회를 이끌어 왔다. 레이저 기술자들은 기술의 개선과 적용을 가능케 했고 그 덕분에 레이저의 잠재적 시장이었던 네비게이션, 정밀측정, 음반 레코딩, 광학섬유에 적용되어 시장을 열 수 있게 되었다. 수술에서 레이저는 분리된 망막을 복구하고 실명을 되돌리는 데 사용되었다. 이러한 새로운 엔트리는 레이저기술에 대한 지식에서 파생되었으며, 기술의 시장 적용성은 오직 보조적으로 고려되곤 하였다.

마찬가지로, 컴퓨터의 발명에 대한 초기 반응은 '컴퓨터 시장은 상당히 제한적일 것'이었다.

만약 우리가 하나의 산업에 대한 컴퓨터의 적용에 대해 조사한다면, 우리는 컴퓨터의 추가적인 발전에서부터 떠오른 새로운 시장의 종류를 볼 수 있다. 컴퓨터는 항공 산업에서 여러 모로 사용된다. 효율적인 항공기 설계를 찾기 위한 공기 역학적 연구, 오토파일럿과 같은 비행자동화를 위한 연구, 항공관제시스템에 사용되는 레이더 시스템에 대한 연구, 새로운 파일럿을 양성하는 비행 시뮬레이터, 수화물을 추적하고 티켓을 발권하는 네트워크 시스템 등에 사용된다.

따라서 기술적 지식은 충족되지 않은 시장의 니즈를 충족시키기 위해 만들어지는 것이 아니라, 기술의 발전이 여러 가지 방면에서 새로운 시장을 창출한다고 할 수 있다. 종종 이러한 기술들은 상업적 적용성에 관한 고민 없이 단순히 지식을 향상시키고자 하는 사람들에 의해 창조되었다. 이와 다른 경우로써, 특정 목적을 위한 기술로 발명되었다가 더 넓은 의미를 가지게 된 기술도 있다. 예를 들어, 동결건조커피, 매직테이프, 테플론은 우주 프로그램을 위해 발명되었지만, 광범위한 활용성을 갖는 것으로 나타났다.

요약하자면 자원의 번들은 새로운 엔트리를 위한 기초이다. 이러한 자원의 번들은 기업의 시장 지식, 기술적 지식 그리고 다른 자원들에 의해 창조된다. 자원의 번들이 가치 있고, 희소하고 다른 이가 모방하기 힘들다는 전제하에서 새로운 엔트리는 지속적이고 우수한 기업 성과의 근원이 될 수 있는 가능성을 가지고 있다.

새로운 엔트리 기회의 매력도를 평가하기

새로운 자원의 조합을 생성하는 데 있어서, 기업은 새로운 제품 혹은 시장이 개발 또는 개척하기에 충분히 매력적인지 여부를 평가하여 이것이 가치 있고 희귀하며 모방 불가능한지를 확인할 필요가 있다. 이것은 완벽한 정보가 없는 상황일 때, 기업이 어느 정도 수준의 정보만으로 의사결정을 진행할 것인지에 달렸다.

새로운 엔트리의 정보

이전 지식 및 정보 검색

이전 시장과 기술적 지식은 잠재적인 새로운 엔트리 기회의 매력도를 측정하는 데 있어서 도움이 된다. 더 많은 이전 지식을 가질수록 기업은 평가 업무에 있어 무지에서 벗어날 수 있다.

즉, 기업이 사업을 진행할 것인지 말 것인지를 확실히 결정하는 데에 필요한 정보의 임계치가 더욱 낮아진다.

지식은 정보의 검색을 통해 늘어날 수 있다. 이렇게 늘어난 정보는 새로운 엔트리 기회의 매력도에 빛을 밝혀준다.

흥미롭게도, 기업이 더 많은 지식을 가질수록, 검색 프로세스의 효율이 더욱 올라간다. 예를 들어, 특정 분야에 거대한 지식 베이스를 가지고 있는 기업은 지식을 어디에서 찾아야 하는지 그리고 얻어진 정보를 평가에 유용하고 빠르게 사용할 수 있다.

검색 프로세스는 그 자체로 기업가에게는 딜레마를 나타낸다. 한편, 긴 검색 기간은 기업가에게 새로운 엔트리가 가치 있고 희귀하며 모방 불가능한 자원의 번들을 나타내는지를 확인할 수 있는 시간을 준다. 기업가가 더 많은 정보를 획득할수록, 소비자가 원하는 제품을 어떻게 생성할지, 경장자의 모방으로부터 제품을 어떻게 지켜낼지에 대한 평가는 더욱 정확해진다.

그러나, 정보의 검색은 돈과 시간에 있어서 비용과 연관되어 있다. 예를 들어, 기업은 새로운 제품을 출시하기로 결정하기보다 새로운 제품이 매력적인지 정확히 평가하기 위해 더 많은 정보를 얻기를 결정할 수 있다. 그러나 기업이 정보검색을 계속함에 따라 기회는 사라져 버릴 수도 있다.

프로젝트 알라바마를 위한 엘리베이터 피치

재력이 있는 친구가 투자할 수 있는 매력적인 사업을 찾아봐 달라고 요청했다.

당신의 부유한 친구는 바쁘고 당신은 진정으로 매력적인 그 사업을 소개하고 싶다. 당신은 이 말을 듣고 난 후에, 당신의 부유한 친구에게 Natalie와 Enrico를 소개시킬 것인가?

기회의 창

특정 새로운 엔트리의 생존 특성은 기회의 창 관점에서 설명할 수 있다. 창이 열려있을 때, 기업이 새로운 제품을 출시하거나 기존 제품으로 새로운 시장에 진입하기 수월한 환경이 조성되어 있다. 그러나 개척이 수월하지 못한 환경이 될 때, 기회의 창은 닫힐 수도 있다. 기회의 창이 닫히는 예는 다른 기업이 산업에 진출했을 때, 모방과 진출에 상당한 진입장벽을 구축하는 것이다. 더 많은 정보의 수집이 바람직함에도 불구하고, 추가적인 정보의 수집 과정에서 시간의 소비는 기회의 창이 닫힐 가능성을 증대시킨다.

불확실한 상황 아래에서의 편안한 의사결정

기업가에게 있어, 더 많은 정보와 기회의 창의 폐쇄 간 양자택일은 딜레마이다. 이 딜레마는 어떤 문제의 발생을 더 선호하는지를 포함한다. 그들이 과대평가에 의한 실수를 더 선호할지, 아니면 과소평가에 의한 실수를 더욱 선호할지.

과대평가의 오류는 새로운 엔트리 기회를 추구하는 결정에서 비롯한다. 기업은 고객이 필요로 하는 제품의 생성과 경쟁기업의 모방에 대한 기술보호와 같은 자사의 능력을 과대평가한 것을 나중에야 알게 된다. 기업의 비용은 인지된 기회를 수행하는 것으로부터 나온다.

과소평가의 오류는 새로운 엔트리 기회를 수행하지 않는 결정에서 비롯된다. 기업은 고객이 필요로 하는 제품의 생성과 경쟁기업의 모방에 대한 기술보호와 같은 자사의 능력을 과소 평가한 것을 나중에야 알게 된다. 이 경우, 기업가는 매력적인 기회를 놓치지 않기 위해 항상 지식을 곁에 두어야 한다.

새로운 엔트리를 개척할 것인지 말 것인지에 대한 결정

새로운 엔트리 개척을 위한 엔트리 전략

기업에게 경쟁 우위의 원천에 대해 물었을 때, 기업에서 사용하는 일반적인 캐치 프레이즈는 '우리의 경쟁 우위는 첫 번째가 되는 것이며, 우리는 시장을 선도한다.'이다. 그들이 새로운 제품을 내놓거나 새로운 시장을 창출할 경우, 이러한 주장은 몇몇 메리트를 갖는다. 첫 번째가 되는 것은 기업 성과를 향상시킬 수 있는 몇몇 이점을 갖는다. 그 이점들은 다음과 같다.

선도진입자는 비용 우위를 갖는다. 특정 제품을 특정 시장에 처음으로 제공하고 판매할 수 있다는 것은 선도자가 경험곡선을 아래로 내릴 수 있다는 것을 의미한다. 경험곡선은 기업이 더 많은 양의 제품을 생산할수록, 제품 하나당 소비되는 비용이 적어진다는 내용이다. 회사는 고정비용을 수많은 제품을 생산함으로써 분산시킬 수 있고(규모의 경제) 시간이 흐름에 따라 시행착오로써 공정과 제품을 개선(학습곡선)하여 비용을 절감할 수 있다.

선도진입자는 적은 경쟁을 누린다. 비록 선도진입자는 아주 적은 수의 고객을 갖고 있지만, 만약 그들이 기회를 정확히 평가한 경우, 시장은 급속도로 성장할 것이다. 경쟁기업이 성장하는 시장에 진입하여 그들의 새로운 경쟁자에게 시장점유율을 뺏긴다 하더라도, 시장성장에 의해 더욱 높은 보상을 받게 될 것이다. 실제로, 성장단계에 있는 시장의 기업들은 가격을 내리는 것과 같이 다른 기업과 경쟁하는 것보다 수요를 계속 끌어올리는 데 더욱 신경쓰고 있다.

선도진입자는 주요 채널들을 확보할 수 있다. 선도진입자는 가장 중요한 공급자와 배포 채널들을 선택할 수 있고, 강한 유대관계를 구축할 수 있는 기회를 가진다. 이것은 시장 진입을 고려하고 있거나 열등한 공급자와 배포 채널들을 사용하고 있는 후발주자에게 진입장벽으로서 기능할 수 있다. 선도진입자는 고객만족을 위한 더욱 좋은 위치를 가지고 있다. 선도진입자는 ⑴ 전체 시장 중에 가장 매력적인 부분을 고르고 확보할 수 있으며 ⑵ 그들을 시장의 중심으로 위치시킬 수 있는 기회를 가지고 있다. 또한 시장을 인지하고 이에 적응하며 바꿀 수 있는 능력을 증가시킬 수 있다. 일부 경우, (3) 그들은 심지어 그들의 제품을 산업표준으로 만들기도 한다.

선도진입자는 참여를 통해 전문지식을 얻을 수 있다. 선도진입자는 1세대 제품으로부터 배울 수 있는 기회를 얻고 이를 개선한다. 예를 들어, 제품 디자인, 제조, 마케팅(시장의 변화를 모니터링 하며 이는 시장에 참여하지 않은 기업들은 감지하기 어렵거나 불가능함), 매력적인 기회에 대해 초기 정보를 제공해 줄 수 있는 네트워크 구축 등. 이러한 학습 기회는 시장에 참여하고 있는 기업들만이 누릴 수 있다. 이 경우, 지식은 다른 기업의 사례 분석(대리 학습)보다는 실제 자기 활동에서 얻어진다.

환경적 안정성 그리고 선도진입자의 (비)우위

기업의 성과는 자원의 번들과 외부환경 사이의 적합도에 따라 달라진다. 자원과 외부환경 간의 적합도가 높은 경우, 기업은 우수한 성과로 보상받을 수 있다. 그러나, 적합도가 낮은 경우, 성과는 매우 낮을 것이다. 예를 들어, 기업이 시장가치가 없는 새로운 제품을 공급한다면, 외부환경과 기업의 현재 제품 공급 간의 적합도는 매우 낮으며 기업 성과는 낮을 것이다.

외부환경과의 적합도가 높기 위해서 기업은 엔트리에 맞추어 핵심 성공 요인을 결정하여야 한다. 핵심 성공 요인은 특정 산업에서의 경쟁에서 승리하기 위해 반드시 필요한 것이다. 가령, 한 산업의 핵심 성공 요인은 우수한 서비스 혹은 신뢰성 또는 낮은 가격이 될 수도 있고, 산업 표준으로서의 적합도가 될 수도 있다.

그러나 선도진입자는 핵심 성공 요인[2]을 미리 알지 못할 것이다. 오히려 기업은 소유 자원 중에서 어떠한 것이 핵심 성공 요인이 될지 추측하고 해당 자원에 힘을 쏟아야 한다. 만약 추측이 올바르고 환경이 안정적이라면, 회사는 성공 달성의 기회를 얻는다. 그러나 만약 환경이 바뀌고, 성공 요인 또한 추측하지 못하였다면, 잘못된 자원에 힘을 쏟는 것이 되고, 이는 기업의 자원 효율성에 악영향을

---

2) 핵심 성공 요인 : 기업이 특정 산업에서 성공적으로 경쟁하기 위해 요구되는 필수 조건

미칠 뿐만 아니라 결과적으로 새로운 환경을 인지하고 이에 적응하는 기업의 능력조차 감소시킬 수 있다.

새로이 성장하는 시장에서 환경변화의 가능성은 매우 높다. 이와 같이, 게임의 규칙은 아직 설정되지 않았다. 이것은 기업이 사업 성공을 달성하는 방법에서 상당한 자유도를 갖는 것을 의미하며, 이는 경쟁 우위를 누리게 하는 게임의 법칙을 짜는 것을 포함한다. 게임의 법칙이 정해지거나 산업이 성숙할 때까지, 새로이 성장하는 산업의 환경은 수시로 변화한다. 변화의 본질과 변화 여부를 판단하는 것은 기업에게 매우 어려운 일이다. 왜냐하면 기업들은 상당한 시장수요의 불확실성과 기술 불확실성을 대면하고 있기 때문이다. 심지어 변화가 감지된다고 하여도, 이에 대응하는 것은 매우 어렵다.

수요 불확실성

선도진입자는 시장의 잠재적 크기와 이 시장이 얼마나 빨리 성장할 것인지에 대한 약간의 정보를 가지고 있다. 이러한 수요 불확실성은 미래수요를 추정하기 어렵게 만든다. 미래수요는 새로운 벤처기업의 성과에 중요한 의미를 가지고 있으며 과대평가와 과소평가 모두 기업 성과에 악영향을 미칠 수 있다.

시장수요를 과대평가함에 따라, 기업은 과잉수용력(예를 들면, 필요 없이 큰 공장)과 관련된 비용 문제를 겪게 된다. 그리고 기업은 시장이 기업을 더 이상 유지할 수 없을 정도로 작다는 것을 발견할 것이다.

또한 수요를 과소평가함에 따라, 기업은 수용력 부족과 관련된 비용 문제를 겪게 될 것이다. 기존 및 신규 고객을 만족시키지 못하고, 경쟁자에게 지거나, 수용력을 점진적으로 증가시키는 데에 소모되는 추가 비용에 직면하게 될 것이다.

수요 불확실성은 시장 성장 차원의 핵심을 예측하기 어렵게 만든다. 예를 들어, 시장이 성숙함에 따라 소비자의 니즈와 입맛은 변할 수 있다. 만약 기업이 이러한 변화를 알아채지 못한다면(혹은 이러한 변화에 적응하지 못한다면), 경쟁사는 고객들에게 우월한 가치를 제공해 줄 수 있는 기회를 얻게 된다. 그러한 예를 들면,

개인용 컴퓨터 시장이 성숙함에 따라 핵심 성공 요인은 브랜드 명성에서 낮은 가격의 제공으로 바뀌었다. 델은 낮은 가격으로 개인용 컴퓨터를 판매할 수 있는 비즈니스을 구축하는 것이 가능하였다. 뒤늦게 변화에 적응하려는 기업과 계속하여 평판에 의존한 채 비즈니스를 수행한 기업들은 모두 델에 의해 압도당했다.

선도진입자로부터 배울 기회를 찾기 위해 시장 진입을 늦추는 기업들은 선도진입자와 같은 비용을 지불할 필요가 없다. 예를 들어, 도요타는 미국의 소형차 시장에 진입하는 것을 늦추었다. 그리고 시장 리더인 폭스바겐의 소비자들에게 설문조사를 수행하였고 이렇게 얻어진 정보를 활용하여 고객 만족에 충실한 제품을 만들어 내었다. 그 결과 도요타는 수요 불확실성을 낮출 수 있었다. 이와 같이, 후발주자는 시장수요에 대해 더 많은 정보를 갖는 이점을 지니게 되었다. 그들은 또한 장기 고객의 선호도에 대한 정보를 더 많이 가질 수 있다. 왜냐하면 시장 진입이 늦춰질수록 시장은 성숙하게 되고 이에 따라 고객의 선호 또한 안정적으로 변화하기 때문이다. 그러므로, 수요가 불안정적이고 예측 불가능할 때, 선도진입자의 우위는 비우위에 의해 압도당한다. 이에 기업은 반드시 시장진입의 지연을 고려해야 한다.

기술적 불확실성

선도진입자는 반드시 새로운 기술에 대해 헌신해야 한다. 현재의 기술을 뛰어넘고 차세대 기술을 도입할 것인지, 혹은 기술이 기대한 대로 잘 작동할 것인지 등등 수많은 불확실성이 새로운 기술을 둘러싸고 있다. 만약 기술이 제대로 동작하지 않는다면, 기업은 상당한 비용(기업의 명성이 훼손되고 기술의 변경에 드는 추가적인 R&D 비용 등등)을 감수해야 할 것이고, 이는 곧 기업 성과에 악영향을 미친다.

예상대로 기술이 작동하더라도, 후발주자에 의해 더 월등한 기술이 나올 가능성도 존재한다. 예를 들면, 1974년에 Docutel은 대부분의 ATM을 공급하였다. 그러나 기술의 발전으로 인해 고객이 전자적으로 직접 송금할 수 있는 요건이 갖추어 졌고, 허니웰, IBM 그리고 Burroughs는 이러한 새로운 기술에 적용하여, 소비자수요를 만족시킬수 있는 위치에 있었다. 그 결과 Docutel의 시장점유율은 단 4년만에 10% 미만으로 떨어지게 되었다.

시장진입의 지연은 기업에게 기술적 불확실성을 줄일 수 있는 기회를 제공한다. 예를 들어 후발주자들은 선도진입자의 R&D프로그램으로부터 정보를 습득, 기술적 불확실성을 줄일 수 있다. 이것은 선도진입자의 제품을 리버스 엔지니어링 하는 것과 같은 활동을 포함한다. 리버스 엔지니어링은 기술적 지식의 원천을 제공해주며 이렇게 얻어진 기술적 지식은 기술을 발전시키는데 사용되거나, 선도진입자의 제품(지적재산권이 없는 경우)을 모방하는데 사용될 수 있다. 또한, 시장 진입의 지연은 선도진입자의 행동(혹은 실수)를 관찰하여 이것으로부터 배울 수 있는 기회를 제공한다. 예를 들어, 선도진입자는 특정 시장 부분에 진입하였는데 그 부분이 사업을 유지하기에 충분한 수요를 갖고 있지 않다는 것을 알아낸다. 후발주자는 이러한 실수로 부터 배울 수 있고, 비 매력적인 시장이 선도진입자에 의해 검증되었으므로, 비 매력적 시장을 회피할 수 있다. 그러므로, 기술적 불확실성이 높을 때, 선도진입자의 우위는 비우위에 의해 압도될 수 있으며, 기업은 시장 진입의 지연을 고려하여야 한다.

적응

시장수요와 기술의 변화로 인하여 선도진입자는 무조건적인 사업 성공을 보장받지 못한다. 시장수요와 기술의 변화는 기업이 새로운 환경에 반드시 적응해야 한다는 것을 의미한다. 이러한 변화는 매우 어렵다. 기업은 초기 성공을 이끈 사람들과 시스템에서 탈피하여 새로운 성공을 위한 직원의 역할과 책임감 그리고 새로운 시스템으로의 변화를 이끌어야 하며 이러한 과정은 상당히 어려움이 많다. 즉, 다른 말로 조직은 관성을 가지며 변화에 저항하는 힘을 갖는다. 예를 들어, Medtronics는 심장 페이스 메이커의 시장 리더였다. 그러나 새로운 리튬 기반의 기술로의 변화가 느려 시장 리더의 지위를 빼앗겼다. 조직 관성이 없는 덕분에 새로운 진입자는 변화에 뒤쳐진 Medtronics와의 경쟁에서 승리할 수 있었던 것이다.

또한, 기업의 지속성과 결정성이라는 특성(새로운 벤처기업이 'Right Course'에 있을 때, 도움이 되는)은 기업가의 감지, 시행, 변화 능력을 억제한다. 예를 들어, 기업은 헌신을 강화하는 특성이 있다. 이는 기업이 새로운 기술에 직면했을 때, 새로운 기술에 투자하고 전략을 변경하기보다는, 기업이 기존에 갖고 있는 기술에 더 많은 자원을 집중하고 초기 전략을 강화하는 것과 같으며 이러한 경향은 기업의 몰락을 가속화한다. 그러므로, 외부환경 변화로부터의 적응은 모든 기업에게 중요하다(특히 선도진입자). 그러나 이것을 실제로 수행하기는 매우 어렵다.

고객 불확실성과 선도진입자의 (비)우위

기존 시장에서 새로운 제품을 출시하든지, 새로운 시장에 기존 제품을 출시하든지 간에 엔트리는 새로운 요소를 포함한다. 고객 불확실성은 새로움에 포함되어 있다. 새로움에 내포된 불확실성은 어떻게 제품을 사용해야 할지, 혹은 제품이 제대로 기능할지에 대한 불확실성이다. 만약 이것이 제대로 작동하더라도, 고객들은 새로운 제품의 개선된 성능이 기존 제품에 비해 얼마나 뛰어난지 궁금해 할 수도 있다. 불확실성을 싫어하는 대부분의 사람들은 새로운 제품의 잠재적 혜택이 기존 제품보다 우월할지라도 기존 제품을 바꾸려 하지 않는다. 이는 전술한 불확실성 때문이다. 따라서, 단지 우수한 제품을 공급하는 것은 선도진입자가 매출을 올리기 위해 충분한 방법이 아니다. 기업은 반드시 고객의 불확실성 또한 줄여야 한다.

이를 위해, 기업은 제품의 성능과 장점을 명확하게 표현하는 정보를 소비자에게 제공하는 등, 정보성 광고를 소비자를 대상으로 수행해야 한다. 기업은 심지어 제품의 성능이 경쟁제품의 성능을 얼마나 능가하는지를 강조하기 위해 비교마케팅을 사용할 수도 있다. 이러한 접근법을 사용하는 경우, 자사 제품으로 고객들의 전환이 더욱 많아질 것이다. TV 홈쇼핑 채널은 수많은 정보성 광고의 예제를 보여준다. 예를 들어, 진공 비닐백의 광고에서는 비닐백 안에 옷(혹은 다른 물건)을 넣고 진공청소기를 사용하여 백 속의 공기를 흡입한다. 공기가 빠진 비닐백은 정장 가방 안에 들어갈 정도로 부피가 작아지게 된다.

그러나, 고객에게 새로운 제품의 성능에 대한 정보를 제공하는 마케팅이 항상 효과가 있는 것은 아니다. 새로운 제품이 새로운 시장을 열 정도로 매우 혁신적이라면, 고객들은 정보를 처리하는 데 필요한 배경지식의 틀이 없을 것이다. 예를 들어, 국방의 목적 및 기타 최첨단 기술 정부를 목적으로 하여 개발된 제품은 새로운 엔트리를 위한 기회를 제공 할 수 있다. 그러나, 고객이 이 기술들의 활용을 이해하기 위해서는 기술 맥락의 제공이 요구된다. 우주왕복선의 건조를 위해 개발된 테플론은 눌어붙지 않는 테플론 코팅 후라이팬으로 활용되어 고객들이 그 가치를 알기 이전까지 고객들에게 새로운 이해의 틀을 인식시켜주어야 했다. 이와 같이, 기업들은 고객들에게 정보성 광고를 제공하기 전에, 잠재적 고객들에게 이해의 틀을 만들어내는 어려운 과제에 직면할 수 있다.

잠재적 고객의 불확실성은 제품이 사용되는 차원에서의 광의의 개념으로부터 유래했다. 예를 들어 잠재 고객이, 제품이 어떻게 작동하는지 이해할지라도, 사용 가능한 제품, 시스템 그리고 지식이 일관성 있음을 확신할 때까지는 제품을 구입하지 않는다. 고객이 새로운 소프트웨어 패키지가 강력한 스프레드시트 기능을 갖추었으며 저렴한 가격임을 안다 하더라도, 고객이 해당 소프트웨어의 사용법을 익히는 데 걸리는 시간을 알기 전까지는 새로운 소프트웨어의 구입을 미룬다는 것이다. 이러한 상황에서, 기업은 시연 또는 사용설명서를 통해 고객을 교육할 수 있다. 이것은 무료 '도움말'과 같은 소프트웨어 패키지의 일부분으로서 광범위한 튜토리얼을 포함한다.

본질적으로, 상당한 교육을 필요로 하는 시장으로의 진입을 지연시키는 것은 후발주자가 선도진입자의 선 투자에 무임승차 할 수 있게 해준다. 그러나 이러한 시장에서 선도진입자의 비용 지불은 산업 전체의 이득을 위해 사용된다기보다는 선도진입자의 우위를 강화시키는 데 사용 된다. 예를 들어, 교육은 고객의 선호를 유도할 수도 있으며, 이는 잠재적인 고객에게까지 우위를 점할 수 있다. 교육은 기업의 제품을 산업표준으로 만들수 도 있다. 이러한 교육은 기업이 '창시자'로서의 명성을 구축할 수 있게 해주며, 고객의 충성도를 끌어올린다. 그리고 이는 경쟁기업의 시장 진출 혹은 모방을 방지하는 진입장벽을 세우게 해주는 등의 이점을 누릴 수 있게 해준다. 우리는 이제 이러한 시장 진출과 모방을 방지하는 진입장벽이 기업 엔트리 전략의 성과에 어떠한 영향을 미치는지 탐구할 것이다.

더 혁신적인 기업가가 되기 위한 조언

1998년 Neil Franklin이 24시간 고객 전화 서비스를 제공하기 시작했을 때 고객들은 좋아했다. 이 제공은 Franklin이 속으로 생각한 그의 전기 통신기반 에 이전시 Dallas, Dataworkforce의 전략적 방향과 일치했다. 그래서 그는 10명의 직원들에게 근무시간 외에 집과 핸드폰을 통하여 24시간 서비스를 제공할 수 있는 이 전화 시스템에 투자했다. 오늘날 38세인 Franklin은 50명 가까운 직원들과 Dataworkforce의 서비스를 향상시키기 위해 탐구하고 있다. 24시간 전화 고객 서비스는 유지했지만 다른 시도들은 유지되지 않았다. 하나의 실패는 각각의 고객들에게 개인의 웹사이트를 개발하는 것이었다. "우리는 너무 멀리 갔다. 30,000\$를 소모했다." Franklin은 상기했다. 전세계적으로 뻗어나가 주요 도시에 브랜드 광고를 했지만 그 또한 떨어졌다. Franklin이 말했다. "처음엔 꽤 잘 나갔다. 비용을 더 더하기 전까지는…."

Franklin의 노력은 '사업의 포트폴리오' 전략이라고 불리는 접근법과 유사했다. New York City 컨설팅 회사인 McKinsey & Co의 사장 Lowell Bryan에 의하면, 이 아이디어는 전략을 구현하고 새로운 제품과 서비스 및 새로운 시장을 노리고 기회를 놓치지 않기 위해 적극적으로 실험에 가담하고 검증되지 않은 생각에 지나치게 낭비하지 않는다.

사업의 포트폴리오 접근법은 시장, 기술트렌드, 고객의 반응, 판매 그리고 경쟁자들의 반응 같은 불확실한 미래 성장에 관해 가정하는 관습적인 사업계획의 약점을 보여준다. Bryan은 사업전략의 포트폴리오를 2차 세계대전에 바다 건너서 물건을 공급받기 위해 쓰였던 선박 호송대에 비교했다. 군사 수송 선박의 그룹을 모아 상호보완적인 그룹에 보냄으로써, 기획자는 자신의 목적지에 도달하기까지 적어도 무언가에 의존할 수 있다.

좁은 범위 전략

좁은 범위 전략은 특정 니즈를 만족시키기 위해 소수의 고객 그룹에게 소규모 제품 범위를 제공하는 전략이다. 좁은 범위 전략은 커스터마이즈된 제품과 로컬라이즈된 기업 활동 그리고 높은 질의 제품 생산에 초점을 맞춘다. 이러한 활동의 결과물은 대량 생산으로 규모의 경제로서 우위를 누리는 대규모 기업과 차별화할 수 있는 기초를 마련해 준다. 제품차별화로서의 좁은 범위 전략은 대규모 기업과의 경쟁을 감소시켜주고, 기업이 프리미엄 가격을 부과할 수 있도록 해준다.

특정 고객 집단에 초점을 맞춤으로써, 기업은 특화되고 전문화될 수 있으며, 넓은 범위를 커버하는 기업에 비해 비교 우위를 누릴 수 있다. 예를 들어, 좁은 범위 전략을 추구하는 기업은 월등한 제품의 질과 고객이 가장 원하는 것을 제공해 줄 수 있는 최고의 위치에 있다.

하이엔드마켓은 전형적으로 수익성이 높은 틈새시장으로 커스터마이즈된 제품과 로컬라이즈된 비즈니스 활동 그리고 높은 수준의 질을 가진 제품을 생산할 수 있는 기업에게 적합하다. 나열된 첫 번째 관점에서, 우리는 좁은 범위 전략을 추구하는 기업이 규모를 중시하는 큰 형태의 기업보다 니치마켓(niche market: 유사한 기존 상품이 많지만 수요자가 요구하는 바로 그 상품이 없어서 공급이 틈새처럼 비어 있는 시장)에 더 적합하다는 것을 알고 있다.

그러나 좁은 범위 경쟁전략은 항상 경쟁에 대한 보호를 제공해 줄 수 없다. 예를 들어, 기업은 자사의 제품이 월등한 품질을 갖고 있다 믿어도, 고객들이 진보된 품질에 대한 가치를 느낄 수 없거나, 진보를 인지한 상태에서도 굳이 이를 위해 더 높은 가격을 지불할 의사가 없다면, 고객들은 여전히 큰 규모의 회사 제품을 구매할 것이다. 즉, 기업의 시장 분류의 타겟과 매스마켓 사이에는 명확한 경계가 없으며, 경쟁에 대해 작은 보호만을 제공한다. 게다가, 니치시장이 매력적일 경우, 더 크고 많은 기업들이 니치시장을 타겟으로 제품을 개발 및 생산할 인센티브를 갖게 된다. 예를 들어, 매스마켓의 더 크고 더 많은 기업들은 매력적인 니치시장에서 경쟁하기 위해 자회사를 설립할 수 있다.

좁은 범위 전략이 종종 경쟁과 관련된 위험을 감소시킬 수 있다 하더라도, 이러한 범위 전략은 다른 종류의 위험(시간이 지남에 따라 시장의 수요가 기대만큼 성숙되지 않는 경우)에 취약하다. 예를 들어, 좁은 범위 전략은 단일 고객 그룹(혹은 소수의 고객 그룹)에 초점을 맞추고 있지만, 시장이 변화하여 실질적인 시장규모가 줄어들고 매력도가 떨어지게 되면, 회사는 상당한 손실 위험을 겪게 된다. 좁은 범위 전략은 모든 달걀을 한 바구니에 담는 것과 같다. 그 바구니가 근본적으로 결함을 가지고 있는 경우, 모든 계란이 떨어져 깨질 것이다.

넓은 범위 전략

넓은 범위의 전략은 포트폴리오를 구성하는 것으로 생각할 수 있으며, 이는 매력적인 시장을 서로 다른 부분에서 모아 불확실성에 대응하는 방식이다. 수많은 서로 다른 시장 부분에 걸쳐 넓은 분야의 제품을 공급함으로써, 기업은 어떤 제품이 가장 이익이 높은지를 결정하여 전체 시장에 대한 이해도를 높일 수 있다. 실패한 제품(혹은 시장 분야)은 포기하고 성공 가능성을 높게 보여주는 제품과 시장에 자원을 집중한다. 본질적으로, 기업은 넓은 범위 전략을 구사함으로써 시행착오의 과정을 통해 시장에 대해 배울 수 있으며 이로써 시장 불확실성을 극복할 수 있다.

기업의 궁극적인 전략은 이러한 학습과정에서 제공된 지식의 결과로서 나타날 것이다. 이와 대조적으로, 좁은 범위 전략은 기업가가 그의 자원을 작은 시장 부분에 집중할 만큼의 충분한 확실성을 요구하며, 만약 제품에 대한 초기 평가가 잘못되었을 경우, 기업이 몰락할 수도 있다. 넓은 범위의 시장 부분에 걸쳐 제품을 공급하는 것은 넓은 범위 전략이 수많은 분야에서 전면 경쟁의 상황에 처하는 것을 의미한다. 기업은 매스마켓에서 대규모 생산자와 경쟁하는 동시에 니치마켓에서 전문화된 기업과 경쟁해야 할 필요가 있을 수도 있다.

따라서, 좁은 범위의 전략은 경쟁과 관련된 위험을 약간 줄이는 방법을 제공하지만, 시장 불확실성과 관련된 위험을 증가시킨다. 대조적으로, 넓은 범위의 전략은 시장불확실성과 관련된 위험을 감소시키는 방법을 제공하지만, 경쟁에 노출될 가능성을 증가시킨다. 기업은 기업이 가장 크게 걱정하는 위험을 줄이기 위해 적절한 범위 전략을 선택해야 한다. 예를 들어, 기존 시장에 새로운 엔트리로 진입하는 경우, 경쟁자들은 시장에서 입지를 굳건히 해놓았으며 그들의 시장점유율을 지킬 준비가 되어있다. 또한, 시장수요는 더욱 안정되고 시장 조사는 특정 그룹이 느끼는 새로운 제품에 대한 매력도를 알려준다. 경쟁 위험은 상당히 높으나 시장 위험은 매우 낮은 경우, 좁은 범위 전략이 위험도를 줄이는 데 효과적일 것이다. 그러나, 새로운 엔트리가 새로운 시장을 포함한다면, 경쟁자들은 다른 새로운 경쟁자들에 의한 시장점유율의 침탈보다 새로운 고객들을 만족시키는 데 더 신경을 쓸 것이다. 또한, 어떤 제품이 성공하고, 어떤 제품이 실패할 것인가에 대한 시장 불확실성은 일반적으로 있었다. 이러한 상황에서 넓은 범위 전략은 고객 선호와 관련된 주요 위험을 감소시킬 수 있다.

모방 전략

왜 이것을 하는가?
모방은 새로운 엔트리와 연관된 손실 위험을 최소화하기 위한 다른 전략이다. 모방은 기업이 다른 기업(같은 시장에 진출했거나 관련 산업에 종사하는)의 사례를 따라하는 것을 포함한다. 이러한 아이디어가 처음 나왔을 땐 회사의 성과를 개선하기 위한 모방전략으로서 활용되었다. 이번 챕터에서 전술한 '기업의 우월한 성과는 높은 질, 희귀성, 모방 불가능성의 수준에서 유래한다.'라는 것은 이 전략과 일치하지 않는다. 모방전략은 희귀하거나 모방 불가능할 수는 없다. 이것이 만약 사실이라 하더라도, 모방전략은 여전히 회사의 성과를 강화시킨다. 왜냐하면 성공적인 새로운 엔트리는 회사의 모든 활동 양상에 있어 가치 높고, 희귀하며, 모방 불가능할 필요가 없기 때문이다. 오히려, 주변 경쟁기업의 경쟁우위를 모방하는 것은 회사에게 수많은 이점을 가져다준다.

기업은 불완전한 정보를 기반으로 체계적이고 비싼 검색 프로세스를 수행한 결과로서 의사결정을 수행하는 것보다 다른 기업을 모방하는 것이 훨씬 쉽다는 것을 발견할 수 있을 것이다. 본질적으로, 모방은 개인적 학습의 대체물이라 할 수 있다. 그리고 이것은 Rexhaul Industries(저렴한 RV차량을 판매하는 기업) 대표의 말 (우리의 산업에서 우리는 모방을 R&C, 즉, 연구와 카피로 부른다)로 설명될 수 있다.

기존 기업의 성공적인 사례를 모방하는 것은 기업이 산업에서 성공하기 위해 필요로 하는 스킬들을 익힐 수 있도록 도와준다. 이는 기업이 스스로 이러한 스킬을 알아내는 것보다 훨씬 수월하다. 이러한 모방의 사용은 기업이 해당 스킬을 신속히 습득할 수 있게 해주고, 실제 핵심 성공요인이 무엇인지를 한 번에 파악하게 하여 시장에서 성공할 수 있게 해준다. 이것은 퍼즐 맞추는 단계(혹은 특정 단계의 문제를 해결하는 것)를 생략할 수 있도록 해주는 메커니즘이다.

모방은 또한 조직적 합법성을 제공한다. 만일 기업이 기존의 성공한 기업처럼 행동한다면, 고객의 인식 속에는 그 기업 또한 성공한 기업으로 인식될 가능성이 높다. 모방은 지위와 명성을 얻는 수단이다. 고객들은 그들이 인식하기를, 명성이 높고 기존에 설립된 기업일수록 그 기업에게 친근감을 느낀다. 이것은 특히 서비스 기업에 대한 경우이다. 예를 들어, 새로운 컨설팅 회사는 기존의 명성 있는 회사처럼 움직여야 할 필요가 있을 것이며, 심지어 외관 장식(좋은 위치의 사무실, 가죽 의자 및 소파, 맞춤 양복 등)에 자원을 집중해야 하며, 서비스에 질에는 부수적인 자원을 투입해야 한다.

모방전략의 유형

프랜차이즈 시스템은 새로운 엔트리에 진입함에 있어 모방을 토대로 가맹점의 위험 손실을 최소화하는 예이다. 프랜차이즈 가맹점은 새로운 엔트리에 진입하기 위해 프랜차이즈 본사의 '검증된 공식'을 반드시 따라야 한다. 예를 들어, 기업가는 새로운 지리적 입지에 맥도널드 가맹점으로서 패스트푸드 산업에 진출할 수 있다. 기업가는 다른 맥도널드 매장의 영업 관행을 모방한다(사실, 모방은 필수이다.). 그리고 기업가는 기존의 시장수요, 지적재산권으로 보호받는 상표와 제품 그리고 금융, 마케팅, 경영 문제에 관한 지식의 높은 접근성으로부터 이윤을 얻는다.

이 새로운 엔트리는 독보적인데 이는 영업권 내에 단 하나의 맥도널드가 있기 때문이다. (비록 버거킹, KFC와 경쟁해야 하긴 하지만) 더 넓게 보면, 이 맥도널드 매장은 같은 지리적 공간 내에서 다른 잠재적 경쟁기업들과 차별화된다. 기업에 대한 새로운 엔트리 위험의 대부분은 이러한 모방 전략을 통해 감소되었다.

프랜차이즈가 유일한 모방전략인 것은 아니다. 일부 기업은 성공적인 기업에 대한 카피를 시도한다. 예를 들어, 새로운 엔트리는 기존 제품을 카피하는 것 그리고 약간의 변화로서 우위를 구축하려는 것을 포함한다. 이러한 형태의 모방은 종종 '미투' 전략으로서 언급된다. 다른 말로, 성공적인 기업은 고객의 인식 속에 우월한 지위를 차지하고 있으므로, 모방자들은 고객들이 자사를 성공적인 기업처럼 인식해 주기를 바라는 것이다. 종종 변화는 새로이 출시될 제품에 사소한 변화를 주거나 기존 제품이 판매되지 않는 새로운 시장에 기존 제품을 가져오거나 고객에게 다른 방식으로 제품을 제공하는 형태를 취한다.

아이스크림 가게는 '미투' 모방전략의 한 예시이다. 새로운 진입자가 성공적인 가게를 모방해 온 아이스크림 시장에서는 몇몇 형태의 다양화를 통해 기존 업체들과 차별화를 시도할 수 있다. 우리는 아이스크림 가게들이 서로 비슷한 가게 인테리어와 장소, 같은 맛과 콘(와플 콘 등), 비슷한 프로모션 전략(맛보기 행사 등) 등을 구사하며 서로를 모방하는 경쟁을 보아왔다. 종종 다양화의 포인트는 단순히 가게의 위치이다.

아이스크림 소매 산업에서 우리는 새로운 시장 참가자들이 필수적인 경쟁우위를 얻기 위해 더욱 높은 수준의 모방에 의존하는 것에 주목해야 한다. 더욱더 많은 새로운 시장 참가자들은 베스킨라빈스, 하겐다즈 혹은 국제 프렌차이즈 브랜드의 프랜차이즈 협정을 통해 시장에 참가한다. 이 프랜차이즈 본사들은 범국가적 혹은 범세계적 브랜드네임과 명성을 가지고 있으며 표준화된 운영 방법과 매장간 의사소통 그리고 마케팅에서의 규모의 경제를 도입하였다.

그러나, '미투' 모방전략은 처음 기대했던 것보다 성공하기에 더 큰 어려움이 따를 수도 있다. 회사의 성공은 기본 조직 지식과 기업 문화에 따라 복사될 수 있다. 다른 조직 환경에서의 부수적 활동은 원하는 결과를 내지 못할 수도 있다. 또한, 기업은 상표 및 브랜드네임을 등록함으로써 다른 모방의 수단으로부터 이를 법적으로 지킬 수 있다. 전체적으로, 모방전략은 잠재적으로 기업의 연구개발 활동과 관련된 비용, 회사에 대한 고객의 불확실성을 줄일 수 있으며 높은 신뢰도로써 새로운 지점이 첫날부터 합법적으로 보이게 한다. 이러한 이점의 양상은 반드시 가치 있고 희소하며, 모방 불가능할 것이다. 이는 회사가 오랜 기간 동안 높은 성과를 창출할 수 있게 해줄 것이다.

새로움을 관리하는 것

새로운 엔트리는 새로운 조직의 생성을 통해 발생될 수 있다. 새로운 조직의 생성은 기존 기업을 관리하는 기업가가 마주하지 못한 몇몇 새로운 문제를 만들어낸다. 이러한 새로움의 불리함은 다음과 같다.

- 새로운 조직은 새로운 일을 배우게 하는 비용에 직면한다. 직원들을 새로운 작업에 적응시키고 회사가 원하는 성과를 만들게 하기 위한 훈련과정에서는 시간과 비용이 소비될 수 있다.
- 사람들이 새로운 조직의 역할에 할당되었으므로, 책임의 중복과 공백이 발생

할 수 있다. 이것은 종종 각각의 역할에 대한 경계가 공식적으로 정해질 때 혹은 비공식적으로 서로 협상이 되었을 때까지 분란을 일으킨다.

– 조직 내에서의 의사소통은 모두 공식 혹은 비공식 채널을 통해 이루어진다. 새로운 조직은 아직 우정 그리고 조직문화의 비공식적 체계가 잡혀있지 않은 상태이다. 새로운 회사에서 이러한 비공식적 구조가 확립되기 위해서는 시간이 소모된다.

새로운 회사를 경영하는 것에는 직원 교육과 훈련에 세심한 주의를 기울이는 것이 요구된다. 이러한 교육과 훈련을 통해 직원이 그들에 업무에 필요한, 지식과 스킬을 얻을 수 있으며, 역할 간의 갈등을 제거하고, 기능적 기업문화와 비공식적인 관계가 신속히 구축되어 사회적 활동을 함양 할 수 있다. 만일 이러한 새로움의 불리함이 극복될 수 있다면, 기업은 새로움의 자산으로부터 혜택을 누릴 수 있을 것이다. 이러한 자산은 특히 변화하고 있는 환경에서 새로운 기업이 기존 성숙 기업에 비해 더 나은 우위를 누릴 수 있게 해준다. 비록, 성숙한 조직이 운영의 효율성을 증대시키는 루틴, 시스템 그리고 프로세스를 확립한 상태지만, 기업이 새로운 환경에 적응해야 할 필요가 있을 때, 이는 기업의 불리함으로 작용할 것이다.

이전의 사례들은 동일한 경로를 따라 추진력을 생성하고, 경로변경은 매우 어렵다. 성숙 기업은 새로운 지식을 얻기가 어렵다는 것 또한 발견하는데, 이는 그들이 넓은 시각으로 외부환경이 무엇을 필요로 하는지에 대해 관심 갖기보다는 그들이 과거에 어떠한 것을 해왔고 자신들이 어떠한 분야를 잘하는지 생각하기 때문이다.

반면, 새로운 회사들은 루틴, 시스템 그리고 프로세스의 결여를 발견하게 되는데, 이는 새 기업이 오래된 기업보다 깨끗한 상태이며 오래된 기업에 비해 새 기업이 지식을 획득할 수 있는 우위를 갖고 있다는 의미이다. 새 기업들은 변화된 환경에 더 잘 적응하기 위한 새로운 루틴, 시스템 그리고 프로세스와 관련된 새로운 지식을 배우기 위해 기존의 오래된 지식과 습관을 버려야 할 필요가 없다. 새로운 지식을 배울 수 있는 향상된 능력은 기업가가 육성해야 할 필요가 있는 경쟁우위의 원천을 나타낸다. 이는 지속적으로 변화하는 환경에서 특히 유리한데, 회사는 경영활동 중에 얻는 정보로써 점진적인 전략을 구축해야 할 필요가 있기 때문이다. 이러한 환경의 발전을 미리 알 수는 없기 때문에, 사전 전략 계획은 해당 환경에서 성공적이지 못할 것이다(비록 회사가 굉장히 운이 좋더라도).

그러므로, 비록 기업가가 새로움의 불리함에 대해 인지, 관리하고 있음에 틀림없다 하더라도, 항상 성공하는 것은 아니며 항상 실패하는 것도 아니다. 그보다, 새로운 벤처기업은 특히 역동적이고 변화하는 환경에서 기존 성숙 경쟁기업에 비해 중요한 전략적 우위를 가진다. 기업가는 유연한 동시에 미래 기업행동에서 새로운 지식들을 수용할 수 있는 학습 조직을 만들어 이러한 새로움의 자산에 투자할 필요가 있다. 이러한 움직임들은 회사의 성과를 이해하는 데 있어 전략적 계획보다 기업가와 경영팀의 전략적 학습과 유연성을 강조하고 있다.

요 약

기업가정신의 가장 필수적인 항목 중 하나는 새로운 엔트리와 새로운 엔트리 기반의 새로운 제품, 새로운 시장, 새로운 조직이다. 기업 전략은 의사결정과 행동의 집합, 처음 생성된 반응, 시간이 지남에 따라 새로운 엔트리에서 새로움의 이윤을 최대화하고 비용을 최소화하는 방식을 나타낸다. 자원 번들의 생성은 새로운 엔트리 기회의 기반이 된다. 자원의 번들은 기업의 시장지식, 기술적 지식 그리고 타 자원에 의해 생성된다. 만약, 자원의 번들이 새로운 엔트리가 가치 있고, 희소하고, 타 기업이 모방하기 힘들다는 것을 강조한다면, 새로운 엔트리는 우월한 기업 성과를 지속하게 하는 원천이 될 가능성을 가지고 있다. 따라서, 혁신을 창출하고자 하는 사람들은 스스로와 그들의 팀의 유니크한 경험과 지식을 살펴볼 필요가 있다.

새로운 자원 조합을 생성하는 데 있어, 기업은 이것이 진짜 가치 있고, 희소하며, 모방 불가능성을 가지고 있는지 확인 후 행동에 옮겨야 하며, 이는 새로운 제품 혹은 새로운 시장의 개척 가치가 충분히 매력적인지 확인하는 과정을 통해 측정 할 수 있다. 새로운 엔트리 기회 개척 혹은 비개척에 대한 결정은 기업가가 결정 내리기에 충분한 정보를 갖고 있다고 믿는지 그리고 새로운 엔트리의 기회의 창이 아직 열려 있는지 여부에 따라 달렸다. 기업가의 결정에 대한 충분한 정보량은 완벽한 정보가 없는 상태에서 기업가가 결정을 내리기 위해 어느 정도 수준의 정보량을 요구하는지에 따라 달렸다. 새로운 엔트리가 성공하기 위해서는 경쟁기업에 대한 자사의 경쟁우위가 반드시 필요하다. 기업들은 종종 자신들이 시장에 처음 들어왔으며 이는 자사의 경쟁우위라 주장한다. 첫 번째가 된다는 것은 성과를 극대화시켜 줄 수 있는 수많은 이점들을 제공한다(ex. 경쟁의 감소, 비용 우위, 중요 공급-유통 채널의 확보, 시장에서 주요 위치의 확보, 초기 참여를 통해 얻는 전문지식). 그러나 선도진입자가 되는 것이 항상 유리한 것만은 아니다. 사실, 선도진입자의 성과 불이익에 대해 압력을 행사하는 몇몇 조건들이 존재한다(ex. 엔트리를 둘러싸고 있는 환경의 높은 불안정성, 고객 교육을 위한 관리팀 능력의 부족, 회사의 리드 타임을 연장하기 위해 진입과 모방을 막기 위한 진입장벽을 구축하는 경영 능력의 부족).

새로운 엔트리는 기업과 기업가에게 상당한 위험을 수반한다. 손실위험에 관한 리스크는 시장수요, 기술발전 그리고 경쟁기업의 행동 등을 포함하는 기업의 불확실성에 기인한다. 전략은 손실위험을 감소시킴으로써 이러한 불확실성을 감소시키는 데 사용될 수 있다. 이러한 전략에는 시장 범위 전략과 모방전략이 있다. 범위 전략은 기업이 서비스와 재화를 공급할 소비자 그룹을 선택하는 것으로, 좁은 범위와 넓은 범위 중 하나를 선택할 수 있다. 모방은 기존 산업의 경쟁자 혹은 연관 산업의 기업들의 사례를 카피하는 것을 포함한다. 예를 들면, '미투' 전략과 프랜차이즈 전략이 이에 속한다.

또한, 기업가정신은 새로운 조직의 생성을 포함한다. 새로운 조직의 생성은 기존에 설립된 기업을 경영하는 사람들이 겪지 않는 새로운 문제점을 발생시킨다. 이러한 문제점들은 새로움의 골칫거리라고 불리며, 새로운 업무를 배우게 하는 것에 대한 비용, 새로운 역할과 책임의 부여에 따른 조직 불화의 증가, 잘 형성된 비공식적인 네트워크의 부재 등을 포함한다. 그러나, 새로운 조직은 새로움의 자산을 가지고 있다. 그중 가장 중요한 것은 새로운 지식을 배우는 능력의 강화이다. 이것은 동적이며 변화하는 환경에서 새로운 기업이 성숙된 기업에 비해 갖는 비교 우위를 제공한다.

연구 숙제

1. 성공적인 제품으로 이끈 세 가지 주요 발명을 골라라. 그것들의 발명가는 누구인가? 그들이 어떻게 기술을 발명하였는가? 왜 그들이 그 기술을 처음 발명했다고 생각하는가?

2. 새로운 제품으로, 새로운 시장을 개척하고 오랜 기간 동안 그 시장에서 성공하고 있는 기업의 세 가지 예를 찾아라. 비록 시장 개척자는 아니지만, 개척자를 누르고 시장 리더가 된 기업의 세 가지 예를 찾아라. 네 생각에 성공한 개척자는 왜 성공하였고, 실패한 개척자는 왜 실패하였는가?

3. 새로운 사업의 실패 확률은 얼마인가? 새로운 프랜차이즈 가맹점의 실패 확률은 얼마인가? 이러한 숫자로 추론할 수 있는 것은 무엇인가?

수업 토론

1. 엔트리의 위험을 줄이는 방법으로써, 모방을 사용한 기업의 5가지 예를 준비해라. 모방을 통해 줄일 수 있는 위험의 양상은 어떠한가? 이것은 성공적이었는가? 모방으로서 생성되지 않는 회사의 양상으로는 어떤 것이 있으며 어떠한 양상이 희소성 있는 회사를 만들며, 경쟁자 비교우위의 잠재 원천은 무엇인가?

2. 넓은 범위 전략을 구사하는 기업과 좁은 범위 전략을 구사하는 기업 그리고 좁은 범위 전략으로 시작하였다가 시간이 지남에 따라 넓은 범위 전략으로 바꾼 기업의 예를 각각 2개씩 찾아라.

3. 기업 전략의 청중(eg. 벤처 투자자)들이 그 전략이 예상대로 잘 되지 않을 것임을 알고 있을 때, 경영 팀의 질에 상당한 의미를 부여하고 기업 전략의 세부사항에 집중하는 것은 시간낭비인가? 왜 이 경영팀에 이력서를 제출해보지 않겠는가? 만약 네가 벤처 투자자라면 사업계획에 대해 보고 싶을 것인가? 다른 경영팀과 비교하여 특정 경영팀의 질을 어떻게 평가할 것인가?

PART V 창의성과 비즈니스 아이디어

학습목표
* 새로운 벤처들을 위한 아이디어의 다양한 원천을 정의하기
* 새로운 벤처 아이디어 제안을 위해 가능한 방법 토론하기
* 창의적 문제 해결을 위한 창의성과 기법 토론하기
* 혁신의 중요성에 대해 토론하기
* 기회에 대한 평가 계획을 이해하기
* 제품 계획과 개발과정 측면에 대해 토론하기
* e-커머스와 e-커머스 비즈니스의 시작 측면에 대해 토론하기

비즈니스 세계에서 멋진 남자라고 알려진 것처럼, Pierre는 성공적인 사업의 비결로 개개인의 가치를 중요시했다. 그의 사업구조는 경쟁자들의 사업구조와는 확연히 달랐는데, 이는 자사에 의한 통제가 약했기 때문이다. eBay는 웹사이트의 디자인에 대해서는 통제를 했지만 모든 제품에 대해서는 공간을 사용하는 소비자가 스스로 부과하도록 하였다. 전통적으로 소매업자가 고객의 경험에 영향을 주기 위해 사용하였던 방법들을 사용하지 않았다. 이는 다소 위험해 보였으나 eBay의 사용자들은 상호 간 소통과 eBay에 없다시피 한 규제를 통해 서로 통제하고 조절했다. 이러한 통제는 사용자들이 한번 특정 사용자에게 나쁜 경험을 가진다면, 그와는 다시 거래를 하지 않도록 했다. 한 사람이 다른 모두를 통제할 수 없기 때문에 이러한 믿음을 가졌다. 가능한 한 가지는 사람들로 하여금 채택하도록 하는 시스템을 갖추고, 소비자가 이러한 시스템을 채택하는 방법은 그들이 이러한 것들이 가치 있다고 믿게 하는 방법뿐이다.

포브스의 400대 부자로 선정될 만큼 성공을 거두었을 때, 그들은 모든 사람은 변화를 만들 수 있다는 것을 기본 신념으로 하고 있다. 이러한 자본투자를 통해 그들은 초기 사업인 미디어, 마켓뿐만 아니라 미시투자, 기업가정신, 재산권 등에도 투자를 하고 있다. 그들의 목표는 대규모 기업을 성장시킴으로써 저소득층으로부터 엄청난 변화가 일어나는 것이다. 그가 언급했던 것은 다음과 같다. "eBay도 사람들의 재원, 아이디어, 그리고 세계적인 문제에 대한 해결 능력에서 고무되었으므로, 우리는 세계 어디에 있는 사람이든지, 그들의 경제적, 사회적, 정치적 환경에 상관없이, 그들은 그들의 삶을 스스로 개선시킬 수 있는 힘을 부여받을 수 있습니다."

기업가정신을 가진 Pierre는 글로벌 시장에 긍정적인 영향을 끼치고 다닌다. 그는 스스로 혁신가, 기업가 그리고 사업가임을 증명했지만, 무엇보다도 인도주의자임을 증명했다. 인간에 대한 믿음은 그로 하여금 더욱더 이러한 성향을 짙게 만들었고, 그의 확고한 인간에 대한 믿음은 그가 지속적으로 동기부여의 원천이 되도록 만들었다.

Pierre의 성공 이야기에서 핵심은 초기 사업모델에서의 독창성과 창조성이다. 새로운 벤처기업을 만드는 과정에 있어서 가장 어려운 점은 실현시키는 것이다. 어떠한 구체적인 특징이 이러한 새로운 제품과 서비스를 필요하게 만드는가? 다양한 기술들은 새로운 제품아이디어를 얻는 데 도움을 줄 수 있다. 몇몇 아이디어들은 업무에 대한 학습효과에서 비롯된다. 이러한 아이디어가 어떻게 일어나는지 상관없이 새로운 제품을 위한 독창적인 아이디어는 성공적인 벤처를 시작하는 데 있어 가장 중요하다. 이러한 기회와 가치에 대한 평가를 통해서, 기업가들은 대부분의 아이디어들이 새로운 벤처의 기초를 제공하는 것이 아니다. 오히려, 이러한 아이디어들 중 어떠한 아이디어가 기업가로 하여금 기초를 제공할 수 있는지 거르는 것이 중요하다.

트랜드

트랜드는 새로운 벤처를 시작할 때 가장 좋은 기회를 제공하고, 특히 기업가가 상당한 기간 동안 트랜드의 시작을 지속할 수 있다. 아래 표에서 알 수 있듯이, 기회를 제공하는 7개의 트랜드(그린 트랜드, 청정에너지 트랜드, 유기-구조 트랜드, 경제 트랜드, 사회 트랜드, 건강 트랜드, 웹 트랜드)가 있다.

다음 세기의 트랜드

녹색
청정에너지
유기-구조
경제
사회
건강
웹

▷ 그린 트랜드

녹색 분야는 전 세계 기업에게 기회로 가득 차 있다. 오늘날 소비자들은 점차 더 많은 녹색 제품에 대한 돈을 많이 지불하려고 한다. 특히 물은, 물 이용 효율을 높이는 골프 코스와 공원에서의 관개프로그램, 스마트관개시스템 그리고 컨설팅 회사와 같이 관개 영역에서 기회를 제공하는 그린 트랜드의 한 측면이다. 가치가 있는 다른 사업 영역들은 친환경 인쇄, 재활용 그리고 녹색 재니터리어서비스(관리 위생 서비스)를 포함한다. 예를 들면, 비료로 음식물 쓰레기를 재활용원으로 사용하여 테스트하는 것과 연료의 원천으로써 동일한 프로세스를 사용하는 것이다.

▷ 청정에너지 트랜드

소비자들의 가장 시급한 환경적인 문제 중 하나는 청정에너지이다. 많은 사람이 느끼는 21세기의 원천은 태양, 풍력 그리고 지열 원천에서 올 것이다. 전력을 만들 때 19세기의 석탄에서 20세기의 석유로 가속화되어 이동한 중요한 요소는 태양에너지의 비용이 전기 비용과 동등할 경우, 태양 변환 용량에서의 효율성과 비용 절감이나 태양에너지 생산과 사용의 세금 감면이다. 작은 기업과 주택 소유자는 이 분야에서 중요한 미개척 시장이다. 몇몇 기업은 전력비용을 아낌으로써 얻어지는 수익으로 단독주택의 태양 장치를 설치한다.

▷ 유기-구조 트랜드

유기 트랜드는 특히, 유기농과 비유기농 식품 간의 줄어드는 가격 차이에 의해 가속화되는 식품 분야에서 크게 증가하고 있다. 고기, 유제품, 과일, 채소, 빵 그리고 스낵 식품을 포함한 모든 유기농 음식의 매출 성장은 평균적으로 1년에 약 25% 정도 늘어나고 있다. 유기농 비식품의 총매출은 특히 의류에서 증가하고 있다. Anna Gustafson에 의해 2007년에 시작한 Oscar and Belle은 아기를 위한 유기농 의류를 제공한다. 2T에 해당하는 신생아 크기의 아기 의류는 소매점과 온라인(oscarandbelle.com)을 통해 배포되었다.

▷ 경제 트랜드

신용규제, 은행파산 및 주택 슬라이드, 압류의 영향은 그들의 지출에 훨씬 더 주의하도록 소비자들에게 강요하고 있다. 더욱 저렴한 지출의 증가는 사업 코칭, 할인 소매, 신용 및 부채관리, 가상회의, 아웃소싱, 그리고 전부 DIY(직접 만드는) 하는 것과 같은 분야에서 많은 기회를 제공한다. 아직도 많은 고급제품들은 악영향을 상당히 받지 않는다.

▷ 사회 트랜드

사회 트랜드는 매주 세계에서 발생하는 많은 네트워크 사건과 기회가 명백하다. 이는 인기 있는 페이스북, 마이스페이스, 링키드인과 그리고 다른 소셜네트워크들과 기업을 위한 소셜네트워킹을 포함한다. 개개인들이 더 긴 수명을 가지고 자녀 및 손자들과 새로운 장소들을 보면서 혜택을 누릴 수 있고, 재정적으로 지불할 수 있는 능력을 갖추길 원하기 때문에 재무계획과 여행 관련 분야에서 기회가 있다. 예를 들어, 장수 연합은 장기요양 및 재무계획에서의 카운셀링을 제공하는 원-스톱 자문 서비스이다.

▷ 건강 트랜드

건강관리조항에 대한 건강 유지와 우려는 오늘날 세계 인구 연령의 증가로 인해, 다음 10년 안에 지속될 가장 큰 트랜드 중 하나이다. 이것은 미용 시술, Vibrant Brains의 '두뇌 체조'와 같은 마음 확장, 개인건강포탈, 현장진료시설, 피트니스 센터, 최신 Fit Flops와 Wii Fit 주변장치와 같은 피트니스 오락기, 맞춤 음식, 편리한 관리클리닉, 건강관리코치를 포함하여 기업가들에게 많은 기회를 제공한다. 그린마운틴디지털은 자연 애호가를 위한 소셜네트워크플랫폼을 개발하고 응용프로그램 판매를 선도했다.

웹 트랜드는 기업가에게 엄청난 기회를 열어주고, 통신 및 구매의 많은 새로운 형태를 창조한다. 이는 웹 2.0에 의해 구동되고 있다. 웹 2.0 컨설팅, 블로깅, 온라인 비디오, 모바일 어플리케이션(apps) 그리고 와이파이 어플리케이션과 같은 많은 분야에 낮은 진입비용 장벽의 기회들이 존재한다. 애플과 안드로이드 같은 플랫폼은 기업이 창조하고 시장에서 그들의 응용 프로그램이 생산한 수익의 70%를 유지할 수 있게 해준다. 게임 산업은 매일 더욱 새롭고 상호연관적인 게임들을 통해 매우 높은 성장산업이 되었다. 기업가는 상식적인 아이디어와 기회들을 생산하기 위해 이러한 트랜드를 주의 깊게 모니터링 해야만 한다. 아이디어의 많은 원천들 역시 볼 수 있어야 한다.

새로운 아이디어의 원천

기업의 생산적인 아이디어 원천의 일부는 소비자, 기존 제품과 서비스, 유통채널, 정부, 연구개발을 포함한다.

▷ 소비자

잠재적인 기업가는 항상 잠재적인 고객에게 세밀한 주의를 기울어야 한다. 이러한 관심은 잠재적인 아이디어와 니즈의 내부적 모니터링의 형태와 형식적으로 소비자들이 그들의 의견을 표현할 수 있는 기회를 가질 수 있도록 배열해준다. 아이디어나 니즈를 보장하는 이러한 방법은 아이디어나 수요가 새로운 투자를 하기 위해 충분히 큰 시장인지 확인하기 위해 수행되어야 한다.

▷ 기존 제품과 서비스

잠재적인 기업가는 또한 시장에서 경쟁력 있는 제품과 서비스를 모니터링하고 평가하기 위한 형식적인 방법을 확립해야 한다. 이러한 분석은 흔히 더 많은 시장의 매력과 더 나은 매출, 이익잠재력을 가진 새로운 제품이나 서비스를 가져오는 것을 향상시키는 방법을 알아내는 분석이다. 심지어 기존회사는 이러한 작업을 수행할 필요가 있다. 월마트의 설립자인 Sam Walton은 경쟁 상점이 못하는 것이 아니라, 차라리 잘하고 있는 부분에 초점을 맞추어 경쟁 상점에 종종 방문했고, 그는 월마트의 아이디어를 실행할 수 있었다. Jameson은 각각의 여관(호텔)의 매니저에 관한 정책을 설립하여 경쟁 호텔과 그들의 시장 지역에서의 가격에 관한 주간 리포트를 작성했다.

▷ 유통채널

유통채널의 구성원 또한 시장의 니즈에 익숙하기 때문에 새로운 아이디어의 훌륭한 원천이다. 유통채널의 구성원은 완전히 새로운 제품에 대한 제안뿐만 아니라, 그들은 또한 신제품의 마케팅에도 도움이 될 수 있다. 한 기업은 그의 양말류가 색깔 때문에 잘 팔리지 않는다는 것을 백화점 매장 점원에 의해 발견했다. 그 제안에 주의를 기울이고, 색깔 변화를 적용시킴으로써, 그의 회사는 미국의 지역에서 비 브랜드 양말의 선도공급업체 중 하나가 되었다.

▷ 정부

정부와 지방정부에서는 아주 많은 정보를 제공하고 창업지원 방법도 제시하고 있다. 신제품 아이디어의 원천이 될 수 있다. 첫째, 특허국의 자료들은 수많은 신제품 가능성을 포함하고 있다. 비록 특허가 눈에 띄지 않더라도, 그들은 종종 다른 더 많은 시장성 있는 제품 아이디어를 제안할 수 있다. 몇몇의 정부 정책과 출판물은 특허 출원 모니터링에 도움이 된다. 정부의 기술서비스국과 같은 기관은 특정 제품 정보를 얻을 때 기업가들을 지원한다. 둘째, 신제품 아이디어는 정부 규제에 따라 진화할 수 있다.

▷ 연구개발

새로운 아이디어의 가장 큰 원천은 기업가 자신의 연구개발 노력이다. 그리고 이는 그들의 현재 고용이나 지하철, 차고에서의 비공식적인 실험실과 연결된 공식적인 노력이다. Fortune 500대 기업의 한 연구원은 Fortune 500대 기업이 이러한 아이디어 개발에 관심이 없을 때 그리고 이를 사업화시키지 않았을 때, 플라스틱으로 주조하는 컵 팔레트 모듈 같은 신제품의 기초가 되는 새로운 열가소성 수지(plastic resin)를 개발했을 뿐만 아니라 Arnolite Pallet 같은 새로운 벤처기업도 생성시켰다.

아이디어 구체화 방안

다양하게 이용 가능한 원천 같은, 새로운 벤처의 기초로 제공되는 아이디어를 내놓는 것은 (특히 사업을 위한 기초 아이디어이기 때문에) 여전히 문제를 제기할 수 있다. 기업가는 포커스그룹, 브레인-스토밍, 브레인-라이팅, 문제제기분석과 같은 새로운 아이디어를 제기하고 시험하는 것을 돕는 몇 가지 방안을 사용할 수 있다.

▷ 포커스그룹

> – 포커스그룹: 구조적인 포맷 내에서 정보를 제공하는 개인들의 그룹

아이디어를 얻기 위해서는 클라우딩의 포커스그룹을 활용하는 것이다. 포커스그룹에서 중재자는 단순히 참가자의 응답을 요하는 질문을 하기보다는 개방성과 심도 있는 토론을 통해 그룹의 사람들을 이끈다. 신제품 영역의 경우, 중재자는 지시적이거나 비지시적인 방식 중 하나로 그룹의 토론을 맞춘다. 주로 8~14명의 참가자들로 구성된 그룹은 창조적으로 개념화하고 시장의 요구를 충족시키는 신제품 아이디어를 개발하고 서로의 의견에 의해 자극된다. 여성 구두 시장에 관심

이 있던 한 회사는 다양한 사회경제적 배경을 가진 12명의 여성 포커스그룹으로부터 '오래된 구두처럼 딱 맞는, 따뜻하고 편안한 구두'라는 신제품 컨셉을 받았다. 그 컨셉은 새로운 여성의 구두로 개발되었고 그것은 시장의 성공을 가져왔다. 심지어 광고 메시지의 주제도 포커스그룹 구성원의 의견으로부터 나왔다. 게다가 새로운 아이디어를 제안하는 것뿐만 아니라 포커스그룹은 초기의 아이디어와 개념을 확인하는 우수한 방법이기도 하다. 사용 가능한 여러 절차 중 하나를 사용하면, 그 결과는 포커스그룹이 새로운 아이디어를 제안하는 유용한 방법을 더욱 정량적으로 분석할 수 있다.

▷ 브레인-스토밍

- 브레인-스토밍: 새로운 아이디어와 해결책을 얻기 위한 그룹의 방법

브레인-스토밍 방법은 사람들이 다른 사람들과 만나고 조직된 그룹 경험에 참여함으로써 창의적이도록 자극한다. 아이디어의 대부분은 보통 추가개발에 대한 근거가 없는 그룹으로부터 제안되지만, 때로는 좋은 아이디어가 나온다. 이는 브레인-스토밍 노력이 특정 제품이나 시장 지역에 초점을 맞춰졌을 때, 더 많은 발생 빈도를 가진다. 브레인-스토밍을 사용할 때, 4가지의 규칙을 따라야 할 필요가 있다.

1. 그룹의 어느 누구에게도 비판은 허용되지 않는다.
 - 부정적인 코멘트 불가
2. 자유분방함이 권장된다.
 - 더 다듬어지지 않은 아이디어가 더 좋다.
3. 아이디어의 많은 양이 요구된다.
 - 아이디어의 수가 더 많을수록, 유용한 아이디어의 출현 가능성이 더 커진다.
4. 아이디어의 조합과 개선이 권장된다.
 - 다른 아이디어는 또 다른 새로운 아이디어를 생산하는 데 사용될 수 있다.

브레인-스토밍 시간은 아무도 토론을 지배하거나 억제하지 않고, 재미있어야 한다. 대형 상업 은행은 그들의 산업 고객에게 품질 정보를 제공하는 저널을 개발하기 위해 브레인-스토밍을 성공적으로 사용해왔다. 금융 전문가 간의 브레인-스토밍은 시장의 특성과 정보 내용, 발매 횟수 그리고 은행 저널의 홍보가치에 초점을 맞춘다. 일단 일반적인 형식과 발매 횟수가 결정되면, Fortune 1000대 기업의 포커스그룹 부사장들은 새로운 저널 형식과 그것의 관련성과 가치에 대해 토론하기 위해 보스턴, 시카고 그리고 달라스 세 도시에서 개최한다. 이러한 포커스그룹의 결과는 시장에 의해 얻어진 새로운 금융 저널의 기초를 제공한다.

▷ 브레인-라이팅

브레인-라이팅은 브레인-스토밍의 쓰기 형식이다. 이는 1960년대 Method 635라는 이름 아래에서 Bernd Rohrbach에 의해 만들어졌고, 이는 브레인-스토밍 시간에 참여자들에게 아이디어를 자발적으로 표현하도록 하여 더 많은 생각할 시간을 주는 고전적인 브레인-스토밍과는 달랐다. 브레인-라이팅은 조용했고, 그룹의 구성원들로 인해 아이디어는 서면으로 제안되었다. 참가자들은 보통 6명으로 구성되며, 그들의 아이디어를 특정 형식이나 카드에 기록해서 그룹 내에서 순환시킨다. 각 그룹의 구성원들은 5분 동안 3개의 아이디어를 구성하고 적어 내려간다. 3개의 새로운 아이디어를 적은 각각의 형식은 모든 참가자들에게 통과될 때까지 가까운 사람에게 전해진다. 리더는 시간 간격을 모니터링하고 그룹의 필요에 따라 참가자들에게 주어진 시간을 감소시키거나 연장시킬 수 있다. 참가자들은 또한 전자적으로 회전되는 시트로 지리적으로 전해질 수 있다.

▷ 문제제기분석

> – 문제제기분석:
> 문제에 집중함으로써 새로운 아이디어와 해결책을 얻기 위한 방법

문제제기분석은 새로운 제품 아이디어를 생성하기 위해 포커스그룹과 유사한 방식으로 개인을 이용한다. 그러나 새로운 아이디어를 그들 스스로 생산하는 대신에, 소비자들은 일반 제품 범주 내에서 문제의 목록을 제공받는다. 그들은 특정 문제를 가진 카테고리 내에서 제품을 식별하고 토론하라고 요청받는다. 이 방안은 문제를 해결함에 있어서 기존 제품과 연관되었기 때문에 더 효과적이다. 이 방법은 알려진 제품들을 제안된 문제점에 연관시키기 쉽고, 새로운 제품 아이디어 자체를 만드는 것보다 새로운 제품 아이디어에 조금 더 쉽게 접근할 수 있게 해주기 때문에 효과적이다. 문제제기분석은 또한 신제품 아이디어를 시험하는 데 사용된다. 음식산업에서 이러한 접근법의 예를 다음 표에서 보여주고 있다. 이 예시의 가장 어려운 문제 중의 하나는 무게, 맛, 모양, 비용과 같은 완벽한 문제의 목록으로 개발되었다는 것이다. 문제제기분석의 결과는 그들의 새로운 사업 기회를 실제로 반영하지 않기 때문에 주의 깊게 평가되어야 한다. 예를 들어, 실제 구매 행위에 거의 영향을 미치지 않는 포장 상자의 크기에 관련된 문제로, 사용 가능한 상자가 선반에 잘 맞지 않았다는 것에 대한 응답으로 소형 시리얼 상자의 일반 식품 도입은 성공하지 못했다. 최상의 결과를 보장하기 위해, 문제제기분석은 주로 추가적인 평가를 위한 제품 아이디어 식별을 위해 사용되어야 한다.

심리적인	감각	활동	소비행태	정신적/사회적
A. 몸무게 – 살찌게 하는 – 영양가 없고 열량만 높은 칼로리	A. 맛 – 맛이 쓴 – 특별한 맛이 나지 않는 – 짠	A. 식사계획 – 잊음 – 그것을 하기에 피곤	A. 휴대성 – 집 밖에서 먹음 – 점심 먹음	A. 회사에 제공 – 고객에게 제공하지 않음 – 막바지 준비가 너무 많이 남음
B. 배고픔 배를 채움 식사 후 여전히 허기짐		B. 저장 – 고갈 – 패키지가 맞지 않음	B. 1인분 – 패키지에 충분치 않음 – 음식이 남음	
C. 목마름(갈증) – 갈증을 해소 못함 – 누군가를 갈증나게 함	B. 외관 – 색상 – 입맛 떨어지게 하는 – 모양	C. 준비 – 문제가 너무 많음 – 냄비와 팬이 너무 많음 – 절대 진행되지 않음	C. 이용 가능성 – 철이 아님 – 슈퍼에 없음	B. 혼자 먹기 – 한 사람을 위해 노력이 너무 많이 듦 – 한 명을 위해 준비할 때 우울함
		D. 요리 – 태움 – 찔림	D. 음식 부패 – 곰팡이 생김 – 상함	
D. 건강 – 소화불량 – 치아가 좋지 않음 – 자지 않음 – 산성도	C. 농도 · 감촉 – 거침 – 건조 – 끈적끈적한	E. 청소 – 오븐을 엉망으로 만들다 – 냉장고 안에서 냄새가 나다	E. 비용 – 비싼 – 비싼 재료를 사용하는	C. 자아상 – 게으른 요리사에 의해 요리됨 – 좋은 어머니에 의해 제공되지 않음

창의적인 문제 해결

> – 창의적 문제 해결: 새로운 아이디어를 얻기 위해 파라미터에 집중하는 방법

창의성은 성공적인 기업가의 중요한 특성이다. 불행히도, 창의성은 연령, 학력, 관료주의와 함께 감소되는 경향이 있다. 창의성은 일반적으로 사람이 학교를 시

작하는 단계부터 감소된다. 이는 십대를 지나며 악화가 계속되고, 30, 40, 50대를 지나면서 꾸준하게 계속된다. 또한 개인에게 잠재되어 있는 창의적 잠재력은 지각적, 문화적, 감정적 그리고 조직적인 요소에 의해 억압될 수 있다. 창의력은 억압되지 않을 수 있고 창조적인 아이디어와 혁신은 다음 표에 나타나 있는 창의적 문제 해결 기술로 생성될 수 있다.

* 브레인-스토밍	* 강제 연관법
* 역 브레인-스토밍	* 집단 노트북 방안
* 브레인-라이팅	* 속성 열거법
* 고든법	* 빅-드림 접근법
* 체크리스트 방법	* 파라미터 분석법
* 자유 연상	

창의적 문제 해결 기술

▷ 브레인-스토밍

첫 번째 기술은 브레인-스토밍은 앞서 언급한 창의적 문제 해결과 아이디어 생성에 아마도 가장 잘 알려져 있고, 널리 사용되는 기술이다. 창의적 문제 해결에서 브레인-스토밍은 참가자의 자발적인 참여를 통해 제한된 시간 내에서 문제에 대한 아이디어를 생산할 수 있다. 좁은 브레인-스토밍은 너무 넓거나(아이디어가 너무 다양화되어 특정한 어떤 것도 일어나지 않는) 너무 좁지(응답을 제한하는 경향이 있는) 않은 문제에서 시작하는 것이다. 일단 문제가 준비되면, 일반적으로 8~12명의 개인이 참여하도록 선택된다. 반응을 방해하는 것을 피하기 위해, 그룹 구성원은 문제의 분야에서 전문가로 인정되는 사람이 없어야 한다. 아무리 비논리적이라도, 모든 아이디어는 브레인-스토밍 기간 동안 비판이나 평가받는 것을 금지하도록 기록되어야 한다.

▷ 역 브레인-스토밍

> 역 브레인-스토밍: 새로운 아이디어를 얻기 위해 부정적인 면에 집중하는 방법

역 브레인-스토밍은 비판이 허용된다는 것을 제외하면 브레인-스토밍과 유사하다. 사실 그 기법은 "이 아이디어가 실패할 수 방법이 얼마나 많은가?"라는 질문에 대해 답하며 오류를 찾는 것에 기초한다. 그 초점은 제품, 서비스, 아이디어의 부정적 측면에 초점을 맞추고 있기 때문에 그룹의 사기를 유지하기 위해 주의해야 한다. 역 브레인-스토밍은 혁신적 사고를 자극하는 다른 창의적 기법들보다 더 효율적으로 사용될 수 있다. 그 프로세스는 일반적으로 이러한 문제들을 극복하는 방안에 대한 토론에 의해 한 아이디어의 잘못된 모든 것을 식별하는 것을 포함한다. 역 브레인-스토밍은 아이디어를 생각하는 것보다 아이디어에 있어서 비판적으로 생각하는 것이 쉽기 때문에, 가치 있는 결과를 생산하기도 한다.

▷ 고든법

> 고든법: 개인들이 문제에 대해 알고 있지 못할 때, 새로운 아이디어를 개발하기 위한 방법

고든법은 다른 창의적 문제 해결기법들과는 달리, 그룹의 구성원들이 문제의 정확한 특성을 모른 채로 시작한다. 이 솔루션은 선입견과 행동패턴에 의해 흐려지지 않도록 한다. 기업은 그 문제와 연관된 일반적인 개념을 언급하면서 시작한다. 그 그룹은 많은 아이디어를 표현하며 응한다. 그런 관련 개념에 의해 한 개념은 기업의 지도를 통해 개발된다. 실제 문제는 최종 솔루션의 구현이나 정제에 대해 제안할 수 있는 그룹을 가능하게 드러낸다.

체크리스트 방법: 연관된 문제들의 목록을 통해 새로운 아이디어를 개발하는 방법

체크리스트 방법에서는 새로운 아이디어가 관련된 이슈나 제안들의 목록을 통해 개발된다. 기업가는 완전히 새로운 아이디어를 개발하거나 특정 아이디어 분야에 집중하는 방향으로 인도하는 질문이나 문장의 목록들을 활용할 수 있다. 체크리스트는 어떠한 형태도, 길이도 될 수 있다. 하나의 일반적인 체크리스트는 다음과 같다:

* 다른 용도에 사용? 현재의 있는 그대로를 사용하는 새로운 방법? 다른 용도로 수정?

* 적용? 이것과 같은 다른 것? 이 제안에 대한 다른 아이디어? 지난번에 제안한 것과 평행한가? 모방할 수 있는가? 나는 누구를 모방할 수 있는가?

* 수정하기? 새로운 트위스트? 의미, 색상, 동작, 냄새, 형태, 모양의 변화? 다른 변화?

* 확대하기? 무엇을 추가? 더 많은 시간? 더 자주? 더 강하게? 더 크게? 더 두껍게? 부가가치는? 재료를 추가? 똑같이 만들기? 크게 증식시키기? 과장하기?

* 대체? 누가 대신할까? 무엇이 대신할까? 다른 성분? 다른 재료? 다른 고정? 다른 전원? 다른 장소? 다른 접근법? 다른 목소리 톤?

* 재배열? 부품 교환? 다른 패턴? 다른 레이아웃? 다른 순서? 원인과 결과의 뒤바꿈? 트랙의 변경? 일정의 변경?

* 역으로? 긍정과 부정의 뒤바꿈? 정반대는 어떨까? 이전 버전으로 바꾸기? 위아래를 변경? 역할을 역방향? 입장 바꾸기? 표 바꾸기? 다른 면으로 바꾸기?

* 결합하기? 조화, 합금, 모음, 앙상블로 하는 것은 어떠한가? 단위들을 결합하기? 목적들을 결합하기? 매력들을 결합하기? 아이디어들을 결합하기?

▷ 자유 연상

자유 연상: 단어 사슬의 연상을 통해 새로운 아이디어를 개발하는 방법

기업가가 새로운 아이디어를 제안할 수 있는 가장 심플하지만 가장 효과적인 방법 중 하나는 자유 연상이다. 이 기법은 문제에 대한 완전히 새로운 관점을 개발하는 데에 있어서 도움을 준다. 우선, 신제품 아이디어 발현으로 끝이 나는 사슬을 창조함으로써 지속적인 사고과정에 새로운 무언가를 추가하기 위해 시도하는 각각의 새로운 단어와 함께 문제와 관련된 문구를 하나하나 적어 내려간다.

▷ 강제 연관법

강제 연관법: 제품의 조합을 바라봄으로써 새로운 아이디어를 개발하는 방법

이름에서 알 수 있듯이, 강제 연관법은 일부 제품 조합 간의 관계를 강제로 연관시키는 과정이다. 이는 새로운 아이디어를 개발하기 위한 노력의 일환으로, 개체 또는 아이디어에 대한 질문을 하는 기법이다. 새로운 결합과 궁극적인 개념은 다섯 단계의 과정을 통해 개발되고 있다.

1. 문제의 요소를 분리하라
2. 이러한 요소들 간의 관계를 찾아라.
3. 그 관계 속의 질서 형태를 기록하라.
4. 아이디어나 패턴을 찾기 위해 결과의 관계를 분석하라.
5. 이러한 패턴 속에서 새로운 아이디어를 개발하라.

다음 표는 종이와 비누에서 이 기법을 사용한 것을 보여준다.

요소: 종이와 비누		
형태	관계/조합	아이디어/패턴
형용사	* 종이 같은 비누 * 비누 같은 종이	* 조각 * 씻고 말리는 여행 도구 * 비누가 스며들었고, 세척하는 표면에 사용할 수 있는 거친 종이
명사	* 종이비누	* 비누가 스며들었고, 세척하는 표면에 사용할 수 있는 거친 종이
관련 동사	* 비누칠이 '된' 종이 * 비누에 '젖은' 종이 * 비누에 '씻겨 진' 종이	* 비누 잎의 소책자 * 코팅하고 적시는 과정에서 * 벽지 청소기를 제안하다

강제 연관 기법의 설명

▷ 집단 노트북 방안

> **집단 노트북 방안:** 그룹 구성원들의 규칙적인 아이디어 기록을 통해 새로운 아이디어를 개발하는 방안

집단 노트북 방안은 문제에 대한 언급과 빈 페이지, 그리고 적절하게 뒷받침할 수 있는 배경 데이터가 포함되어 있는, 주머니에 딱 맞는 작은 노트북이 배부된다. 참여자들은 적어도 한번은 기록하면서 그 문제와 그와 관련된 가능한 해결책들을 고려하지만, 가급적이면 하루에 세 번이 바람직하다. 일주일의 끝에, 어떠한 제안들과 함께 가장 좋은 아이디어의 목록이 제시된다. 이 기법은 그들의 아이디어를 기록하는 그룹의 개인에게 사용될 수 있고, 그들의 노트북에서 모든 자료를 요약, 정리하고 언급된 빈도의 순서에 따라 아이디어를 목록화하는 중앙관리자에게 전한다. 그 요약은 최종적으로 그룹 참여자들에 의해 창조적 포커스그룹의 토론 주제가 된다.

▷ 속성 열거법

속성 열거법: 긍정적이고 부정적인 면을 바라봄으로써 새로운 아이디어를 개발하는 방법

속성 열거법은 기업가들에게 아이템과 문제의 속성에 대해 목록화하고 다양한 관점으로 각자를 바라보도록 요구하여 아이디어를 찾는 기법이다. 이 과정을 통해 원래는 관련되지 않은 객체들의 새로운 형태를 함께 가져올 수 있고, 욕구를 더욱 충족시키는 새로운 사용법을 가능하게 할 수 있다.

▷ 빅-드림 접근법

빅-드림 접근법: 제약 없는 사고를 통해 새로운 아이디어를 개발하는 방법

새로운 아이디어를 제시하는 빅-드림 접근법은 기업이 문제와 그와 관련된 해결책에 대해 꿈꾸는 것을 요구한다. 즉 다시 말하여, 크게 생각하는 것이다. 모든 가능성은 관련된 부정적인 것이나 요구되는 자원들과 관계없이 기록되고 조사되어야 한다. 아이디어는 한 아이디어가 실행 가능한 형태로 개발될 때까지 어떠한 제약도 없이 개념화되어야 한다.

▷ 파라미터 분석법

파라미터 분석법: 파라미터 정의와 창조적 통합에 초점을 맞춤으로써
새로운 아이디어를 개발하는 방법

새로운 아이디어를 개발하는 최종적인 방법인 파라미터 분석법은 파라미터 정의와 창조적인 통합이라는 두 가지 측면을 포함한다. 제시된 표에 따르면, 첫 번째

단계(파라미터 정의)는 그들의 상대적 중요성을 결정하는 상황에서 변수 분석을 포함한다. 이러한 변수는 다른 변수들이 확보됨과 함께 조사의 초점이 된다. 주요한 문제들이 정의되고 난 후에는 근본적인 문제를 서술하는 파라미터들 간의 관계가 설명된다. 파라미터와 관계의 평가를 통해 하나 이상의 솔루션을 개발하면 이 솔루션 개발은 창의적인 통합이라고 불린다.

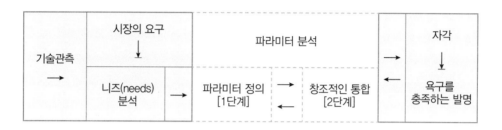

파라미터 분석법의 설명: 발명의 과정

간디의 혁신

전 세계적으로 경기 침체와 더 많은 가치와 환경적으로 의식하는 새로운 경제 클래스의 붐으로 인해, 오늘날 소비자들의 선택은 경제성과 지속 가능성이라는 두 가지의 주된 요소에 의해 부정할 수 없이 이끌린다. 게다가, 2~30억의 중산층 소비자들(특히 중국과 인도)의 추가는 폭넓은 소비자 기초에 대해 더 적은 비용으로 창조할 수 있는 새로운 종류의 혁신을 가져오고 있다. Prahalad와 Mashelkar이 언급한 것처럼, 이러한 새로운 트랜드는 마하트마 간디의 "나는 모두의 이익을 위해 만든 과학의 모든 발명에 대해 상을 받는다."라고 했던 가르침에 강한 유대관계를 가진다. Prahalad와 Mashelkar이 '간디의 혁신'이라고 언급했을 때, 아무데도 없었고, 혁신이 최종결과뿐만 아니라 소비자에게 가치가 있다고 초점을 맞추는 형태의 이러한 새로운 모델은 이제껏 없었고, 인도에서보다 더 만연했다. 인도는 최근 몇 년 동안 믿을 수 없을 만큼 저렴한 가격으로 해결하지 못하는 그럴듯한 문제들을 해결하기 위한 제품과 서비스를 개발하는 예술을 확실하게 통달해 왔고, 그들은 지속적으로 '간디의 혁신'의 개념을 일깨워 주는 혁신과 함께 한계를 초월해 왔다. 서양의 기업들은 이러한 새로운 형태의 혁신에 대해 많은 것을 배워야 하고, 그렇게 해야 하는 압박이 부유함, 가난함, 그리고 젊음과 같은 소비자 특성에 의해 보다 더 신뢰할 만하고, 현실적이고, 경제적이고, 사회적이고, 환경 친화적인 제품과 서비스를 요구하는 선진세계와 개발도상세계 속에서 급속하게 변화됨에 따라 강화되고 있다. 헬스케어에서 통신, 자동차 제조까지 그 압력은 급속도로 모든 산업과 시장을 아우르며 혁신하고 있다. '간디의 혁신'을 이루기 위해, 고객들의 니즈와 요구에 초점을 맞추어야 하고, 고려해야 할 두 가지의 변수가 있다.

1. 문제를 해결하기 위한 새로운 역량을 창조 및 획득하는 것

   성공적이고 혁신적인 인도회사들은 언급된 문제에 대해 서양의 상대 기업들에 비해 덜 전체적이고, 덜 전통적인 접근법을 가져왔다. 이것의 한 사례로는, 허브를 기반으로 한 건선치료를 개발하는 인도의 제약회사의 Lupin이 사용했던 '역-약리학'이라는 접근법이다. 전통적인 개발과정의 연구개발, 실험실 테스트 그리고 소비자 테스트 대신에 Lupin은 임상데이터를 모으거나 최근에 실험실 테스트를 위한 인도의 Drug Controller General에서 승인을 얻는 것보다 그 분야의 제품을 개발하기 위해 전통적 인도의 제약 의사와 협력을 시작했다. 개발의 이러한 방안은 전통적 접근법을 이용해 개발하기 위한 것의 일부분의 비용이 든다. Lupin은 소비자들에게 미국에서 전통적인 방법을 사용하여 비슷한 다른 약물 개발을 위해 15,000달러가 소비되는 것과는 반대로 환자 1인당 100달러를 부과하는 치료법을 통과시켰다.

2. 현재의 기술과 비즈니스 모델은 더 낮은 비용으로 필요사항을 충족한다.

   인도에서 성공적이고 혁신적인 기업은 거의 사용되지 않은 부가 기능이 있는 유사한 제품보다 훨씬 저렴한 가격으로 고객이 원하는 서비스만을 제공하기 위해서, 그들의 뼈대부터 제품의 공정을 낱낱이 숙달해 왔다. 가장 눈에 띄는 사례는 미국 Tata

Motors의 2,000달러 나노 자동차 개발이다. 나노를 개발할 때, Tata Motors는 인도 시장에 안전, 기능, 비용 효율적인 자동차를 가장 현저하게 가격 탄력적으로 제공하기 위해 그런 상황에 맞는 제약 내에서 일했다. 이 공적을 달성하기 위해, 그들은 많은 외국과 인도 기업의 전문가들을 통합하여 필요한 가격대 내에서 유지하면서 안전과 성능을 위한 나노 사양을 충족하는 구성요소를 구축했다. 그 나노 자동차는 문이 단지 두 개만 있고, 열리지 않는 트렁크가 있지만, 인도 소비자들은 이러한 특징들을 포기하고 낮은 가격대로 차를 구매할 수 있다는 능력으로 만족한다. 기업들이 앞으로 계속 나아갈 때, 혁신가들은 지속적으로 그들 자신에게 어떻게 그들이 더 적은 자원으로 더 많은 작업을 수행하고, 더 낮은 비용으로 고객에게 판매할 수 있는가에 대해 질문해야만 한다. 기업이 이러한 목표로 혁신을 행할 때, 그들은 제품과 서비스를 지속적으로 구매할 여유가 있는 전 세계 사람들의 마음과 지갑에 다가갈 수 있을 것이다.

PART Ⅵ 창업기업의 성장

기업의 성장과 확장은 창업의 자연스러운 산물이다. 기업가가 가진 강한 비전의 결과이고 결정을 내리고 회사가 과정을 유지하며 목표에 도달하기 위한 팀을 찾는 것이다. 몇몇 기업가들은 통제를 잃는 것을 두려워하여 성장을 피한다. 많은 사업들은 빠른 성장 기간에 회사 자본의 막대한 수요로 인해 흔들린다는 두려움은 근거가 없다. 게다가, 사업이 어떠한 흔들림 없이 항상 성장할 것 같지도 않다. 사실 거대한 회사들이 무한정 성장한다는 것은 신화이다. 진실은 모든 기업이 교착상태에 빠지는 기간을 갖지만, 더 큰 기업들은 그 성장 비율을 천천히 늘린다는 것이다. 이것이 기업가들에게 의미하는 것은 오랜 기간 동안 두 자리수의 성장을 유지하는 것은 아마도 불가능하다는 것이다. 그러나 성장하기 이전에 견고한 계획으로 빠른 성장의 위험을 피할 수 있고 가능한 다른 방법보다 성장을 오랫동안 지속할 수 있다.

높은 성장의 기업들은 몇 가지의 아주 명백한 특징을 보이기 때문에 무리 중에서도 두드러진다. 전형적으로, 그들은 그들이 만들고 곧 리더가 될 틈새시장에서 첫 번째이다. 그들은 종종 다른 경쟁사보다 무엇을 해야 할지 더 잘 알고, 그들의 사업에 의지하며 그들이 제공하는 것은 특별하다. 시장에서 효과적으로 수행된다면 새로운 상품이나 서비스로 첫 번째가 되는 것은 가장 강력한 경쟁적 이점 중의 하나이다. 이것은 고객들이 특별한 상품이나 서비스를 깊이 생각할 때 고객들이 그 기업을 즉시 떠올리도록 브랜드 인식을 설립하기 위한 기회를 제공한다.

혁신적인 과정, 혁신적인 상품이나 서비스와 결합함으로써 기업들은 경쟁시장에서 어마어마한 장벽을 만들 수 있다. 그러나 시장에서 두 번째나 세 번째가 되는 것 또한 이길 수 있는 전력이 될 수 있는데, 왜냐하면 주로 선도하는 기업이 대게 상품이나 서비스를 완벽하게 생산하지 못 하기 때문에 두 번째나 세 번째 기업이 첫 번째 기업의 실수를 배우고 고객들의 요구를 더 충족시킬 수 있기 때문이다.

성장하는 것 또한 성장하지 않는 것

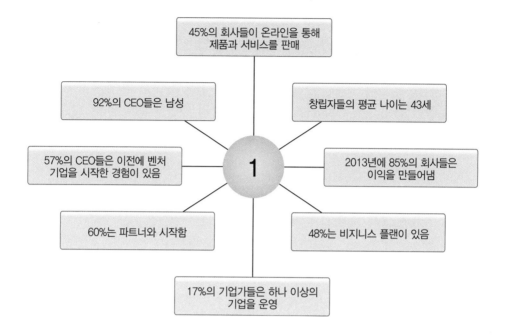

몇몇 기업가들은 엄청난 시장의 수요에 직면하더라도 성장을 통제하기 위한 의식적인 결정을 내린다. 이것은 성장을 한 자릿수로 늦춘다고 말하기 위한 것은 아니다. 그 대신에 기업가는 롤러코스터를 타는 것과 같이 세릿수를 기록하는 젊은 벤처보다는 매년 35퍼센트에서 45퍼센트의 지속적인 성장률을 유지하는 것을 선택할지도 모른다. 일반적으로 성장률을 그렇게 규제하는 기업가들은 그들이 오랜 기간 동안 그 사업에 있기 때문인데, 다시 말해서 그들은 사업을 팔거나 공적으로 제공하는 것을 통해 새롭게 창조되는 부를 빨리 거두려 서두르지 않는다. 그들은 또한 전형적으로 많은 빚을 떠맡는 것을 좋아하지 않으며, 성장하기 위해 순수 자기 자본을 포기하는 것을 좋아하지 않는다. 결과적으로, 그들은 심하게 광고하지 않으며, 그들의 능력 밖으로 새로운 고객들을 찾기 위해 적극적이지 않다. 그들은 또한 그들의 고객이나 그들의 산업이 직면하는 문제들과 독립적으로 그들의 상품이나 서비스 라인을 다양화한다. 다양화된 상품이나 서비스 라인을 제공함으로써 그들은 어떤 한 고객이나 시장을 잃는 것으로부터 그들을 보호해주는 수입의 다양한 줄기를 유지한다.

상품과 서비스에 대한 잠재적인 수요가 거대하고, 기업이 평균 산업을 넘어 성장할 수 있다고 깨닫는 것은 기업가들을 도취시킨다. 그러나 고도성장은 요구를 충족시키기 위한 능력, 기술, 사람 또는 시스템이 없는 기업을 파괴시켜왔다. 그렇다면 어떻게 기업가들이 성장할지 또는 성장하지 않을지 결정할까? 많은 경우, 이것은 기업가들의 결정에 의하지 않고 상품이나 서비스에 대한 수요가 기업가들이 성장을 유지하는 것을 강요하도록 하는데, 대조적으로 시장은 기업이 성장할 만큼 충분히 크지 않을 수도 있다. 일반적으로 그때 기업은 언제 다음 단계로 성장할 것인지에 대한 지점에 도달하게 되는데, 물론 이것은 팀을 찾는 것과 몇몇의 고용인들이 필요하다. 다음 단계로 도달하기 위해서는 성공적인 성장을 위한 몇몇의 기준점들이 있다.

성공적인 성장은 리더십을 요구한다. 기업가들이 사업을 시작할 때 그들은 사업활동에 모든 사람들을 참가시킨다. 그러나 기업이 성장하기 시작할 때 그들은 필히 다른 사람에게 일을 위임한다. 그들이 더 많이 위임할수록 그들은 그들의 일이 갑자기 변하게 된다고 더욱더 깨닫는다. 그러면 이제 그들은 사업의 근본적인 일을 하는 것을 필요로 하지 않는다. 그들에게는 비전이 실제가 되도록 확실히 하는 사업을 이끄는 것이 필요하다.

모든 사람들은 기업가들이 기업이 살아남도록 확실히 하는 것을 본다. 왜냐하면 리더십은 기업을 이끄는 것과 기업의 목표를 성취하기 위한 사람들을 이끄는 것을 포함하고, 기업가는 그들의 목표를 성취하기 위해 사람들을 고양시키는 능력을 가져야 하기 때문이다. 고용인들은 배우고 성장할 수 있는 기회를 가져야만 한다. 기업은 고용인들이 성장하지 않거나 변화하지 않으면 성공적으로 성장할 수 없다. 고용인들은 그들이 기업 초기에 고용되었다면 사업의 양상을 좀 더 배우고, 사업이 어떻게 경영되고 있는지에 대한 산출을 제공하기 위해서 더욱더 용기를 북돋아야 한다.

조직에 있는 모든 사람들은 책임의식이 있어야 하며 기업의 성공에 대한 책임이 있어야 한다. 모든 사람들은 사람들이 기업의 재정 성공에 어떤 기여를 했는지 이해해야만 하며 회사 재정 성공에 이해관계가 있어야 한다. 빠른 성장은 팀워크를 요구한다. 또한 팀이 효과적으로 작용하기 위해서는 그들이 하는 일에 대해 의무감과 책임감이 있어야 한다. 그러나 사업을 위해 성장을 하지 말아야 할 때도 있다. 기업 진화에서 성장의 역할을 이해하기 위해서 성장에 영향을 미치는 요소, 시장 요소와 관리 요소를 이해하는 것이 중요하다.

성장에 영향을 미치는 시장 요소

새로운 창업 및 벤처가 성장할 때 성장과 성장 비율의 장고는 시장 비율에 의존적이다. 만약 틈새시장에서 자연적으로 기업의 진입이 작거나 성장이 비교적 안정되어 있으면 당연히 극적인 성장과 가장 빠르게 성장하는 기업의 규모를 성취하기 어려워진다. 반면에, 상품이나 서비스가 세계시장으로 확장될 수 있다면, 성장과 규모가 더 커질 것이다.

대기업이 우위를 점하고 있는 시장에 진입하는 것은 그 자체로 성장을 저해한다. 잘 조직된 작은 기업들은 종종 그들의 경쟁적인 가격과 높은 질을 유지하는 상품과 서비스를 생산할 수 있는데, 이것은 거대한 오버헤드(회계관련 용어로, 갬블링 시설에서 안정된 기능을 수행하기 위한 매일 필요한 여러 경비)가 없고 더 큰 기업들의 관리 봉급이 없기 때문이다.

게다가, 설립된 산업이 오래되면 틈새시장에서 혁신적인 상품으로 진입하는 것은 산업이 빠른 성장률을 경험할 수 있게 한다.

전자산업과 같은 몇몇 산업에서 혁신이 주어지게 된다면 단순히 혁신적인 상품을 제공하는 것만으로는 충분하지 않다. 이러한 높은 혁신 산업에서 빠른 성장의 열쇠는 다른 경쟁사보다 더 빠르게 상품을 생산하고 디자인하는 능력이다. 대조적으로, 안정되어 있고 상품화된 제품과 서비스를 제공하는 산업에는 혁신적인 상품과 과정에 진입하는 것이 중요한 경쟁적 이점을 제공할 것이다.

특허권, 판권, 상표 그리고 기업비밀과 같은 지적재산권은 새로운 벤처에 경쟁적 이점을 제공하는데, 왜냐하면 다른 사람이 따라 하기 전에 상품이나 서비스를 소개하는 좋은 기간을 제공하기 때문이다. 그러나 오직 저작권에만 의존하는 것은 현명하지 못하다. 다른 경쟁사가 제품을 복제하기 전에 시장에서 새로운 벤처가 강력한 발판을 마련하는 것을 가능케 하는 종합적인 마케팅계획을 가지는 것이 중요하다.

사실, 지적재산권을 소유한 사람들은 재산권을 침해한 사람을 법정에 소송할 권리를 가진다. 그러나, 전형적인 작은 기업이 이처럼 시간을 소비하는 것은 감당할 수 없고, 이러한 소송은 성장을 위한 초과된 자본을 필요로 한다. 즉, 아주 자연적인 위협으로 인해 몇몇 기업들은 어떤 일이 일어날지에 대해 정확한 예측이 어렵다.

단순히 규모나 성숙도에 의하여 몇몇 산업들은 이윤을 만들기 위한 충분한 시장 공유로 진입하고 관통하게 하는 것은 새로운 벤처에게 어려운 일이다. 다른 산업들은 새로운 진입을 금지하는데 왜냐하면 참가비용(공장, 장비, 요금 또는 규정의 준수)이 높기 때문이다. 그러나 알맞은 산업에서 새로운 벤처는 다른 기업의 진입을 늦추기 위해 장벽을 세울 수 있다.

성장에 영향을 주는 관리 요소

시장 요소와 함께 관리 요소 또한 기업의 성장에 영향을 준다. 심지어 작은 기업이라도, 새로운 벤처가 살아남고 성공할 때 모든 것이 올바르게 되어야 하고 같은 태도로 계속되어야 한다고 믿는 경향이 있다. 이것은 변화가 성공의 부산물이라고 인식하지 못하는 많은 기업가들의 치명적인 오류이다. 벤처 사업이 위기에 처할 때까지 많은 시간, 전문적인 관리자에게 이행하는 것과 태도와 행동에서의 근본적인 변화가 기업가들에게 요구된다는 것을 깨닫지 못한다.

빠른 성장은 기초 기술과는 다른 기술을 필요로 한다. 새로운 벤처를 시작할 때 기업가들은 참여하는 데 더 많은 시간을 보내고, 심지어 사업의 모든 국면을 통제하는 데에도 많은 시간을 보낸다. 그러나 빠른 성장이 일어날 때에는, 품질과 서비스의 희생 없이 증가하는 요구를 다루기 위한 시스템이 필요하다. 만일 기업가들이 고성장 기업에서 경험을 바탕으로 한 전문적 관리의 열쇠를 가져올 수 없다면, 성장은 흔들리고 기회의 창은 잃게 되며 사업은 실패할 것이다. 많은 기업가들은 사업 성장의 몇몇 요인들을 발견해왔는데 그들은 단계를 낮추며 경험이 많은 관리를 맡아야 한다.

그러나 사업을 성장시키는 것이 기업가정신을 잃는 것을 의미하지는 않는다. 다만 기업가들은 성장하는 동안 섬세하고 융통성 있는 감각을 유지하는 것에 좀 더 창의적이어야 한다. 사업의 몇몇 부분을 하청주는 것은 종업원의 수를 낮추고 팀 정신을 유지하는 하나의 방법이다. 스스로 팀을 관리하는 것은 또 하나의 방법이다. 요소 측정의 재평가는 성장을 위한 또 하나의 중요한 요소이다. 대부분의 사업들은 시간이나 작은 장치 같은 요소로 판매를 하는데, 그러한 요소는 기업가들이 발명의 전환 근무, 자본 비율, 평균 이익과 같이 사업이 잘 진행되고 있는지에 대한 몇몇 전형적인 방법을 가진다. 때때로 고객이 원하는 가치를 좀 더 면밀히 나타내기 위해 간단히 사업 단위를 변화하는 것은 사업에서 중요한 변화를 만드는 것으로 충분하다. 예를 들어 Cemex는 새로운 벤처를 찬조하기 위해 방법을 모색하는 것에 의존하여 성장할 수 있는 능력을 결정하였는데, 배달에 집중하기로 하였고 시멘트 기업의 FedEx가 되기로 결정하였다. 이러한 변화로 이 회사는 세계에서 세 번째로 큰 콘크리트 회사가 되었다.

새로운 벤처에서의 성장단계

새로운 벤처에서 성장률과 성장단계는 산업과 사업 유형에 따라 바뀐다. 그러나 성장하는 동안 전략의 분야나 허가 관리 문제를 암시하는 일반적인 문제가 나타난다. 이러한 문제들에 직면했을 때 아는 것의 중요성은 과장될 수 없다. 아는 것은 문제가 발생하기 전에 사건과 요구 조건을 기대하기 위한 기업가의 잘 조직된 부분이 되어야 한다. 연구 결과는 그들의 삶과 발달의 주요한 단계를 통해 연속적인 진행 단계를 제안한다. 여전히 각각의 발달 단계에서 다른 연구들은 사업이 독특한 문제에 직면하는 것에 주목하였다. 예를 들어 시작하는 단계 마케팅과 재정 문제로 인해 특징화된다. 반면에 성장단계에는 전략, 허가 그리고 관리 문제와 연관이 있다

이익 요인 전략

1. 비즈니스 유닛을 바꿔라.
   고객들이 가치 있어 하는 방법을 조정하라.

2. 규모의 순서에 따라 생산성을 향상시켜라.
   경쟁사가 가지지 못한 효율성을 창조하기 위해 최근 기술을 사용하라.

3. 현금유동성 속도 증가를 잡아라.
   고객들이 빠르게 계산할 수 있도록 만들어라.

4. 자산 이용을 증가시켜라.
   사업이 작동되는 데 필요한 자산의 수를 줄여라.

5. 고객들의 수행을 향상시킬 방법을 찾아라.
   고객들이 작업의 흐름을 향상시킬 수 있도록 연구하고 그 발달에 공헌할 수 있는 방법을 찾아라.

6. 고객들의 시간을 절약할 방법을 찾아라.
   기업의 고객 프로세스를 만들고, 쉽고 큰 노력 없이 가능하게 하라.

7. 고객들의 현금유동성을 향상시키는 것을 도와라.
   고객의 최저선을 높이기 위한 방법을 설명하라.

8. 고객들의 자산 이용을 향상시키기 위해 도와라.
   고객의 균형시트를 알고 고객들의 단단한 자산을 제거하기 위한 방법을 찾고 고객들의 균형시트를 알아라.

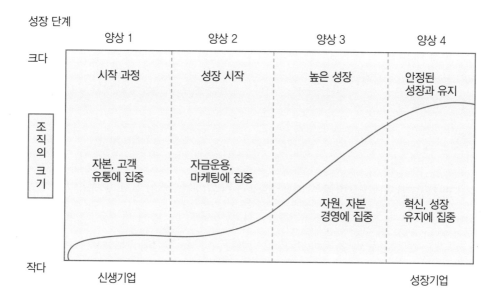

① 시작은 자본, 고객, 유통에 대한 걱정으로 특정화된다. ② 초기 성장단계에서는 자금유동과 마케팅을 걱정한다. ③ 빠른 성장단계에서는 자원, 자본, 관리를 걱정하고 ④ 안정된 성장단계에서는 혁신과 성공 유지를 걱정한다.

성공의 시작

시작하는 동안 첫 번째 단계에서 기업가들의 주된 걱정은 충분한 초기자금, 고객 찾기, 상품과 서비스를 배달할 디자인을 찾는 것이다. 이러한 시점에서 기업가들은 무엇이든지 하는 사람이 된다. 모든 일을 하는 것은 사업을 시작하고 운영하는 것을 요구한다. 이것은 보안 공급자, 분배, 시설, 장비 그리고 노동을 포함한다. 시작의 복잡성은 많은 새로운 벤처가 실패하는 이유이다. 복잡성은 또한 팀에 기초한 벤처가 성공적인 시작을 성취하기 위해서는 혼자 하는 노력보다 더 잘 정비되어있다는 것을 암시한다. 만일 기업이 수입이 만들어지는 것을 통해 긍정적인 자금 유입을 성취하도록 살아남는다면, 이것은 시장을 성장시키고 확장시키는 데 중요한 위치가 될 것이다. 그러나 만일 수입이 기업의 지출을 감당하는 것을 실패한다면 자기 자본이나 빚으로 인해 외부 자본을 찾는 것 없이 성공하는 것은 불가능할 것이다.

초기 성장

만일 새로운 벤처가 첫 번째 단계를 통해 구성된다면, 수입을 발생시키고 기업을 운영하기 위한 충분한 고객이 유지되는 사업 활동의 두 번째 단계로 넘어가야 한다. 이제는 기업가들의 걱정이 자금 유입에 좀 더 집중된다. 기업이 성장하는 것과 동시에 기업의 모든 지출을 지불하기 위한 충분한 자금유동이 생산될 수 있을까? 이러한 시점에서 벤처사업은 비교적 작고 고용인의 수가 적으며 기업가들은 여전히 통합된 역할을 수행한다. 이것은 중요한 단계로, 결정이 내려지는 것은 사업이 작은 상태로 남아있을 것인지 혹은 조직과 전략에 중요한 변화를 수반하며 빠르게 성장할 것인지를 결정한다. 기업가들과 팀은 큰 수입 단계를 위해 성장할지 혹은 남아 있는 이윤을 유지할지 결정하는 것을 요구받는다.

빠른 성장

성장하기로 결정을 내리면 사업의 모든 자원은 기업의 성장 재정으로 함께 모여야 한다. 성장은 비용이 많이 들기 때문에 이것은 매우 위험한 단계이다. 그리고 이것은 기업가가 다음 단계로 가고 성장하는 것을 보장해 주지 않는다.

계획하는 것과 시스템을 통제하는 것이 발생하고 전문적인 관리자가 고용되는데, 이것은 성장하는 동안 이러한 일들을 할 시간이 없기 때문이다. 이러한 단계에서의 문제점은 빠른 성장 통제 유지에 집중하는 것이다. 그들은 통제를 위임하고 다양한 단계를 계산하면서 이 문제를 해결한다. 실패는 보통 통제되지 않은 성장, 자금의 부족, 상황을 다루기 위한 전문적 관리 지식의 불충분 때문에 일어난다. 만약 성장이 성취된다면 이러한 단계에서 기업가들은 상당한 이윤 때문에 기업을 판다. 많은 기업가정신의 벤처는 초기 설립된 회사와는 전적으로 다른 관리팀과 함께 정점에 도달한다. 기업가들은 기업의 비전에 아주 중요한 부분이고 이제 더 커진 벤처에서 새로운 역할을 확인할 수 있다. 새로운 사업에서 첫 번째 주자가 될 것이다. Microsoft 사의 Bill Gates는 그의 사업을 세계적으로 크게 만든 사람 중의 한 예이다. 단지 몇 년 전만 하더라도 Steve Ballmer와 함께 설립자 멤버 중 하나에서 CEO가 되었다.

안정된 성장과 유지

사업이 빠른 성장의 단계를 지나고 성장 재정을 효율적으로 관리할 수 있다면 이것은 안정된 성장을 유지하고 시장의 공유를 유지하는 4번째 단계에 들어선 것이다. 이러한 시점에서 보통 큰 기업들은 혁신되기를 계속하고 경쟁하며 융통성이 있는 한 안정된 상태를 유지할 수 있다. 만약 그렇지 않다면 빠른 시일 안에 그 기업은 시장을 잃게 되고 궁극적으로 실패하거나 작은 기업이 될 것이다. 최첨단 사업은 전통적인 성장 패턴에서는 예외이다. 왜냐하면 그 기업들은 전형적으로 탄탄한 벤처 자본과 강력한 관리팀으로 시작하기 때문이다. 그 기업들은 1단계와 2단계를 빠르게 지나간다. 3단계와 4단계에서 구조가 효율적이고 기술이 주된 시작에 채택된다면 그들은 크게 성공할 수 있다. 반면에, 구조가 약하고 기술이 채택되지 않는다면 그 기업들은 빠르게 실패한다.

성장의 틀

전 략	전 술
환경을 관찰하고 평가하라.	1. 환경을 분석하라. 고객이 늘고 있나 혹은 줄고 있나? 왜 일까? 2. 경쟁자들은 어떻게 하고 있을까? 3. 시장이 성장하는가? 4. 산업에서 당신의 기업이 다른 기업과 비교 했을 때 기술적으로 어떻게 하고 있나? 5. SWOT 분석을 하라.
성장전략을 계획하라.	6. 풀 수 있는 문제를 결정하라. 어디가 약점일까? 7. 브레인스톰 해결법 – 과거에 당신이 알고 있고 행한 일을 스스로 제한 하지 말아라. 8. 어떻게 하면 혁신할 수 있을지 전략적으로 생각하라. 9. 시험을 위한 두 개 내지 세 개의 해결책을 골라라. 10. 조직에서 중요한 기회를 위한 주된 목표를 설정하라. 11. 후에 당신이 주된 목표를 성취할 수 있도록 하는 작고, 실현 가능한 목표를 설정해라. 12. 이러한 목표를 성취하기 위해 자원(탐색과 직원)에 헌신하라.
성장을 위해 고용하라.	13. 누군가를 성장계획을 책임지도록 한다. 14. 성장하고 있는 기업에서 경험해본 전문적인 관리키를 가 져오라. 15. 직원들이 성장과 변화를 준비할 수 있도록 그들에게 교육과 훈련을 제공하라.
성장 문화를 창조하라.	16. 성장계획 조직에 모두를 참여시켜라. 17. 중간 목표 성취를 보상하라.
전략자문위원단을 만들어라.	18. 당신에게 변화를 알리도록 유지하는 주요한 사람을 산업으로부터 초 대하라. 19. 산업 파트너를 만들고 고객들이 계획 과정의 일부가 되도록 만들어라. 20. 자문위원단에 내부인보다는 외부인력을 더 많이 초대하라.

성장전략

오늘날 우리는 적어도 5개의 성장전략 범주를 확인한다. ① 혁신전략은 산업인
시장의 게임을 바꾼다. ② 철두철미한 성장전략은 현재 시장에서의 기회를 실행
한다. ③ 통합적 성장전략은 전체의 산업 안에서 성장의 이점을 맡는다. ④ 다양
화된 전략은 현재 시장과 산업에서 기회를 실행한다. 그리고 ⑤ 세계화 전략은
우리가 가야 하는 시장이다.

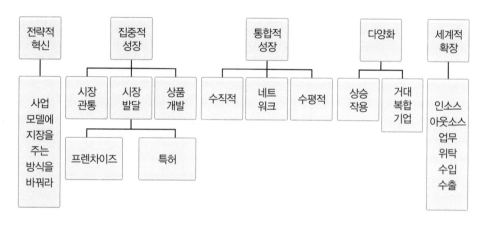

기업의 성장전략

전략의 변화

집중적인 성장전략 · 현재 시장의 성장

집중적인 성장전략은 현재 시장에서의 완전한 작용에 초점을 맞춘다. 즉, 시장을
확장하는 것은 넓은 분야의 가능성을 공유한다. 이것은 판매의 양이 증가하는 것
을 통해 성취되고 목표 시장의 고객들의 수로 인해 성취된다. 집중적인 성장전략
을 실행하기 위한 세 가지로는 시장 침투, 시장 발달, 제품 발달이 있다.
시장 침투로 기업가들은 현재 목표 시장에서 효과적인 시장 전력을 이용하여 판

매를 증가하기 위해 시도한다. 이것은 새로운 벤처를 위한 일반적인 성장전략인데, 이것은 기업가들이 익숙한 분야에서 일하는 것을 가능하게 하고, 그들이 그들의 시스템과 통제를 확고히 하는 동안 사업이 성장하는 것을 가능하게 한다. 이러한 전략으로 기업은 초기 목표 시장에서 시장이 지리적 분야든지 혹은 고객을 근거로 하였든지 간에 점진적으로 확장할 수 있다.

가맹점 영업

가맹점 영업은 기업이 지리적 시장에서 빠르게 성장할 수 있도록 한다. 가맹점 영업권 제공자는 특정한 이름과 상품, 프로세스, 서비스에 대한 권리, 그리고 사업을 세우기 위한 도움, 이미 설립된 사업으로부터 진행중인 마케팅과 품질 통제 도움 아래 가맹점을 판매한다. 체인점은 비용을 지불하고 일반적으로 3~8퍼센트의 판매에 대한 로열티를 제공한다. 이러한 비용을 위해 가맹점은 아래의 것을 얻는다.

▶ 시장에서의 상품이나 서비스의 증명
▶ 상품명과 상표
▶ 특허받은 디자인, 프로세스, 형식
▶ 재정통제시스템
▶ 마케팅계획
▶ 구매와 광고 양의 이익

가맹점은 일반적으로 대리점, 서비스 가맹점, 그리고 상품 가맹점으로 3가지 유형으로 나타난다. 대리점은 제조자가 소매를 통해 유통하는 것 없이 상품을 유통한다. 마케팅 강점으로 결합된 대리점은 이익을 얻지만 할당요금을 요구받는다. 서비스 가맹점은 세금 준비, 임시 직원, 명부 준비, 그리고 실제 자산 서비스로 고객을 제공받는다. 종종 이러한 사업은 가맹점이 되기 위해 지원하기 전 이미 독립적으로 작용한다. 가맹점의 가장 인기 있는 유형은 상품을 제공하고, 브랜드

이름을 제공하고, 작동 모델을 제공하는 것이다.

잠재적인 가맹점들은 가맹점 작업의 책임을 가정하고 자격을 확실히 하기 위해 면밀히 조사받는 것이 요구된다. 게다가, 체인점을 위한 사업 준비 비용은 상당히 합법적이고 계산적이며, 컨설팅적이고 많은 훈련이 필요하다. 따라서 이익을 얻기 위해서는 3년에서 5년이 걸린다.

모든 기업이 성장의 수단으로 가맹점을 이용하는 것은 아니다. 성공적인 가맹점 시스템은 다음의 특징을 필요로 한다.

▶ 증명된 이익과 함께 성공적인 표준 가맹점 (혹은 선호되는 가맹점) 그리고 잠정적 가맹점이 빠르게 인식할 수 있는 좋은 평판

▶ 등록된 상표와 지속되는 이미지 그리고 모든 매장의 외형

▶ 시스템화된 사업과 항상 쉽게 따라 할 수 있는 사업

▶ 다양한 지리적 구역에서 잘 판매되는 상품

▶ 설립하는 성공적인 가맹점 프로그램은 15만 달러 위로 비용이 들지 않도록 하는 적당한 펀드

▶ 가맹점의 권리, 책임, 위험이 잘 나와 있는 문서화된 계획서

▶ 사업 경영의 모든 국면이 상세한 작동 매뉴얼

▶ 사업을 시작하기 전과 운영하는 중 모두의 가맹점을 위한 훈련과 지원 시스템

▶ 위치선정 표준과 건축 표준

가맹점 프로그램을 발달시키기 위해서는 사업을 시작하기 전에 자문을 구할 수 있는 변호사와 회계사 모두의 도움이 필요하다. 변호사의 도움 중 하나는 가맹점 협정이다. 이 문서는 주로 40~60페이지로 다양한 합법적인 문제들을 다룬다. 가맹점 협정은 아래의 것을 포함하여야 한다.

▶ 가맹점 영업권 제공자의 규칙과 가맹점 운영자는 가맹기간 동안 도와야 한다.

▶ 협정의 기간에 가맹기간 동안 사업을 임대한다.

▶ 가맹점이 언제 갱신하고 얼마를 지불해야 하는지를 포함한 연장 조항

▶ 거절하거나 추가 가맹점을 위한 첫 번째 권리는 가맹점 영업권 제공자에 의해 주어진다.

▶ 가맹점을 구입하기 위해 관련된 비용(이러한 비용은 선불, 규칙적인 회의 비용, 마케팅 비용과 프로모션 비용을 다루기 위한 총수입의 퍼센트)

▶ 가맹점의 위치 전제와 관련된 규칙(가맹점 영업권 제공자는 혁신 비용을 지불해야 하고 가맹점에게 종종 재산권을 임대한다.)

▶ 상품의 주식과 자본은 사업과 발명의 적절한 단계 유지를 위해 요구된다.

▶ 지적재산권과 그 재산권을 소유한 사람

▶ 가맹점을 팔기 위해 계약이 가맹점들에게 권리를 제공하고 있는지

▶ 가맹점 협정이 어떻게 끝나고 분쟁의 경우에는 어떻게 하는지

허가

가맹점과 마찬가지로 허가는 공장, 장비 그리고 고용인의 큰 투자 없이 기업을 성장시킬 수 있는 방법이다. 인허 계약은 기업의 지적재산권을 이용하고 제조, 유통 또는 새로운 상품을 만드는 데 중요하다. 예를 들어, 기업은 기계가 녹이 스는 것을 위해 새로운 특허 과정을 발달시키기를 원할 것이다. 그러한 과정은 다른 기업들이 장비에 이용하기 위해 사용될 것이고 그 회사는 로열티를 지불해야 한다. 반대로, 기업가는 새로운 생산라인의 상품을 위한 프로모션 아이디어를 가질 것이고 유명한 이름으로 허가받길 원하고 그 이름을 이용하여 고객들을 더 끌어모으길 원할 것이다. 이것은 상표와 상표명 그리고 상업적으로 이용할 가능성으로부터 인허 계약 찾기를 수반할 것이다.

그러나 인허 계약은 이것 이상으로 다양한 방법에서 어떻게 수입을 제공할 것인지 그리고 지적재산권의 가치를 이해하고 있는지를 요구한다. 이러한 논의의 목적으로 특허, 판권, 상표 그리고 어떤 기업 비밀이든지 인허받을 가능성이 있다. 많은 기업가들은 그들 사업의 수행을 자주 깨닫지 못한다. 그들은 고객에게 가치 있는 정보를 모으고 시장, 방법 과정에 대해 모으지만 그러한 자료들을 판매

를 위한 지적재산권으로 만들지 않는다. 그러면 기업은 다량의 가치 있는 정보(고객들이 아마 이해하고 있을 지적재산권)를 깨닫게 될 것이다. 각각의 고객을 위한 비밀번호가 보호되는 웹사이트를 이용하여, 정보를 게시할 수 있다. 그러면 기업은 감지된 원격 측정을 고객들의 문제를 고치기 위한 방법으로 판매하고, 이러한 방법은 기업이 고객들을 좀 더 효율적으로 돕게 할 것이다.

만일 기업이 사용하는 데 돈을 지불해야 하는 지적재산권을 가지고 있다면, 두 쪽 모두 거래에서 이기기 위해 확실히 하는 특정한 단계가 있어야 한다. 라이선스가 있는 사람과 라이선스를 이용하는 사람은 협정이 성공하기 위해 서로에게 의지한다. 그래서 고객들은 거래가 끝난 후 가치를 더욱 찾을 수 있다.

다음은 성공적인 거래를 위해 라이선스가 있는 사람이 거쳐야 할 단계이다.

단계 1: 무엇을 허가받을지 정확하게 결정하라. 인허 계약은 상품, 상품의 디자인, 프로세스, 시장과 유통의 권리, 제조 권리, 또는 다른 상품에 허가받은 상품을 사용하기 위한 권리를 위한 것들이 될 수 있다. 또한 허가받은 상품을 수정할 것인지에 대한 권리도 매우 중요하다.

단계 2: 라이선스 구매자들에게 라이선스의 이익에 대해 정의하고 이해시키는 것은 거래로부터 받게 될 것이다. 왜 라이선스 소지자가 기업으로부터 허가받아야 할까? 무엇이 허가권으로부터 상품, 프로세스, 또는 권리를 독특하고 가치 있게 할까? 라이선스는 허가권 소유자가 라이선스를 제공함으로 다른 사람들에게 더 많은 이익을 얻을 수 있도록 확신 받아야 한다.

단계 3: 잠재적인 고객을 다지기 위한 시장 연구를 통해 수행하는 것은 노력으로부터 이윤을 얻는 데 충분하다. 물론, 허가는 시장 연구에 의하게 될 것이고 특히, 인허 계약을 제안으로 기업에 접근한다면 그것은 예를 들어 Batman, Harry Potter와 같이 시장에서 특징 있게 인정받을 것이다.

시장에서 증명받지 못한 새로운 지적재산권을 가진 기업은 상품을 상업화하기 위해서 인허 계약을 찾길 원할 것이다.

단계 4: 잠재적인 라이선스에 대한 근면으로 수행하라. 어떠한 잠재적 라이선스가 수행하기 위한 자원과 인허 계약의 조건을 갖는 것은 매우 중요하다. 이것은 적절하게 지적재산권을 상품화한다. 그리고 시장에서 명성을 얻게 된다. 인허 계약은 본질적으로 파트너십이다. 그리고 고른 파트너들은 매우 중요하다.

단계 5: 인허 계약의 가치를 결정하라. 인허 계약의 가치는 몇몇 요소들에 의해 결정된다. ⑴ 지적재산권의 경제적 주기 즉, 시장 제품, 프로세스, 권리에서 얼마나 오랫동안 가치 있게 남아 있을 것인가? ⑵ 지적재산권으로 디자인할 수 있는 사람의 가능성과 직접적인 경쟁 ⑶ 정부 규제의 잠재성과 IP의 시장 능력의 손상 가능성. ⑷ IP를 양도할 수 있는 시장 조건의 어떠한 변화이다. 라이선스의 경제적 가치가 이러한 4가지 요인에 의해 계산된다면 라이선스는 협상 가능해질 것이다. 일반적으로, 라이선스를 가진 사람은 좋은 믿음의 증표로 돈을 원한다. 그리고 나서 인허 계약의 생활을 위한 로열티를 운영한다. 이러한 로열티의 양은 산업에 의하여 바뀌고 공장, 장비 그리고 라이선스를 상품화하기 위한 마케팅의 관점에서 얼마나 투자되어야만 하는지에 따라 바뀌게 된다.

단계 6: 인허 계약을 창조하라. 라이선스에 전문적인 변호사의 도움으로 인허 계약을 그리고 라이선스를 가진 사람과 라이선스를 이용하는 사람 간의 협정 용어와 조건을 정의하는 계약을 만들어라.

제품발달(제품 혁신)

현재 시장을 이용하는 세 번째 방법은 존재하고 있는 고객을 위해 새로운 상품과 서비스를 개발하거나 이미 존재하는 상품의 새로운 버전을 제공하는 것이다. 이 것은 소프트웨어기업으로부터 고용된 전략으로, 만일 고객들이 최근의 상품을 즐기기 원한다면 소프트웨어기업들은 새로운 버전으로 항상 고객들에게 업데이트 해준다. 요령 있는 기업들은 그들의 고객으로부터 새로운 상품의 아이디어를 얻는다. 이러한 새로운 아이디어는 보통 두 가지 형태로 나타난다. 이미 존재하는 상품의 증가적인 변화 또는 새로운 상품이다.

점진적인 상품의 이점은 그것들이 이미 존재하는 상품에 근거하기 때문에 보통 빠르게 디자인 되고 제조될 수 있다. 그리고 시장 비용은 적게 드는 데, 왜냐하면 고객들이 이미 핵심 상품에 익숙하기 때문이다. 반면에 새로운 브랜드 혹은 돌파 구적인 상품은 더 오랜 발달 주기를 갖는다. 그러므로 좀 더 비용이 많이 든다. 돌파구적인 제품은 브레인 스토밍, 창의성, 문제해결 방법 대신에 계획될 수 없다. 다시 말해서 기업가가 사업 환경을 만들면 벽을 뛰어넘는 창의력이 발휘되는 데, 이러한 기회로 돌파구적인 제품을 만들 수 있다. 필연적으로 돌파구적인 환경은 억제하는 예산이나 시간이 없고 스케줄에 따라 운영되지 않는다. 점진적인 조합과 돌파구적인 제품을 제공하는 것은 아마도 가장 효과적인 접근이다. 점진 적 제품의 빠르기와 비용의 효율성은 자금의 유입을 유지하고 좀 더 비용이 많이 들어가는 돌파구적 제품 자금을 돕는 것을 유지한다.

통합적인 성장전략 · 산업 안에서의 성장

기업가들에게 인수를 통해 그들의 사업을 성장시키는 통합적인 성장을 추구하는 많은 기회가 있다. 인수는 기업가가 다른 기업을 구입하고 좋은 생각을 협상하기 위한 재정적 능력의 많은 측면에 있다. 몇몇의 조사 연구는 모든 인수의 75퍼센트 이상이 주주 가치에 손해를 입힌다고 보고되었다. 성장을 위한 이러한 접근이 매우 신중하게 이루어질 것이라는 것은 매우 분명하다. 일반적으로 성공적인 인수는 핵심 사업에 잘 통합되어 있고 빠르게 시행되며, 매끄러운 작동 진행을 지속하는 기회를 목표로 한다. 전통적으로 기업가가 그들의 사업을 그들의 산업 안에서 성장시키길 원한다면 그들은 수직적이고 수평적인 통합 전략을 보게 되지만, 지금은 의지하는 작업을 운영하는 것이 중요하고 모듈러 또는 네트워크전략보다 더 많이 보인다. 이러한 부분은 수직적이고 수평적인 모듈방식 세 가지 전략을 조사한다.

수직적 통합 전략

기업가적인 벤처는 유통 경로를 통해 뒤로 또는 앞으로 이동하며 성장한다. 이것을 수직적 통합이라고 부른다. 핵심 공급자를 얻는 것을 통해 기업가들은 제품을 간소화하고 비용을 줄일 수 있다. 전진하는 전략은 기업이 직접적으로 고객들에게 상품을 팔거나 제품의 유통을 얻는 것을 통해 제품의 유통을 통제하려고 시도하는 것이다. 이러한 전략은 그 제품이 얼마나 시장에 있는지를 좀 더 통제하는 것을 제공한다.

수평적 통합 전략

현재 산업 안에서 기업을 성장시킬 수 있는 또 다른 방법은 경쟁자나 경쟁사업을 사는 것이다. (다른 라벨로 같은 상품을 판매한다.) 이것이 수평적 통합 전략이다. 예를 들어 스포츠 상품 아울렛 체인을 가진 기업가는 베팅케이지와 같은 보충 제품을 가진 사업을 구매할 수 있다. 이것은 고객들이 소매업으로부터 그들의 배트와 공, 헬멧을 구매하고 베팅케이지에서 사용하기 때문이다. 수평적 통합의 또 다른 예로는 다른 라벨로 상품을 제조하기 위해 동의하는 것이다. 이러한 전략은 주요한 가전제품이나 식품 산업에서 빈번하게 이용된다. 예를 들어, Whirpool은 Sears Kenmore 워셔나 드라이기를 몇 년 동안 생산하였다. 이처럼, 많은 주된 음식 제조자들은 그들의 음식에 브랜드 이름을 만들고 주된 식품 시장의 이름과 라벨을 붙인다.

모듈 또는 네트워크전략

산업에서의 성공을 위한 또 다른 방법은 기업가들이 최선을 다하고 다른 사람들은 휴식을 취하도록 하는 것에 집중하는 것이다. 만일 사업의 핵심활동이 고객을 위해 새로운 제품을 디자인하는 것과 발달시키는 것을 포함한다면, 다른 기업들은 부분을 만들고 제품, 시장 그리고 배달자를 모을 것이다. 본질적으로, 기업가들의 회사와 핵심활동은 바퀴의 중심이 되고 바큇살로서 최고의 공급자와 유통이 된다. 이러한 모듈적인 전략 또는 네트워크전략은 사업이 더 빠르게 성장하는 것을 돕고, 비용을 줄이는 것을 유지하며 새로운 제품을 더 빠르게 판명한다. 게다가, 고정된 자산을 투자하지 않는 것을 통해 자본이 저장되고 경쟁적 이점의 활동을 제공한다. 오늘날, 많은 산업들은 모듈 접근의 이점을 보기 위해서 시도한다. 심지어 서비스 산업도 높은 노동비용을 요구하는 계산, 급료 명부, 자료진행 과정과 같이 기능을 아웃소싱하면서 이익을 낼 수 있다.

아웃소싱을 집중으로 하지 않는 기능은 기업이 시장에서 빠르게 제품을 얻고 많은 양을 얻도록 도와준다. 주된 능력을 찾는 것은 벤처가 좀 더 빠르게 성장하고 다른 아웃소싱을 사용하도록 도울 것이다. 기업가에 대한 비용은 아마도 집에서 하는 것과 같을 것이다.

다양화 성장전략 – 산업 밖에서의 성장

기업가가 투자를 통해 핵심 능력이나 산업 바깥에서 제품이나 사업을 얻으면서 확장할 때 그들은 다양화 성장전략을 이용할 것이다. 항상 그런 건 아니지만 일반적으로 이러한 전략은 현재 시장과 산업 안에서 기업가가 모든 성장전략에 지쳐서 지금은 초과 사용을 만들거나 남은 자원으로 만들고, 고객의 요구를 만족시키며 시장 또는 경제의 방해로 인한 방향의 변화를 위해 이용하였다. 단조로움을 깨트리는 한 가지 방법은 상호의존적인 방법으로, 기업가가 기술적으로 보완해 주는 새로운 제품 또는 사업을 찾으려고 시도하는 것이다. 예를 들어 식품 가공업자는 음식을 진열하는 것을 보여주는 레스토랑 체인을 얻을 수 있다. 단조로움을 깨트리는 다른 방법은 회사의 핵심 제품이나 서비스와는 관련 없는 제품이나 서비스를 얻는 것이다. 예를 들어 자전거 헬멧 제조업자는 회사 로고를 옷 제조업자에게 얻어 헬맷 소비자들에게 팔 수 있다. 마지막 단조로움을 깨트리기 위한 전술은 다양하고 복합적인 것으로서 현재 회사가 하고 있는 사업가는 어떠한 것으로도 관련 없는 습득 사업을 수반한다. 예를 들어 사업상 건물을 사고 초과 공간을 다른 사업체에 임대하는 것은 추가 수입을 생산하면서 평가 절하되는 자산을 얻는 것이다. 광대한 여행을 하기 위해 일하는 많은 사업가들은 비용을 줄일 수 있는 유리한 여행 에이전시를 찾는다.

성장을 위한 다양화 전략은 모든 요소와 잠재적인 산출의 신중한 고려 없이 떠맡아지는 것이 아니다. 그리고 이것은 인수의 특별한 진실이다. 기업가들은 합병에 전문적이고 경제적 작용으로 매끄러운 방법을 도울 수 있는 고문은 찾을 수 있다. 그러나 두 기업의 문화가 얼마나 합병되는지에 따라 자신의 정도를 예측하는 것은 어려운 일이다. 인수와 합병은 재정이나 작용의 시너지가 하나라면 성공적으로 이루어지기 어렵다. 조직적인 스타일과 개인적인 성격은 인수나 합병이 일어날 때 매니저가 중요하다. 그 결과로, 두 기업의 인간적인 측면은 분석되어야만 하고 명백한 두 성격을 위해 계획을 발달시켜야 한다.

혁신의 유형

아이디어의 창의성에 따른 다양한 혁신의 수준이 있다. 다음 그림은 혁신의 3가지 주요 유형을 보여준다(창의성의 수준이 감소되는 순서대로: 획기적 혁신, 기술적 혁신, 일반적 혁신). 가장 적게 일어나는 혁신은 '획기적 혁신' 유형이다. 매우 창의적인 획기적 혁신은 종종 선진국의 미래 혁신 플랫폼에서 일어나며 가능하면 강력한 특허권, 영업 비밀, 저작권에 의해 보호된다. 획기적 혁신은 페니실린, 증기기관, 컴퓨터, 항공기, 자동차, 인터넷, 나노기술과 같은 아이디어를 예로 들 수 있다. 나노기술 분야에서 엔지니어링 문제의 해결책을 제시한 Chung-Chiun Liu는 Case Western Reserve 대학교에서 Micro/Nano 공정센터의 관리자이자 교수이다. Liu 박사는 센서기술의 세계적인 전문가로, 자동차, 생물의학, 상업적·산업적으로 적용 가능한 나노센서시스템을 발명하였다. 대다수의 발명품 출판에도 불구하고 Liu 박사는 전기화학과 센서기술에도 많은 특허를 보유하였다. 그의 발명품 중에 하나는 수신기에 가까운 결과를 전송할 수 있는 전기화학센서시스템을 위한 기술이다. 이 나노소자들 중 하나는 엔진 내부에서 엔진오일의 상태를 분석할 수 있으며, 또 다른 하나는 혈당치를 측정할 수 있다. 그리고 어떤 것은 가정의 검은 곰팡이, 숨겨진 폭탄, 불법 약물, 흰개미를 발견할 수 있다.

혁신의 다음 유형인 '기술적 혁신'은 획기적 혁신보다 더 자주 발생하며, 일반적으로 과학적 발견의 발전과 같은 수준은 아니다. 그럼에도 불구하고 기술적 혁신은 제품·시장 영역에서 발전을 제공하기 때문에 매우 의미 있는 혁신이라고 할 수 있으며 따라서 보호될 필요가 있다. 개인용 컴퓨터, 사진, 음성 및 텍스트 메시지 기능이 포함된 플립시계, 제트비행기 등이 기술적 혁신의 사례이다.

Hour Power Watch 기업은 시계를 확 뒤집으면서 빈 공간을 보이게 하는 특허받은 공정에 기초를 두고 있었는데 이러한 기술은 사진, 알약, 노트 심지어는 나노 조제 그리고 이어폰과 같은 장치에도 쓰일 수 있다. 생명과학 기업인 Analiza는 약물 제조업체가 신약에 가장 적합한 화학물질을 신속하게 선별할 수 있는 시스템을 발명하고 판매하고 있다. 동시에 이 자동선별이 가능한 컴퓨터는 인체에 어떤 물질로 이루어진 신약이 가장 적합하게 반응하는지 확인하면서 많은 다른 약물들을 테스트한다. 이 회사는 암을 진단하는 첨단 혈액검사제품, 혈소판의 수명을 연장하는 제품, 젖소 임신테스트와 같은 다른 기술혁신을 탐구하고 있다.

마지막 혁신의 유형인 '일반적 혁신'은 가장 많이 발생하는 혁신이다. 일반적 혁신은 다른 시장에 진출하는 것 또는 제품이나 서비스에서 기존에 존재하는 혁신을 확장하는 것이다. 이 혁신은 보통 기술 주도가 아니라 시장분석과 수요견인에 의해 일어난다. 다시 말하면, 시장이(시장견인) 기술(기술 주도)보다 혁신에 더 강한 영향을 미친다. Sara Blakely에 의해 발견된 한 일반적 혁신은 보기 흉한 속옷 라인을 제거하는 것이었다. 그녀는 발 부분이 없는 팬티스타킹을 만들기 위해 거들형 팬티 스타킹의 발을 잘랐다. Sara Blakely는 전 재산 5,000달러를 투자하여 Spanx와 Atlanta에서 사업을 시작했고, 5년 동안 매년 2천만 달러의 실적을 기록했다.

비슷한 예로, 클리블랜드 심포니의 세컨드 플롯 연주자인 Martha Aarons는 5000년 된 육체적·정신적 운동의 힌두교 시스템을 실천하고 있다. 운동자세 중 하나인 '엎드린 개' 자세는 손과 발이 미끄러지는 것을 방지하기 위해 바닥부분이 끈적한 매트가 필요하다. Martha Aarons는 여행하면서 그녀의 악기와 매트를 같이 소지하고 다니는 것을 원하지 않았기 때문에 미끄러지지 않는 재료로 만든 장갑과 슬리퍼를 발명하였다.

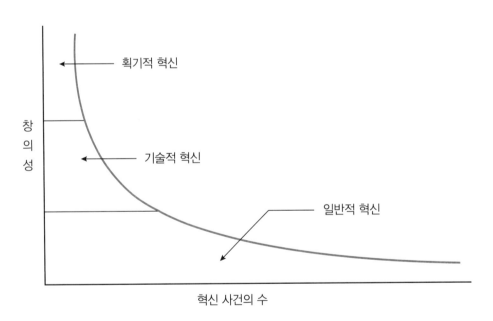

혁신 그래프

새로운 혁신의 유형(제품 · 서비스)

'새로운' 제품이 무엇인지 정의하는 것과 독특하고 새로운 아이디어가 실제로 무엇인지 식별하는 것은 기업가들이 직면한 딜레마 중에 하나이다. 패션 청바지는 청바지의 개념이 새로운 것이 아님에도 불구하고 매우 인기를 끌었다. 새로웠던 것은 청바지에 Sassoon, Vanderbilt, Chic와 같은 이름을 사용했다는 것이다. 비슷한 예로, 비록 몇 년 동안 카세트 플레이어의 개념이 존재했었지만 Sony는 1980년대의 가장 유명한 신상품 중 하나인 워크맨을 만들었다.

이 사례들에서 보면 새로움이라는 것은 소비자 개념이었다. 반드시 새로운 개념의 제품이 아니어도 제품 유형이 다르면 새로운 것으로 정의된다. 자연적으로 카페인을 제거한 커피를 도입했을 때(기존 커피 제품에서 한 가지만 변화한 경우) 커피회사들은 초기 홍보 캠페인에서 광고 카피에 '새로운'이라는 단어를 명확히 사용했다.

다른 기존 제품들이 단지 새로운 포장지나 용기에 판매되었지만 새로운 제품으로 확인되고 있는 경우도 있다. 탄산음료 제조업자들이 과거 상품과 단지 캔만 다르게 제작했음에도 불구하고 일부 소비자들은 새로운 상품으로 보았다. 에어로졸 캔의 발명은 기존의 휘핑크림, 데오드란트, 헤어스프레이 제품의 패키지나 용기만 바꾼 또 다른 예시이다. 뚜껑을 밀어 올려서 여는 캔, 플라스틱 병, 살균처리 포장, 펌프는 기존의 제품들을 새로운 이미지로 인식하는 것에 기여했다. 세제 제조업체와 같은 일부 기업들은 단순히 패키지의 색상을 변경하고 패키지와 홍보 카피에 '새로운'이라는 단어를 추가했다.

팬티스타킹은 마케팅전략을 상당히 변화시킨 또 다른 상품이다. L'eggs(Hanes기업의 자회사)는 최초로 슈퍼마켓 판촉, 포장, 낮은 가격, 새로운 진열방식의 이점을 활용하였다.

산업시장에서 기업들은 단지 상품의 외관을 약간 변경하거나 수정하고는 '새로운 것'이라고 부른다. 예를 들면 금속가공기술의 향상은 기계 등 산업용 제품에 사용되는 많은 원료의 정밀도 및 강도를 변화시켰다. 이 향상된 특성들은 기업들이 시장에서 새로운 포장과 향상된 금속 기술을 포함한 상품을 출시하도록 주도하였다. 유사하게 Microsoft 사의 새로운 각각의 Word 버전들은 대부분 사소한 개선사항이다.

매출량을 증가시키는 과정에서 많은 기업들은 이미 다른 기업에서 판매되는 제품 라인에 자산들의 상품들을 추가한다. 예를 들면, 제품라인에 감기약을 추가하여 판매하는 제약회사와 세척기 세제 시장에 진출하게 된 오랫동안 비누패드를 판매하는 제조업자들 모두 그들의 제품들을 새로운 것으로 광고한다. 앞의 두 경우, 제조업자에게는 새로운 제품이지만, 소비자들에게는 새로운 것이 아니다. 세계 경제에서 다변화를 강조하는 것이 증가되면서 이러한 상황의 유형은 매우 일반적이다. 기업들은 지속적으로 이익을 증가시키고 그들의 자원을 가장 효율적으로 사용할 수 있는 새로운 시장들을 찾고 있다. 다른 기업은 단순히 기존 제품에 새로운 이미지를 제공하는 하나 또는 마케팅 믹스 요소를 변화시키고 있다.

소비자의 관점

소비자의 관점에서 신제품은 폭넓게 해석된다. 신제품을 정의하려는 시도 중에 하나는 제품을 사용하는 데 소비자들이 얼마나 많은 행동적인 변화가 있었는지 또는 얼마나 새로운 학습을 해야 하는지 그 새로움의 정도에 따라 신제품을 분류하는 것이었다. 이 방법은 제품이 회사에게 새로운 것인지, 다르게 포장되어있는지, 물리적인 형태를 변화했는지 또는 오래되거나 이미 존재하는 제품의 개선된 버전인지가 아닌 소비자에게 미치는 영향의 관점에서의 새로움을 보인다.

연속성은 상품의 사용이 기존의 소비 패턴들을 방해하는 영향에 따라 3가지로 분류한 것이다. 대부분의 신제품들은 연속선의 끝인 '연속적인 혁신'에서 떨어지는 경향이 있다. 예를 들면 매년 변화하는 자동차 스타일, 패션 스타일의 변화, 패키지 변경, 제품의 크기 또는 색상 변경이 있다. CD, Sony의 워크맨, iPod과 같은 제품들은 연속선에서 '동적 연속혁신'에 속한다. 실제로 '불연속적 혁신'이라고 불리는 신제품들은 이전에 충족되지 않은 기능이나 기존의 기능을 새로운 방식으로 작동하게 하기 때문에 혁신 횟수가 드물고 소비자들에게 새로운 학습을 요구한다는 특징이 있다.

인터넷은 급진적으로 우리 사회의 라이프스타일을 바꾼 불연속적 혁신의 사례 중에 하나이다. 다른 사례로는 디지털화와 디지털미디어가 있다. 소비자들의 소비패턴에 영향을 미치는 정도에 따른 신상품 분류는 '고객 니즈의 만족'이 기업의 존재에 기초한다는 마케팅 철학으로 설명할 수 있다.

기업의 관점

새로움에 대한 소비자들의 인식과 함께 혁신적인 기업가가 있는 기업들도 몇 가지 차원에서 신상품들을 분류한다. 다음 그림에 신제품의 목적을 정의하는 방법이 있다. 이 분류 시스템에서 중요한 차이는 신제품과 신시장(즉, 시장개발) 사이에 있다. 신상품들은 개선된 기술의 수의 관점에서 정의되며, 반면에 시장개발은 새로운 시장세분화의 정도에 기반한다.

기술혁신→

시장혁신↓

제품목표	기술적 변화 없음	개선된 기술	신기술
시장 변화 없음		– 개선 – 비용과 품질을 최적화하는 실제 제품이나 공식의 변화	– 대체 – 개선된 기술을 기반으로 기존 제품을 신제품으로 대체
강력한 시장	– 재판촉 – 기존 고객들에게서의 판매 증가	– 개선된 제품 – 고객들에게 제품의 효용 향상 제공	– 제품 수명 연장 – 제품 라인에 비슷한 신제품 추가; 신기술을 기반으로 더 많은 고객 창출
신시장	– 새로운 사용 – 현 제품을 사용할 수 있는 신 세분화 시장 개척	– 시장 확대 – 현 제품을 수정하는 신 세분화 시장 개척	– 다각화 – 신기술로부터 개발된 신제품과 신시장 개척

신제품 분류 시스템

신기술과 신시장에서의 이 상황은 가장 복잡하고 어려우며 위험의 최고 수준을 가지고 있다. 신제품은 신기술과 현재는 제공되지 않는 고객을 포함하기 때문에 기업은 신중하게 계획된 새로운 마케팅전략이 필요하다. 대체, 확장, 제품 개선, 재형성, 재판촉은 기업이 이전에 유사 제품이나 유사 시장에서의 경험이 있는지 그 어려움의 범위 내에서의 제품과 시장개발 전략들을 포함한다.

출구전략

창업가들은 새로운 사업을 시작하는 것을 좋아한다. 사업이 초기단계를 거쳐서 안정적이 된다면, 아마 창업가들에게는 금방 재미없는 일이 될 것이다. 수십억의 매출이나 50명의 직원이 넘는 시점에 이미 사업은 예술을 창조하는 과정에서 공장라인 같은 느낌으로 변하게 될 것이다. 그때부터 3년이나 5년 이내에 창업가들은 또 다시 뭔가 새로운 사업을 시작하고 싶어질 것이다.

회사가 커질수록 회사를 팔 수 있는 방법은 줄어든다. 회사 규모가 커져서 가치가 오르면서 기업이 비싸진 것도 있지만, 경쟁을 통하여 혁신을 통한 창업성공을 개척해 낸 것이기에 경쟁자가 없기도 하다.

회사의 출구전략을 사용한다면, 내부사정과 자금사정을 주시하고 실제 성장과 기대치를 비교분석하여 중요한 출구를 놓치지 않을 것이다. 또 한 투자자를 지속적으로 유치하고자 한다면 출구전략(수익을 낼 수 있는)을 투자자들에게 제공하는 것이 중요하다. 사업에 있어 출구전략은 장기적 계획과 같다.

벤처캐피탈

이들은 3년에서 7년 사이에 고수익을 낼 수 있는 출구전략을 원할 것이다. 이들은 주로 상장가능성 있는 기업이나, 비싸게 팔릴 기업들하고만 일한다.

엔젤투자자

이들은 고수익을 바라보고 투자하지만 출구전략에 있어서는 좀 더 유연하다. 엔젤들은 벤처투자자나 기관투자자들보다는 덜 전문적이며, 당신과 개인적인 관계를 쌓고 회사에 대한 깊은 관심을 보인다.

인수합병(Merger &acquisition)

일반적으로 M&A는 상황이 비슷한 회사와 회사가 합병하거나 하나의 회사가 더 큰 회사에 인수당하는 것을 의미한다. 두 회사가 서로 융합 가능한 기술을 보유하고 있거나 자원을 절약할 수 있을 때 합병의 윈윈 (win-win) 상황이 된다. 인수의 경우, 큰 회사가 새로운 제품을 생산하고 키우는 것보다 더 효율적이고 빠르게 매출을 올리기 위한 방법이다.

IPO(Initial Public Offering)

과거에는 일반적으로 IPO를 출구전략으로 택했고, 빠르게 백만장자가 되는 길로 생각했다. 2000년 닷컴 버블 이후, IPO 비율은 꾸준히 감소하여 2010년 15% 정도밖에 되지 않았다.

우호적인 개인에게 매각

이 과정은 현금자산을 확보하여 투자자들에게 이익을 선사하고, 스스로를 휴가 보내주는 방법으로 유용하다. 이상적인 거래 상대는 사업의 관리 차원 쪽에 경험과 기술이 있어서 사업을 키울 수 있는 사람이다.

관리대행

안정적인 시장에서 어느 정도의 수익을 유지한다면 믿을 만한 사람을 찾아 운영을 맡기고 남은 현금을 가지고 다음 아이디어를 구상한다. 소유권을 유지하면서 연금처럼 나오는 돈만 받으면 된다. 그러나 일하는 이들이 안정적인 수익을 계속 유지할 수 있게 만들어야 한다.

현금화하고 문을 닫는다

평생 사업을 해온 사람도 가끔 모든 것을 그만두고 싶을 때가 있다. 이 방법은 일반적으로 사용되는 방법은 아니지만, 문을 닫고 모든 것을 다 팔아버리는 것은 분명한 출구전략이다. 예상했던 바와 시장이 전혀 다르게 반응할 수 도 있기 때문에 이러한 때를 대비해 미리 준비하는 것이 상책이다.

프랜차이즈화

사업 아디디어와 요령을 프랜차이즈화 하여 주변에 팔면 성장 동력과 동시에 현금을 확보할 수 있다. 하지만 법적으로 복잡한 문제를 동반하며, 회사 컨셉이 프랜차이즈에 적합한 일부 기업에만 해당된다.

동반자 바이아웃

같이 일하고 있던 파트너 중에 하나가 사업을 떠나고 싶다면 그가 가지고 있던 지분을 사들인다. 두 명이 반반씩 투자한 기업이라면 회사 전체 자산의 반을 현금으로 제공해야한다. 미리 관련 조항을 설정해 놓는 것 또한 중요하다.

직원들에게 매각

외부 제3자에게 파는 것이 어렵거나 적합하지 않다면 사원들에게 파는 것도 있다. 사원스톡옵션은 세전 임금의 25%를 스톡옵션 신탁에 투자하게 되는 방법이다. 세전 자본으로 회사 주식 등에 투자할 수 있다.

출구전략이 가장 중요한 이유는 좋은 상황을 가장 이상적으로 이용하는 것이지, 나쁜 상황에서 빠져 나오려는 것이 아니다. 출구전략을 세웠다는 것은 사업에 대한 현실적이고 주관적인 판단을 장고했다는 것을 보여주는 것이다. 따라서, 결론적으로 가장 적합한 출구전략은 개인적인 목표, 투자자의 목표, 그리고 기업의 목표를 모두 고려한 출구전략이다.

창업자의 윤리

신뢰 창출 및 유지

신뢰는 경영과 영향력의 강력한 도구이다. 사람들은 올바른 방향으로 이끌어주고 약속을 지키는 지도자를 신뢰하기 때문에, 명령에 따르는 욕구에 의해서가 아닌 권한에 반응한다. 21세기 기업가는 신뢰의 규칙을 준수해야 하고 모범을 보여야 성공할 수 있다. 신뢰를 양성하는 것은 윤리적·도덕적 필요성일 뿐만 아니라, 신뢰를 더 생산적이게 만드는 작업환경 구축과 같은 실제 비즈니스적 필요성이다. 왜냐하면, 직원들과의 신뢰와 친밀관계를 확립한 사람들은 직원들이 작업을 더 효율적이고 열심히 하도록 동기부여를 잘하기 때문이다. 많은 연구들에서 직원들은 그들이 믿음을 가지고 있는 기업가들, 관리자들, 회사들을 위해 더 열심히 노력하려고 한다는 것을 보여주었다. 다음은 기업의 신뢰 양성에 필수적인 것들이다.

1. **정직해라.** 상투적인 표현이지만, 정직함은 기업의 사명과 비전에 직원들의 행동을 맞출 수 있는 최선의 정책이다. 만약 기업가가 정직하지 못하다면, 기업가는 조직 분위기의 주도권을 잡을 것이고, 직원들의 부정직과 불충실이 기업 전반에 걸쳐 발생할 것이다.
2. **말 한 것을 일관되게 행하라.** 회사의 규칙들을 존중하고 지켜라. 만약 기업가가 자신의 규칙을 어기면, 기업가는 스스로의 권위를 약화시키고, 직원들의 신뢰를 잃게 된다.
3. **어떤 상황에서도 절차를 무시하지 마라.** 모든 기업가들은 어느 시점에서 쉬운 길을 가기 위한 엄청난 압력에 직면하게 될 것이다. 하지만, 수많은 압력 아래에서 비윤리적으로 행동하는 것은 신뢰를 훼손하고 향후에도 반복해서 절차를

위반하게 된다.

신뢰는 강력한 도구이지만 또한 매우 약해서 쉽게 파괴될 수 있으며, 불가능하지는 않지만 신뢰를 재구축하는 것은 어렵다. 신뢰는 또한 잘못된 방식으로 사용될 수 있다. 예를 들어, 사람이나 상황을 조작하여 활용하면서 조직에 치명적인 결과를 초래할 수 있다. Yale 대학의 심리학자 Stanley Milgram의 1961년 밀그램의 실험은 신뢰가 악용될 수 있는 방법을 설명한다. 이 실험에서 Milgram은 '신뢰할 수 있는 과학자'가 지시했을 때, 참가자들이 동료 참가자들에게 전기충격을 가하는 정도를 관찰했다. 결과는 충격적이었다. 참가자의 62.5%가 '신뢰할 수 있는' 과학자의 지시 사항을 따라 시뮬레이션 환경에서 다른 참가자들에게 450볼트의 치명적인 전기충격을 가했다. 이 연구는 그 만큼 사람들이 권한의 원천이나 지도자를 따른다는 것을 분명하게 보여준다. 경영의 관점에서, 이것은 매우 중요한 의미가 있다. 기업가, 관리자, 기업들은 그들이 이끄는 기업과 직원들을 올바른 방향으로 이끌어야 한다. 잠재적인 권력 남용을 피하기 위한 최선의 충고는 처음부터 회사 전반에 걸쳐 신뢰의 환경을 구축하고 육성하여 유지하는 것이다. 기업과 경영 팀들이 정직하고 말과 행동에 일관성이 있는지, 상황에 관계없이 절차를 무시하는지 확인해야 한다. 초기에 기업 문화에 이러한 가치를 통합함으로써, 기업가는 앞으로도 오랫동안 신뢰할 수 있는 고용주와 비즈니스 파트너가 될 수 있다.

전자상거래 및 창업

마케팅전략 개발뿐만 아니라 잠재적인 새로운 아이디어의 평가 프로세스를 통해서도, 전자상거래의 역할은 지속적으로 평가할 필요가 있다. 전자상거래는 기업에게 매우 창의적이고 혁신을 할 수 있는 기회를 제공한다. 그 중요성의 증가는 기업-기업(B to B), 기업-소비자(B to C) 모두의 전자상거래 매출이 지속적 증가하는 것에서 볼 수 있다. 전자상거래(인터넷지출)는 매년 증가하고 있다. comScore에 따르면, 지속적인 경제불황에도 불구하고 2011년에 소매 전자상거래가 활발히 일어났다. 2011년에 총 미국 전자상거래 지출은 2010년보다 12% 증가한 2,560억 달러에 도달했다. 이 2560억 달러 중에서 여행 전자상거래 지출은 945억 달러로 11% 증가하였고, 반면에 소매(비 여행) 전자상거래 지출은 그 해 1,615억 달러로 13% 증가했다.

2011년에 가장 빠르게 성장한 소매 전자상거래 부문은 주로 음악, 영화, TV 쇼, 전자 책 등 디지털콘텐츠 다운로드, 가입으로 성장률은 26%이다. 전자제품에 대한 소비는 2011년 18% 성장률로 2번째로 빠르게 성장한 분야이며 주로 저가 평판 TV, 태블릿, 전자책이 여기에 포함된다. 17%의 성장률을 보인 보석과 시계 분야는 경제가 경기 침체에서 회복했기 때문에 2011년에 빠르게 성장했다.

B to B 또는 B to C를 기준으로 상거래에서 높은 성장을 촉진시키는 요인들은 개인용 컴퓨터의 광범위한 사용, 기업들의 인트라넷 채택, 비즈니스 커뮤니케이션 플랫폼으로서의 인터넷의 수용, 더 빠르고 더 안전한 시스템이다. 수많은 혜택들, 더 폭 넓은 고객 기반에 대한 접근, 더 낮은 정보 보급 비용, 더 낮은 거래 비용, 인터넷의 상호작용 특성은 전자상거래를 더 지속적으로 확장시킨다.

창조적인 전자상거래의 사용

전자상거래는 몇몇 새로운 벤처기업뿐만 아니라 기존 기업들이 마케팅과 판매 채널을 확장하는 곳에도 점점 사용된다. 인터넷은 최소화된 마케팅 비용으로 더 넓은 시장에 도달하게 해주므로 중소 규모의 기업들에게 특히 중요하다. 인터넷 상거래를 시작하는 기업들은 다른 기업과 같은 전략과 전술적인 문제들을 다루는 것을 필요로 한다. 또한, 온라인 비즈니스를 하면서 발생하는 몇 가지 구체적인 문제들은 인터넷상거래에 사용되는 새롭고 끊임없이 진화하는 기술로 해결될 필요가 있다. 기업가들은 회사 내에서 인터넷 작업을 운영할지, 인터넷 전문가들에게 이런 작업들을 아웃소싱할 것인지 결정해야 한다. 인터넷 작업을 내부적으로 하는 경우에, 웹 사이트 정보와 같은 지원 서비스뿐만 아니라 컴퓨터 서버, 라우터, 다른 하드웨어 및 소프트웨어도 유지·보수해야 한다. 또한 인터넷 비즈니스를 아웃소싱 하는 여러 가능성들이 있다. 기업가는 회사의 웹 페이지를 디자인하는 웹 개발자를 고용하고 인터넷 서비스 제공자들에 의해 유지되는 서버에 업로드를 할 수 있다. 이런 경우에 기업가들의 주요 임무는 주기적으로 웹페이지에 정보들을 업로드하는 것이다. 또 다른 방법은 다른 소프트웨어 회사에서 제공하는 전자상거래를 위한 패키지를 사용하는 것이다. 내부적으로 운영하는 것이나 아웃소싱 중에서 정확한 결정은 인터넷 작업들이 회사의 주요 사업인지와 같은 인터넷 관련 비즈니스의 크기와 각 대안의 상대적인 비용에 따라 다르다.

인터넷상거래의 두 가지 주요 구성 요소는 '프론트–엔드'와 '백–엔드' 작업이다. 프론트–엔드 작업은 웹사이트의 기능에 포함된다. 검색 기능, 쇼핑 카트, 안전한 결제 등이 몇 가지 예시이다. 인터넷에서 많은 기업들이 하는 가장 큰 실수는 매력적이고 상호적인 웹사이트가 확실한 성공이라고 믿는 것이다. 이것은 백–엔드 작업의 중요성을 과소평가하는 것이다. 고객 주문의 원활한 통합은 유통 채널, 제조능력과 함께 특정 고객들이 욕구를 다룰 수 있을 만큼 충분히 유연하게 개발되어야 한다. 프론트–엔드와 백–엔드 작업들의 통합은 인터넷 비즈니스를 위한 매우 큰 도전을 나타내며 동시에 지속적인 경쟁력을 개발하기 위한 기회를 제공한다.

웹사이트

기업가적인 회사들에 의해 웹사이트의 사용은 상당한 속도로 증가하고 있다. 중소기업의 약 90%는 현재 운영하는 웹사이트가 있다. 그러나 중소기업과 기업가들의 대부분은 그들이 질 좋은 웹사이트를 구축하고 운영할 수 있는 기술적인 능력이 없다고 생각한다.

좋은 웹사이트에서 중요한 것 중에 하나는 사용의 용이성이다. 114 웹사이트 Forrester의 2008년 순위에서 Barnes&Noble은 유용성, 사용의 용이성, 즐거움의 측면에서 USAA, Borders, Amazon, Costco, Hampton Inn/Suites 다음으로 1순위로 선정되었다.

웹사이트를 개발하는 것에 있어서 기업가들은 웹사이트가 커뮤니케이션의 수단이라는 것을 기억해야 하며, 다음과 같은 질문에 답을 해야 한다. 고객이 누구인가? 사이트의 목적이 무엇인가? 소비자가 사이트를 방문해서 무엇을 하길 원하는가? 웹사이트가 기업 전체 커뮤니케이션 프로그램의 중요한 부분인가? 이 질문에 대해 답하기 위해서, 기업가는 웹사이트를 구성하고 목표 시장을 효율적으로 사로잡을 수 있는 정보를 구성할 필요가 있다. 이것은 새로운 자료들을 주기적으로 추가함으로써 신선한 자료를 제공하는 것을 의미한다. 자료는 개개인들을 사로잡을 수 있도록 상호작용 해야 한다. 그리고 물론 웹사이트는 가능한 가시적이여야 하고 잘 알려져야 한다.

모든 웹사이트의 가장 중요한 특징 중 하나는 검색 기능이다. 검색 기능은 기업이 인터넷에서 제공하는 제품과 서비스들에 대한 정보를 쉽게 찾을 수 있어야 한다. 이 기능은 고급 검색 도구, 사이트 맵, 주제 검색을 통해 달성될 수 있다. 모든 전자상거래 웹사이트에서 이용할 수 있어야 하는 다른 기능은 장바구니, 보안 서버 연결, 신용카드 결제, 고객의 피드백 기능이다. 장바구니는 제품 주문을 받아 자동으로 계산하고 제품 재고 정보를 기반으로 고객들의 주문을 합계하는 소프트웨어이다. 주문 및 기타 민감한 고객 정보는 보안 서버를 통해 전송해야 한다. 웹사이트의 또 다른 중요한 기능은 고객이 기업에 피드백을 보낼 수 있도록 하는 전자메일 응답 시스템이다.

성공적인 웹사이트에는 3가지 특성이 있다. 속도, 속도 그리고 또 속도이다. 또한 웹사이트는 사용하기 쉬워야 하고, 특정 시장 목표 그룹을 위해 맞춤화되어야 하며, 다른 브라우저들과 호환되어야 한다. 사용의 용이성은 속도와 함께 간다. 만약 방문자들이 쉽게 탐색할 수 있는 웹 페이지를 발견한다면, 그들은 빨리 제품, 서비스, 정보들을 찾을 수 있을 것이다. 인터넷의 가장 큰 이점들 중 하나는 다른 시장세분화들을 위한 웹사이트 컨텐츠의 맞춤화 단순성이다. 예를 들어, 만약 한 기업이 미국 국경을 넘어서 제품들을 판매할 계획이 없는 경우에는 오직 미국 내에서만 제품을 출하한다는 사실을 자사의 웹사이트에 분명하게 표시해야 한다. 반면에, 기업이 국제 시장도 타겟으로 하는 경우, 번역과 문화적인 접근에 대한 문제도 고려해야 한다. 기술적인 측면에 관해서는 디자이너는 웹사이트가 다른 브라우저들, 인터넷 방문자들이 사용하는 플랫폼들에서도 적절하게 작동되는지를 확인해야 한다. 일단 웹사이트가 잘 작동하면, 명함, 레터 헤드, 회사 광고와 같은 모든 마케팅 자료들을 웹사이트에 표시하는 것이 중요하다.

웹사이트 개발과 작동의 좋은 예시는 LinkedIn(http://www.linkedin.com/)이다. 캘리포니아에 위치한 Santa Monica 기업은 주로 전문 네트워킹에 사용되는 비즈니스 관련 소셜네트워킹 사이트이다. 웹사이트의 목표는 구성원들의 성장을 촉진시키는 것, 전문적인 통찰력들의 필수적인 원천이 되는 것, 자신의 구성원들을 위해 가치를 창출하여 수익을 증가시키는 것, 국제적으로 확장시키는 것이다. 이러한 목표를 달성하기 위해, 웹사이트는 매우 사용하기 쉬운 검색 및 필터링 기능을 제공하여 구성원들이 모든 산업에 관한 수많은 전문적인 저장소에 효율적으로 연결할 수 있도록 해야 한다. 웹사이트의 성장을 달성하기 위해서는 검색 엔진을 최적화하고 많은 응용 프로그램들과 통합되어야 한다. 웹사이트는 구성원들과 고객 모두에게 혜택을 가져다주는 특정한 기회를 위해 후보자들을 효율적이고 효과적으로 식별하는 분석 기능과 타겟팅 기능에 집중적으로 투자하고 있다. 이 플랫폼은 또한 다양한 국제 지역에 걸쳐 자신의 브랜드를 더 개발하기 위해 더 많은 언어로 제공되고 있다.

기업에서 사용할 수 있는 몇 가지 무료 웹사이트 호스팅 솔루션들이 있다.

고객 정보 추적

전자 데이터베이스는 개별화된 일대일 마케팅전략을 지원한다. 데이터베이스는 산업, 세분화 시장 및 회사의 활동을 추적할 뿐만 아니라 개인 고객들을 대상으로 개인 마케팅을 지원한다. 고객 정보를 추적의 동기로 맞춤형 일대일 마케팅으로 고객들의 관심을 끄는 것이다. 주의해야 할 점은 개인의 프라이버시를 보호하는 법률을 준수해야 한다는 것이다.

사업가적인 기업으로서의 전자상거래

비즈니스를 위해 전자상거래 사이트와 웹사이트를 개발하는 결정은 오늘날 필수적이다. 몇 가지 제품·서비스의 특성들은 이러한 작업을 하게 만들고 거래를 용이하게 한다. 우선, 제품들은 편리하고 경제적으로 제공될 수 있어야 한다. 둘째, 제품은 지리적 위치 밖에 유통될 수 있어야 하며, 많은 수의 사람들에게 흥미를 끌 수 있어야 한다. 셋째, 온라인 작업들은 비용 측면에서 효율적이어야 하며, 사용하기 쉽고 안전해야 한다. 한 학생은 페루의 가난한 마을에서 자신의 제품들을 유통하여 여성들을 도와 그녀의 열정을 충족시키길 원했다. 그녀의 기업은 새로 만든 웹사이트에서 제품을 판매하기 시작했다.

기존의 마케팅 채널과 온라인 마케팅 채널 사이에서의 충돌(채널 충돌)이 제조업체와 소매 유통업체 사이의 불일치 때문에 발생했다. 그리고 그 충돌은 결국 한때 파트너였던 기업들의 경쟁적 위치를 적대적으로 이끌었다. 공급 사슬에서의 파트너들은 그들의 핵심 역량에 집중하고 비 핵심 활동들에 대해서는 아웃소싱을 해야 한다. 경쟁적인 유통 채널을 도입하는 경우에, 기업들은 기존 비즈니스의 손실을 고려하면서 그 결정에 대한 비용과 이익의 측면에 무게를 두어야 한다.

요 약

성공적인 새로운 벤처를 위한 시작 포인트는 기본적으로 제공되는 제품 또는 서비스이다. 이 아이디어는 다양한 기술을 통해 내부적으로 또는 외부적으로 발생 될 수 있다.

새로운 아이디어의 원천들은 소비자의 의견에서부터 정부 규제의 변화에 이르기까지 다양하다. 소비자들의 의견을 모니터링 하는 것, 경쟁자의 신제품들을 평가하는 것, 이전 특허에 포함된 아이디어에 익숙해지고 실제로 연구개발에 적극적으로 반영하는 것들은 좋은 제품 아이디어를 찾아내는 기법들이다. 기업이 아이디어를 생성하는 데 사용할 수 있는 특별한 기법들이 또 있다. 예를 들어, 진정한 소비자 의견의 더 나은 이해는 포커스 그룹을 사용하는 것으로부터 얻을 수 있다. 또 다른 소비자 중심의 접근 방식은 소비자들이 특정 문제들을 특정 제품들에 연관 지어 생각하고, 확인된 오류를 포함하지 않는 신제품을 개발하는 문제 목록 분석이다.

또 다른 소비자 중심 접근 방식은 소비자가 특정 제품과 특정 문제를 연결하고 확인된 오류를 포함하지 않는 새로운 제품이 개발되는 문제 목록 분석이다.

아이디어 창출과 문제 해결 모두에 유용한 기법인 브레인 스토밍은 작은 그룹들이 개방적이고 구조화되지 않은 환경에서 함께 일하게 하면서 창의력을 자극한다. 창의적인 프로세스를 강화시키는 다른 유용한 기법들은 관련 질문들이 체크리스트, 자유 연상, 아이디어 노트북, '큰 꿈' 접근법들이 있다. 어떤 기법들은 매우 구조화되어 있는 반면에 또 다른 기법들은 더 자유로운 형식으로 고안되어 있다. 기업가들은 어떤 기법들이 적합한지를 알아야 한다.

일단 아이디어 또는 아이디어 묶음들이 창출되고 나면, 계획 및 개발 프로세스가 시작된다. 각 아이디어들은 추가 개발에 대한 적합성을 결정하기 위해서 선별되어야 하고 평가되어야 한다. 가장 잠재적으로 보이는 아이디어들은 컨셉 단계, 제품개발 단계, 테스트 마케팅 단계, 최종적으로 상업화 단계를 통해 이동된다. 그리고 그 제품 또는 아이디어는 성공적인 벤처기업의 기초가 될 수 있다.

연구 과제들

1. 제품이나 기술을 선택하라. 제품을 구매한 5명의 소비자들과 인터뷰하고 그들에게 제품이 가진 주요 문제들(또는 그 제품을 싫어하는 요인)이 무엇인지 물어보라. 그리고 나서 기존 제품을 대체하고 그들의 수요를 만족시키는 '완벽한 제품'의 속성에 대해 묘사하도록 요청하라. 다음으로, 제품을 제공하는 5개 기업들의 대표자들과 인터뷰하고 그들이 제품에서 경험할 수 있다고 믿는 주요한 문제들이 무엇인지 물어보라. 그리고 몇 가지 미래지향적인 솔루션들을 개발하라.

2. 기술특허를 얻어라(예를 들어, 특허 사무소 웹사이트로 가라.) 그리고 기술을 사용할 수 있는 10가지 창의적인 방법들을 찾아내라.

3. 구매에 관심이 있고 인터넷에서 판매되고 있는 3가지 제품들을 선택하라. 각 제품들을 위해서 웹사이트를 방문하고 실제로 제품을 구매하는 것처럼 그 프로세스를 경험해보라. 어떤 웹사이트가 가장 좋은가? 어떤 것이 가장 안 좋은가? 그 이유는? 만약 당신이 완벽한 웹사이트를 만든다면 완벽한 웹사이트의 특징은 무엇이 있을까?

수업 토론

1. 다음과 같은 문제 서술과 브레인 스토밍 솔루션을 실시하라. 대부분 '창 조적인' 3가지의 솔루션들을 제시할 준비를 하라. 문제 설명: '많은 고객 들이 항공사를 자주 사용해서 그들의 짐이 아직 도착하지 않은 것을 목적 지에 도착한 후에 알게 된다.'

2. 제품을 선택하고 새로운 아이디어들을 개발시키는 체크리스트 방법을 사 용하라. 그리고 당신의 제품과 가장 창의적인 3가지 아이디어들에 대해 토론할 준비를 하라.

3. 인터넷이 다른 기업들과 비교해서 한 기업에게 장점의 원천이 된다고 생 각하는가? 또는 단지 경쟁하는 데에만 필요하다고 생각하는가? 당신의 대답을 정당화할 수 있도록 준비하라.